ITQ

Excel 2016

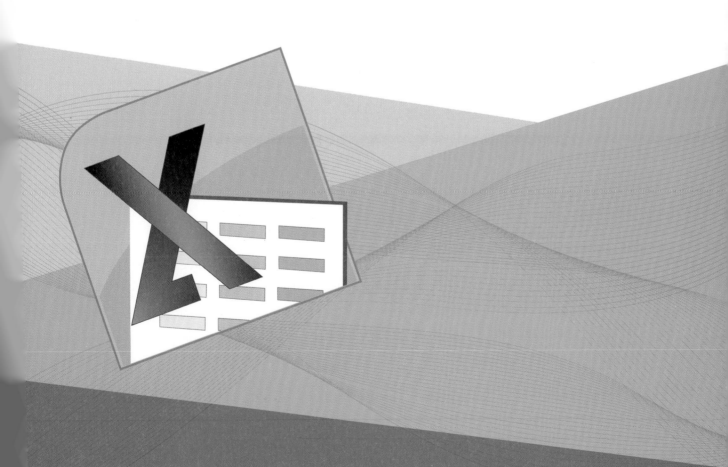

저자 장미희

전북대학교 컴퓨터공학 박사 수료하고 교육컨텐츠연구소 '이룸' 대표와 강사지원교육협동조합 '와있는 미래' 이사장을 맡고 있습니다. IT 교육컨텐츠개발과 교재 출판, ICT와 관련한 지자체에 정보위원 등으로 활동하며 각 대학 및 기업, 기관, 지자체 등에서 강의를 하고 있습니다.

→ 블로그 changmihee.com과 유튜브 채널 '장미희의 디지털랩'을 운영하고 있습니다.

저서

- MOS 2003 WORD EXPERT 동영상 강의 개발
- (이한출판사) MOS 2003 WORD EXPERT 전북대학교 국공립협의회
- (이한출판사) MOS 따라잡기 MS-WORD 2007, MS-POWERPOINT 2007
- 여름커뮤니케이션 퍼스널 클라우드 컴퓨팅 웹오피스활용 전략
- (교학사) ITQ 2007 한글, 엑셀, 파워포인트
- (교학사) ITQ 2016 엑셀, 파워포인트
- (교학사) New My Love 엑셀 2016, 파워포인트 2016
- (교학사) OK! Click 한글, 파워포인트, 엑셀
- (교학사) OK! Click 나만의 동영상 제작하기, 내 동영상으로 유튜버되기

ITQ Excel 2016

목차 Excel 2016

01 예제파일 다운로드 안내

01 인터넷 익스플로러 또는 크롬 브라우저의 주소 입력 창에 "itbook.kyohak.co.kr/itq2016/"을 입력한 후 **Enter** 를 누릅니다. 이 교재는 크롬 브라우저를 이용한 방법을 설명합니다.

02 [ITQ 2016 예제파일 다운로드하기] 웹 페이지가 나타납니다. [다운로드 클릭]버튼을 클릭합니다.

03 [다운로드 클릭] 버튼을 클릭하면 브라우저 아래에 압축파일이 다운로드됩니다. 다운로드가 완료되면 목록 단추를 클릭하여 [폴더 열기]를 클릭합니다.

→ 크롬 브라우저에서 다운로드 받은 파일은 [내 PC]-[다운로드] 폴더에 자동으로 저장됩니다.

04 [다운로드] 폴더에 다운로드 받은 예제파일이 저장되어 있습니다. 압축파일이므로 압축을 풀어야 사용 가능합니다. 압축파일을 바탕화면으로 드래그하여 이동한 후 압축 프로그램을 이용하여 파일 압축을 풀어줍니다.

→ 압축파일을 풀기 전에 먼저, 압축 프로그램을 설치해야 합니다. 압축 프로그램은 포털 사이트(다음 또는 네이버)에서 '압축 프로그램'으로 검색한 후, 설치할 수 있습니다.

02 ITQ 엑셀 시험안내

→ ITQ시험 과목

자격 종목	등급	시험S/W	공식 버전	시험 방식
아래한글	A/B/C등급	한텀오피스	2016 버전	PBT
한셀				
한쇼				
MS워드		MS오피스		
한글엑셀				
한글엑세스				
한글파워포인트				
인터넷		MS인터넷 익스플로러 8이상		

※한셀-한글엑셀, 한쇼-한글파워포인트는 동일 과목군임(자격증에는 "한글엑셀(한셀)", "한글파워포인트(한쇼)"로 표기).
※PBT(Paper Based Testing) : 시험지를 통해 문제를 해결하는 시험 방식

→ 시험 배점, 문항 및 시험 시간

시험 배점	문항 및 시험 방법	시험 시간
과목당 500점	5~10문항 실무 작업형 실기 시험	과목당 60분

→ 응시료

1과목	2과목	3과목	인터넷 결제 수수료
20,000원	38,000원	54,000원	개인 : 1,000원(단체 : 없음)

→ 검정 기준

A등급	B등급	C등급
400점 ~ 500점	300점 ~ 399점	200점 ~ 299점

→ 시험 배점, 문항 및 시험 시간

등급	점수	수준
A등급	400점 ~ 500점	주어진 과제의 80%~100%를 정확히 해결할 수 있는 능력
B등급	300점 ~ 399점	주어진 과제의 60%~79%를 정확히 해결할 수 있는 능력
C등급	200점 ~ 299점	주어진 과제의 40%~59%를 정확히 해결할 수 있는 능력

03 ITQ 엑셀 출제기준

검정과목	문항	배점	출제기준
한글 엑셀 – 한셀	1. 표 서식 작성 및 값 계산	100점	※ 표 작성하고 조건에 따른 서식 변환 및 함수 사용 능력 평가 • 데이터 입력 및 셀 편집 • 도형을 이용한 제목 작성 및 편집 • 그림 복사 기능, 이름정의, 유효성검사 등
		140점	• 함수(함수 출제 범위 참조)를 이용한 수식작성 • 조건부 서식
	2. 목표값 찾기 및 고급필터, 표 서식	80점	※ [유형1] 필터 및 서식 : 기본 데이터를 이용한 데이터 필터 능력과 서식 작성능력 평가 • 고급 필터 : 정확한 조건과 추출 위치 지정 • 자동 서식: 서식 적용
			※ [유형2] 목표값 찾기 및 필터 : 원하는 결과 값을 구하기 위해 변경되는 값을 구하는 능력과 데이터 필터 능력 평가 • 목표값 찾기 : 정확한 목표값 산출 • 고급필터 : 정확한 조건과 추출 필터 및 위치 지정 • 표 스타일과 옵션 설정
	3. 부분합 / 피벗 테이블	80점	※ 부분합 : 기본 데이터를 이용하여 특정 필드에 대한 합계, 평균 등을 구하는 능력을 평가 • 항목의 종류별 정렬/부분합 조건과 추출결과 / 윤곽선
			※ 피벗 테이블 : 데이터 자료 중에서 필요한 필드를 추출하여 보기 쉬운 결과물을 만드는 능력을 평가 • 행/열/값 지정 / 그룹화 / 피벗 테이블 옵션
	4. 차트	100점	※ 기본 데이터를 이용하여 보기 쉽게 차트로 표현하는 능력 평가 • 차트종류 / 차트위치 및 서식 / 차트 레이아웃과 스타일 • 영역 서식과 제목 서식 • 계열 표식 옵션 / 눈금 선과 범례서식 / 도형 삽입

→ 함수 출제 범위

함수 구분	함수 출제 범위
날짜/시간 함수	DATE, HOUR, MONTH, TODAY, WEEKDAY, YEAR, DAY, MINUTE, NOW, SECOND, TIME
수학/삼각 함수	INT, MOD, PRODUCT, ROUND, ROUNDDOWN, ROUNDUP, SUM, SUMPRODUCT, SUMIF, TRUNC, ABS, CEILNG, ODD, PI, POWER, SUBTOTAL, TRIMMEAN
통계 함수	AVERAGE, COUNT, COUNTA, COUNTIF, LARGE, MAX, MEDIAN, MIN, RANK, COUNTBLANK, MODE, SMALL
찾기/참조 함수	CHOOSE, HLOOKUP, VLOOKUP, INDEX, MATCH, ADDRESS, OFFSET, TRANSPOSE
데이터베이스 함수	DAVERAGE, DCOUNT, DGET, DMAX, DMIN, DSUM, DCOUNTA, DVAR, DPRODUCT, DSTDEV
텍스트 함수	CONCATENATE, LEFT, MID, REPLACE, RIGHT, LEN, LOWER, PROPER, VALUE, WON, REPT
정보 함수	ISERROR
논리값 함수	AND, IF, OR, NOT, TRUE, FALSE

체크1

제15회 정보기술자격(ITQ) 시험

과 목	코 드	문제유형	시험시간	수험번호	성 명
한글엑셀	1122	A	60분		

수험자 유의사항

- 수험자는 문제지를 받는 즉시 문제지와 **수험표상의 시험과목(프로그램)이 동일한지 반드시 확인**하여야 합니다.
- 파일명은 본인의 **"수험번호-성명"**으로 입력하여 답안폴더(내 PC\문서\ITQ)에 하나의 파일로 저장해야하며, 답안문서 파일명이 "수험번호-성명"과 일치하지 않거나, 답안파일을 전송하지 않아 미제출로 처리될 경우 실격 처리합니다. (예:1234567 8-홍길동.xlsx).
- 답안 작성을 마치면 파일을 저장하고, '답안 전송' 버튼을 선택하여 감독위원 PC로 답안을 전송하십시오. 수험생 정보와 저장한 파일명이 다를 경우 전송되지 않으므로 주의하시기 바랍니다.
- 답안 작성 중에도 **주기적으로 저장하고, '답안 전송'**하여 문제 발생을 줄일 수 있습니다. 작업한 내용을 저장하지 않고 전송할 경우 이전에 저장된 내용이 전송되오니 이점 유의하시기 바랍니다.
- 답안문서는 지정된 경로 외의 다른 보조기억장치에 저장하는 경우, 지정된 시험 시간 외에 작성된 파일을 활용할 경우, 기타 통신수단(이메일, 메신저, 네트워크 등)을 이용하여 타인에게 전달 또는 외부 반출하는 경우는 부정 처리합니다.
- 시험 중 부주의 또는 고의로 시스템을 파손한 경우는 수험자가 변상해야 하며, (수험자 유의사항)에 기재된 방법대로 이행하지 않아 생기는 불이익은 수험생 당사자의 책임임을 알려 드립니다.
- 문제의 조건은 MS오피스 2016 버전으로 설정되어 있으니 유의하시기 바랍니다.
- 시험을 완료한 수험자는 답안파일이 전송되었는지 확인한 후 감독위원의 지시에 따라 문제지를 제출하고 퇴실합니다.

답안 작성요령

- 온라인 답안 작성 절차
  수험자 등록 ⇒ 시험 시작 ⇒ 답안파일 저장 ⇒ 답안 전송 ⇒ 시험 종료
- 문제는 총 4단계, 즉 제1작업부터 제4작업까지 구성되어 있으며 반드시 제1작업부터 순서대로 작성하고 조건대로 작업하시오.
- 모든 작업시트의 A열은 열 너비 '1'로, 나머지 열은 적당하게 조절하시오.
- 모든 작업시트의 테두리는 《출력형태》와 같이 작업하시오.
- 해당 작업란에서는 각각 제시된 조건에 따라 《출력형태》와 같이 작업하시오.
- 답안 시트 이름은 "제1작업", "제2작업", "제3작업", "제4작업"이어야 하며 답안 시트 이외의 것은 감점 처리됩니다.
- 시트를 파일로 나누어 작업해서 저장할 경우 실격 처리됩니다.

 kpc The Insight KPC 한국생산성본부

224 ·

시험 시작 전 반드시 읽어보고 불이익을 당하는 일이 없도록 하세요.

[주요 내용]
1. '수험번호-성명'으로 저장(답안 폴더 : 내 PC\문서\ITQ)
2. 주기적으로 답안을 저장합니다. 최종 답안을 저장하고, '답안 전송' 단추를 눌러 감독 관 PC로 전송
3. 부정행위 금지
4. 관련 없는 파일이 저장된 경우 실격
5. 문제의 조건은 MS오피스 2016 버전으로 설정됨

답안 작성 하기 전에 반드시 읽어보고 불이익을 당하는 일이 없도록 하세요.

[주요 내용]
1. 답안시트는 '제1작업', '제2작업', '제3작업', '제4작업'순으로 작업
2. 답안과 관련 없는 시트가 저장된 경우 실격처리
3. 하나의 파일에 작성할 것
4. 모든 작업 시트의 열 너비 1로 조정되어야 함

제 1 작업	표 서식 작성 및 값 계산							240점

☞ 다음은 '장난감 대여 관리 현황'에 대한 자료이다. 자료를 입력하고 조건에 맞도록 작업하시오.

≪출력형태≫

장난감 대여 관리 현황

대여코드	제품명	분류	대여가격	판매가격 (단위 : 원)	4주 대여가격 (단위 : 원)	대여수량	배송지	비고
GW-03	페일트랙터	자동차	15	125,000	33,000	17	(1)	(2)
CE-13	레이싱카	자동차	5	65,000	26,000	19	(1)	(2)
DC-12	워크어라운드	쏘서	6	95,000	33,000	6	(1)	(2)
PK-01	콜놀이세트	놀이세트	12	17,000	33,000	15	(1)	(2)
DW-01	디보쏘서	쏘서	10	105,000	26,000	12	(1)	(2)
CQ-02	미니카	자동차	6	78,000	28,000	20	(1)	(2)
WB-12	구름빵 놀이터	놀이세트	8	42,000	23,000	14	(1)	(2)
PX-02	스포츠센터	놀이세트	10	58,000	30,000	7	(1)	(2)
놀이세트 제품 대여수량 합계			(3)		4주 대여가격(단위:원)의 최저값			(5)
자동차 제품 평균 대여기간			(4)		제품명	페일트랙터	대여수량	(6)

≪조건≫

○ 모든 데이터의 서식에는 글꼴(굴림, 11pt), 정렬은 숫자 및 회계 서식은 오른쪽 정렬, 나머지 서식은 가운데 정렬로 작성하며 예외적인 것은 ≪출력형태≫를 참조하시오.
○ 제 목 ⇒ 육각형 도형과 바깥쪽 그림자 스타일(오프셋 오른쪽)을 이용하여 작성하고 "장난감 대여 관리 현황"을 입력한 후 다음 서식을 적용하시오(글꼴-굴림, 24pt, 검정, 굵게, 채우기-노랑).
○ 임의의 셀에 결재란을 작성하여 그림으로 복사 기능을 이용하여 붙이기 하시오(단, 원본 삭제).
○ 「B4:J4, G14, I14」영역은 '주황'으로 채우기 하시오.
○ 유효성 검사를 이용하여 「H14」셀에 제품명(C5:C12) 영역이 선택 표시되도록 하시오.
○ 셀 서식 ⇒ 「E5:E12」영역에 셀 서식을 이용하여 숫자 뒤에 '주'를 표시하시오(예 : 15주).
○ 「G5:G12」영역에 대해 '대여가격'으로 이름정의를 하시오.

◉ (1)~(6) 셀은 반드시 **주어진 함수를** 이용하여 값을 구하시오(결과값을 직접 입력하면 해당 셀은 0점 처리됨).
(1) 직배송지 ⇒ 대여코드의 마지막 글자가 1이면 '경기', 2이면 '인천', 3이면 '서울'로 구하시오.
    (CHOOSE, RIGHT 함수).
(2) 비고 ⇒ 대여수량이 15 이상이면 '★', 그 외에는 공백으로 구하시오(IF 함수).
(3) 놀이세트 제품 대여수량 합계 ⇒ 결과값에 '개'를 붙이시오(SUMIF 함수, & 연산자)(예 : 10개).
(4) 자동차 제품 평균 대여기간 ⇒ 올림하여 정수로 구하시오. 단, 조건은 입력데이터를 이용하시오.
    (ROUNDUP, DAVERAGE 함수)(예 : 12.3 → 13).
(5) 4주 대여가격(단위:원)의 최저값 ⇒ 정의된 이름(대여가격)을 이용하여 구하시오(MIN 함수).
(6) 대여수량 ⇒ 「H14」셀에서 선택한 제품명에 대한 대여수량을 구하시오(VLOOKUP 함수).
(7) 조건부 서식을 이용하여 대여수량 셀에 데이터 막대 스타일(녹색)을 최소값 및 최대값으로 적용하시오.

ITQ EXCEL 2016 · 225

[제1작업]

정확한 데이터를 입력하고 표 서식을 이용하고, 다양한 함수와 조건부 서식 사용 능력을 평가

→ **[표 서식 작성]** (배점 총 100점)

[주요 내용]
1. 정확한 데이터를 입력하고 표 서식 지정
2. 도형으로 제목을 작성하고 주어진 서식 설정
3. 그림 복사 기능으로 결재란 작성
4. 셀 서식과 유효성 검사 설정
5. 이름 정의
6. '수험번호-성명'으로 저장(답안 폴더 : 내 PCW문서WITQ)

→ **[계산식 작성]** (배점 140점)

[주요 내용]
1. 주어진 함수를 이용해 계산
2. 조건부 서식을 이용한 수식 또는 막대그래프 작성
3. 재 저장하기 (Ctrl + S)

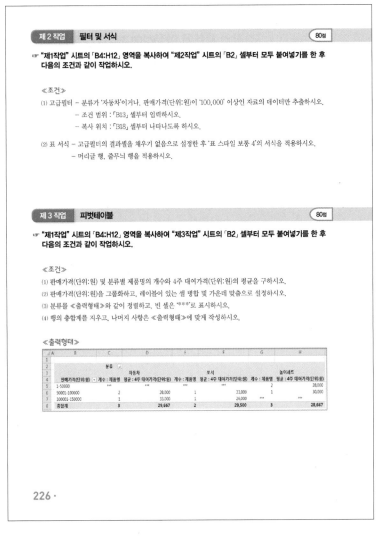

[제2작업](배점 총 80점)

제1작업의 조건에 맞는 영역의 데이터를 복사하여 제2작업 시트에 붙여넣기한 다음 작업

→ **[필터 및 서식]**

[주요 내용]

1. 조건에 맞는 데이터 입력 및 함수 계산
2. 조건에 맞는 목표값 찾기
3. 조건에 맞는 고급필터 – 조건 범위, 추출 필드 및 해당 위치에 필터링
4. 표 스타일 설정과 옵션 설정
5. 재 저장하기(Ctrl + S)

[제3작업]부분합(배점 총 80점)

제1작업의 조건에 맞는 영역의 데이터를 복사하여 제3작업 시트에 붙여넣기한 다음 작업

→ **[부분합]**

[주요 내용]

1. 부분합 결과에 의해 그룹화된 필드를 정렬
2. 조건에 맞는 부분합 계산
3. 윤곽 지우기
4. 재 저장하기(Ctrl + S)

[제3작업]피벗 테이블(배점 총 80점)

제1작업의 조건에 맞는 영역의 데이터를 복사하여 제3작업 시트에 붙여넣기한 다음 작업

→ **[피벗 테이블]**

[주요 내용]

1. 행/열/값에 해당하는 필드로 드래그 후 값 변경
2. 필드 그룹화 및 정렬
3. 피벗 테이블 옵션 설정
4. 보고서 레이아웃 변경

제 4 작업　　그래프　　　　　　　　　　　　　　　　　　　　　100점

☞ "제1작업" 시트를 이용하여 조건에 따라 《출력형태》와 같이 작업하시오.

《조건》

(1) 차트 종류 ⇒ 〈묶은 세로 막대형〉으로 작업하시오.

(2) 데이터 범위 ⇒ "제1작업" 시트의 내용을 이용하여 작업하시오.

(3) 위치 ⇒ "새 시트"로 이동하고, "제4작업"으로 시트 이름을 바꾸시오.

(4) 차트 디자인 도구 ⇒ 레이아웃 3, 스타일 5를 선택하여 《출력형태》에 맞게 작업하시오.

(5) 영역 서식 ⇒ 차트 : 글꼴(굴림, 11pt), 채우기 효과(질감-양피지)

　　　　　　　　 그림 영역 : 채우기(흰색, 배경 1)

(6) 제목 서식 ⇒ 차트 제목 : 글꼴(굴림, 굵게, 20pt), 채우기(흰색, 배경 1), 테두리

(7) 서식 ⇒ 대여기간 계열의 차트 종류를 〈표식이 있는 꺾은선형〉으로 변경한 후 보조 축으로 지정하시오.

　　　　　계열 : 《출력형태》를 참조하여 표식(동그라미, 크기 10)과 레이블 값을 표시하시오.

　　　　　눈금선 : 선 스타일-파선

　　　　　축 : 《출력형태》를 참조하시오.

(8) 범례 ⇒ 범례명을 변경하고 《출력형태》를 참조하시오.

(9) 도형 ⇒ '모서리가 둥근 사각형 설명선'을 삽입하고 《출력형태》와 같이 내용을 입력하시오.

(10) 나머지 사항은 《출력형태》에 맞게 작성하시오.

《출력형태》

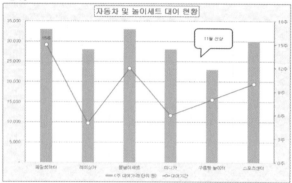

주의 ☞ 시트명 순서가 차례대로 "제1작업", "제2작업", "제3작업", "제4작업"이 되도록 할 것.

[제4작업]그래프(배점 총 100점)

제1작업 시트를 이용하여 제4작업 작성

→ [그래프]

[주요 내용]

1. 제1작업의 데이터를 이용하여 차트를 삽입 후 차트를 마지막 시트로 이동

2. 조건에 맞는 레이아웃과 스타일 적용

3. 차트 영역 서식 설정

4. 제목 서식 설정

5. 차트 계열 설정과 눈금선, 축 서식설정

6. 범례 편집

7. 도형 삽입

8. 재 저장하기(Ctrl + S)

05 만점을 받기 위한 TIP

01 시트이름은 '제1작업, 제2작업, 제3작업'으로 미리 설정하며, 차트는 새 워크시트로 위치 이동 후 반드시 '제3작업' 뒤로 이동해야 합니다. 4개의 시트외에 다른 시트는 삭제합니다.

02 글꼴 설정은 '제1작업'에서 맑은 고딕, 11pt로 맞추면 됩니다. 시험지에 따라 달라질 수 있으니 꼼꼼히 살펴보도록 합니다. '2작업, 3작업'은 '제1작업'을 기초하여 사용하므로 글꼴, 폰트 크기가 동일하며 '제4작업' 차트에서는 영역별 지시사항에 따라 작업합니다.

03 '제1작업'에 함수는 풀지 못한 해당 문제에 대해서만 감점이 되며 '제2작업, 제3작업, 제4작업'에 점수에는 영향을 미치지 않습니다.

04 VLOOKUP 함수 사용 시 절대 참조, 상대 참조는 경우에 따라 반드시 절대 참조를 사용하여야만 결과값이 정확하게 나오는 경우가 있습니다. 결과값의 셀이 한 셀에 고정되어 있을 경우나 절대 참조와 상대 참조의 처리 결과값이 서로 일치하는 경우 절대 참조, 상대 참조 둘 중 어느 것을 사용하여도 정답 처리됩니다.

예] =VLOOKUP($H$14,$B$5:$H$12,5,0)

=VLOOKUP(H14,B5:H12,5,0)

※ 주의 – VLOOKUP, HLOOKUP 함수의 마지막 인수는 정확히 일치하는 결과가 답으로 나와야 할 경우 FALSE 또는 '0'으로 처리하며, 구간의 값이거나 근접한 값이 답일 경우에는 TRUE 또는 공백으로 처리합니다.

05 고급 필터의 조건을 입력할 때 AND와 OR 형식을 구분하고 조건 필드명이 두 줄인 경우 모두 입력해야 합니다. 결과의 위치는 '다른 장소에 복사'와 복사위치를 확인합니다.

06 부분합은 반드시 정렬을 먼저 하여야 하며, 정렬 대상은 ≪출력형태≫의 그룹화된 필드부분이 정렬 대상이 됩니다.

07 피벗 테이블에서 필드명의 순서가 다른 경우 [옵션] 탭의 [정렬 및 필터] 그룹에서 [지시사항]대로 작성한 후에 반드시 출력형태와 비교하여 세부 항목을 맞춰줘야 합니다. 지시사항에 없는 부분까지 출력 형태를 꼼꼼히 비교하여 작성해야 합니다.

08 차트는 반드시 제4작업 시트로 해야 하며, 차트를 처음 작성할 때 콤보차트로 막대그래프와 표식이 있는 꺾은선형과 보조 축 설정을 작성하면 시간을 줄일 수 있습니다.

09 기본 차트가 완성되면 ≪조건≫의 순서대로 작성하는 것이 오류를 줄일 수 있습니다. 축 서식이나 눈금 서식은 ≪출력형태≫와 같이 설정합니다.

10 엑셀은 함수를 제일 어려워하는 만큼 제1작업의 서식 입력을 완료한 후 나머지 작업에서 가장 자신있는 부분부터 해결하도록 합니다. 작업을 완료할 때마다 저장을 하여 최종 답안이 전송될 수 있도록 합니다.

11 https://license.kpc.or.kr – [자료실]–[시험정보]–[기출/샘플문제]에서 최신 기출문제를 반드시 풀어봅니다.

표 서식 작성

Section 01

엑셀을 이용하여 데이터를 입력하고 셀 테두리와 셀 배경, 행/열 너비 조정, 워크시트 이름 변경 등 기본 문서를 작성하는 방법을 학습합니다.

워크시트의 이해

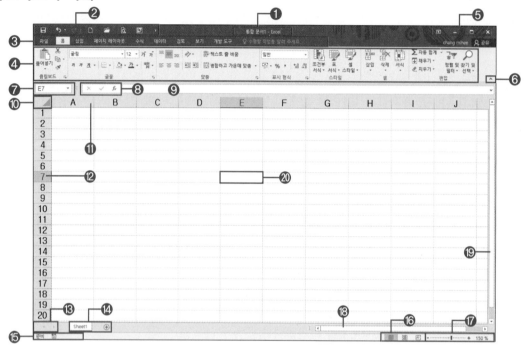

① 제목 표시줄 : 현재 실행 중인 파일 이름이 표시되며, 지정하지 않으면 'Book1', 'Book2'로 표시됩니다.

② 빠른 실행 단추 : 자주 사용하는 단추들의 모음과 개인 설정이 가능합니다.

③ 메뉴 탭 : 엑셀에서 사용되는 메뉴 그룹이 표시됩니다.

④ 리본 메뉴 : 메뉴의 탭을 누르면 선택된 탭 메뉴의 자주 사용되는 메뉴가 표시되며, 메뉴 그룹의 '자세히'를 누르면 세부 명령 설정이 가능합니다.

⑤ 리본 메뉴 표시 옵션과 창 조절 메뉴

⑥ 리본 메뉴 축소 : 리본 메뉴를 축소하여 탭 메뉴만 표시하여 화면을 넓게 사용할 수 있습니다. 다시 표시하려면 리본 메뉴의 표시 옵션을 클릭합니다.

⑦ 이름 상자 : 현재 셀 포인터를 표시하거나 블록 지정한 범위에 이름 정의를 할 수 있습니다.

⑧ 취소, 입력, 함수 삽입

⑨ 수식입력줄 : 셀 포인터에 입력한 내용이 표시되거나, 수식 표시와 수식을 수정, 직접 입력이 가능합니다.

⑩ 전체 선택 셀 : 시트 전체의 범위를 설정할 수 있습니다.

⑪ 열 머리글 : 열 이름이 표시되는 곳으로 A열부터 XFD열까지 16,384열이 표시됩니다.

⑫ 행 머리글 : 행 이름이 표시되는 곳으로 1행부터 1,048,576행까지 표시됩니다.

⑬ 시트 이동 단추 : 시트간 이동 시 사용합니다.

⑭ 시트 탭 : 현재 사용되고 있는 시트가 표시되며, 255개의 시트 탭을 사용할 수 있습니다.

⑮ 상태 표시줄 : 현재 작업 상태를 표시합니다.

⑯ 보기모드 : 보기 모드로 기본, 레이아웃, 페이지 나누기 미리보기를 선택할 수 있습니다.

⑰ 확대/축소 슬라이더 : 시트 화면을 확대하거나 축소할 수 있습니다.

⑱ 가로 슬라이더 막대

⑲ 세로 슬라이더 막대

⑳ 셀 포인터 : 현재 클릭되어진 셀

워크시트 편집하기

- A열의 열 너비를 조절하기 위해 A열을 선택하고 [홈] 탭의 [셀] 그룹에서 [서식]을 클릭하여 [열 너비]/[행 높이]에서 너비와 높이를 조절합니다. 마우스 오른쪽 버튼을 눌러 바로가기 메뉴에서도 설정할 수 있습니다.

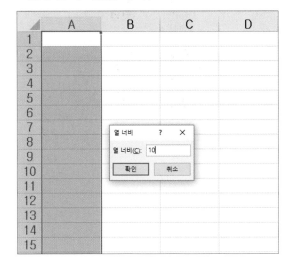 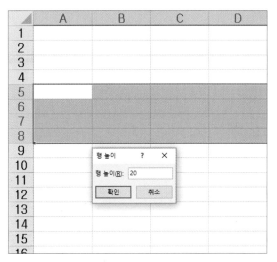

- 워크시트를 추가하려면 시트 탭 끝의 ⊕ 를 클릭하거나 마우스 오른쪽 버튼을 눌러 바로가기 메뉴에서 [삽입]을 클릭합니다.
- 이름을 변경하려면 해당 시트를 더블클릭하거나, 시트 위에서 마우스 오른쪽 버튼을 눌러 바로가기 메뉴에서 [이름 바꾸기]를 클릭하여 변경할 수 있으며 [삭제], [시트 보호], [탭 색], [숨기기] 등을 할 수 있습니다.

- 연속된 워크시트를 선택하려면 Shift 를 누르고 마지막 시트를 선택합니다.
- 원하는 워크시트를 선택하려면 Ctrl 을 누른 채 시트를 선택하며, 시트 해제는 선택되지 않은 시트를 클릭하면 해제됩니다.

문자 데이터와 한 셀에 두 줄 입력하기

- 문자 데이터는 셀의 왼쪽을 기준으로 입력되며 숫자와 문자를 함께 입력할 수 있습니다.
- 하나의 셀에 두 줄 이상 입력할 때는 첫 줄 입력 후 Alt + Enter 를 누르고 다음 줄을 입력합니다.

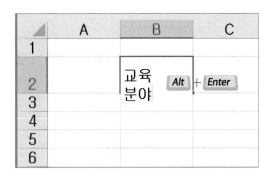

- 범위로 설정한 모든 셀에 동일한 데이터를 입력할 때는 블록을 먼저 설정하고, 데이터를 입력한 다음 **Ctrl** + **Enter** 를 누릅니다.

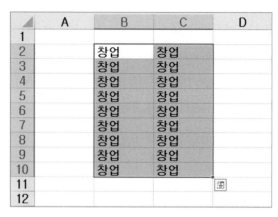

숫자 데이터 입력하기

- 숫자를 문자열로 입력하는 경우는 (')를 숫자 앞에 입력합니다.
- 숫자 데이터는 오른쪽을 기준으로 입력됩니다.
- 숫자로 사용될 수 있는 문자에는 0부터 9까지의 수와 +, −, ( ), /, $, %, Ee가 있습니다.
- 분수의 경우 중간에 공백을 입력합니다(1/2 → 0 1/2).
- 음수 앞에는 '−'를 입력하거나 '괄호( )'로 묶습니다(−123, (123)).
- 입력한 숫자가 열 너비보다 길면 지수 형식 '1.2347E+11'이나 '######'으로 표시되며 열 너비를 늘리면 정상적으로 숫자가 표시됩니다.

날짜와 시간 입력하기

- 날짜는 '년/월/일' 또는 '년−월−일'로 '/'나 '−'으로 구분해서 입력합니다(2013−9−8, 2013/9/8).
- 시간은 시, 분, 초의 형식은 '시:분:초'로 ':'처럼 구분해서 입력합니다(13:45:33).
- 시간과 날짜를 같이 입력하려면 날짜를 입력한 후 한 칸 띄우고 시간을 입력합니다(2013−9−8 13:45:33).

특수 문자 입력하기

- 키보드에 없는 특수 문자의 기호는 한글의 자음을 누르고 키보드의 [한자]를 눌러 입력합니다.
- [삽입] 탭의 [기호] 그룹에서 [기호]를 클릭하여 입력할 수 있습니다.

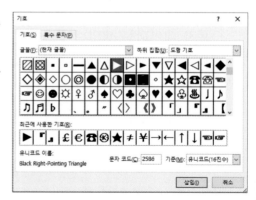

14·

🌀 한자 입력하기

- 한글 뒤에 커서를 두고 [한자]를 눌러 [한글/한자 변환] 대화 상자에서 해당하는 한자를 선택합니다. 입력 형태는 세 가지로 해당하는 입력 형태를 선택합니다.

🌀 자동 채우기

- 문자를 입력하고 첫 번째 셀의 오른쪽 하단에 마우스를 올려놓고 검정 십자가 모양의 채우기 핸들이 표시되면 아래로 드래그합니다.

 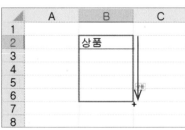 

- 숫자 데이터는 붙여넣기 옵션에서 '연속 데이터 채우기'를 하거나 Ctrl 을 누르고 채우기 핸들을 드래그하면 1씩 증가됩니다.
- 일정한 간격의 숫자 데이터를 채우기 핸들로 입력하려면 초기 값과 증가 값을 입력한 후 두 셀을 범위 설정 후 채우기 핸들을 드래그하면 일정한 간격으로 채울 수 있습니다.
- 문자와 숫자를 혼합하면 문자는 복사되고 숫자는 증가합니다.

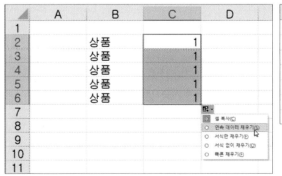 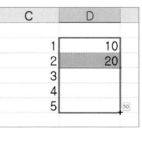

- [사용자 지정목록]에 등록된 데이터는 자동 채우기가 가능합니다.
- 날짜와 시간을 채우기 핸들로 드래그하면 날짜는 1일, 시간은 1시간씩 증가되며 [자동 채우기 옵션]을 이용해 '평일' 단위, '월' 단위, '년' 단위로 채울 수 있습니다.

데이터의 수정

- 입력된 데이터를 수정하려면 *F2*를 누르거나, 해당 셀을 더블클릭 또는 수식입력 줄을 클릭하여 수정할 수 있습니다.
- 데이터를 삭제하려면 [홈] 탭의 [편집] 그룹에서 [내용 지우기] 또는 *Delete*, *Back Space*, *Space Bar*를 누르고 삭제합니다. 하지만 셀에 입력된 서식은 그대로 두고 내용만 삭제됩니다.

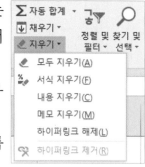

- 셀 서식까지 삭제하려면 [홈] 탭의 [편집] 그룹에서 [지우기]-[서식 지우기]를 클릭합니다.
- 셀의 서식과 내용 또는 메모 등을 모두 삭제하려면 [홈] 탭의 [편집] 그룹에서 [지우기]-[모두 지우기]를 클릭합니다.

[홈] 탭의 서식 설정

- 자주 사용하는 메뉴는 [홈] 탭에 있습니다. 복사, 잘라내기, 붙여넣기, 글꼴, 맞춤, 표시 형식, 셀 서식과 스타일 등을 지정할 수 있습니다. 또는 마우스 오른쪽 버튼을 눌러 나오는 '빠른 메뉴'에서 서식 설정이 가능합니다.

셀 서식 설정

- 일반 : 모든 표시의 형식을 삭제하고 기본 표시의 형식을 설정합니다.
- 숫자 : 소수점 이하 자릿수, 천 단위 구분 기호, 음수 표시의 형식을 지정합니다.
- 통화 : 소수점 이하 자릿수, 통화 기호, 음수 표기의 형식을 설정합니다.

- 회계 : 소수점 이하 자릿수의 통화 기호를 설정합니다.
- 분수 : 셀에 입력된 소수를 분수로 표시합니다.
- 텍스트 : 입력한 숫자를 텍스트로 적용합니다.
- 기타 : 우편번호, 전화번호, 주민등록번호 등의 표시를 설정할 수 있습니다.
- 사용자 지정 : 기존의 형식을 직접 정의하여 생성할 수 있습니다.

사용자 지정 서식 코드

#	자릿수 표시, 해당 자리에 숫자가 없을 경우는 빈칸으로 표시
0	자릿수 표시, 해당 자리에 숫자가 없을 경우는 0을 표시
?	소수점 이하의 자릿수 정렬하거나 분수 서식 설정
,	천 단위 구분 기호 표시
%	백분율 표시
@	현재 문자열에 특정한 문자를 붙여 표시
연도(yy/yyyy)	연도 두 자리와 연도 네 자리 표시
월(m/mm/mmmm/mmmm)	월을 한 자리 / 두 자리 / 영문 세 자리 / 영문 전체 표시
일(d/dd/ddd/dddd)	일을 한 자리 / 두 자리 / 영문 세 자리 / 영문 전체 표시
요일(aaa/aaaa)	요일 한 자리 / 요일 전체 표시

셀 서식 [맞춤] 탭 설정

- 텍스트 가로/세로 맞춤과 텍스트 조정, 텍스트 방향 등을 설정할 수 있습니다.
- 텍스트 줄 바꿈 : 셀의 내용이 한 줄로 모두 표시되지 않을 경우 여러 줄로 나누어 표시할 수 있습니다.
- 셀에 맞춤 : 셀의 내용을 현재 셀 크기에 맞춰 표시합니다.
- 셀 병합 : 선택한 셀을 하나의 셀로 병합합니다.

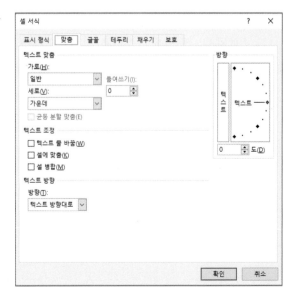

셀 서식 [글꼴] 탭 설정

- 선택한 텍스트의 글꼴 종류, 스타일, 크기 및 색 밑줄 등을 설정할 수 있습니다.
- [홈] 탭의 [글꼴] 그룹이나 마우스 오른쪽 버튼을 누르면 빠른 메뉴에서 설정할 수 있습니다.

셀 서식 [테두리] 탭 설정

- 선택한 셀의 선 스타일, 선 색, 테두리를 지정할 수 있습니다.
- 선의 스타일과 선 색을 지정한 후 미리 설정 또는 테두리에서 선택할 수 있습니다.
- [홈] 탭의 [글꼴] 그룹에서 테두리 설정이 가능합니다.

셀 서식 [채우기] 탭 설정

- 선택한 셀의 배경에 색 또는 무늬를 적용합니다.
- '배경색' 항목에서 셀에 채울 색을 선택할 수 있습니다.
- '채우기 효과'는 그라데이션과 음영 스타일 등을 지정할 수 있습니다.
- 다른 색은 RGB 값을 입력하거나 색상 팔레트에서 색을 지정할 수 있습니다.

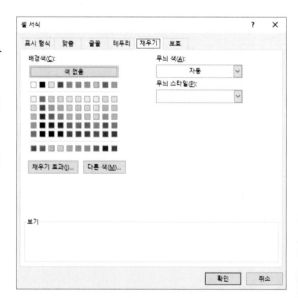

🔷 도형 삽입

- [삽입] 탭의 [일러스트레이션] 그룹에서 [도형]을 클릭하여 해당하는 도형을 선택합니다.
- 도형을 선택하면 흰색 조절점은 도형의 크기를 변경하며, 노란 조절점은 모양 변형, 회전 화살표는 도형을 회전합니다.
- 도형을 선택하면 [그리기 도구]-[서식] 탭에서 도형 스타일을 변경할 수 있습니다.

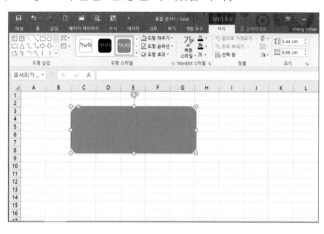

🔷 그림 복사 기능

- 그림 복사 기능은 셀 범위를 설정하고 [홈] 탭의 [클립보드] 그룹에서 [복사]-[그림으로 복사]를 클릭합니다.
- [그림 복사] 대화상자에서 모양의 '화면에 표시된 대로', 형식의 '그림'을 선택하고 [확인]을 클릭합니다.
- 그림을 붙여넣을 셀을 클릭하고 Ctrl + V 를 누릅니다.

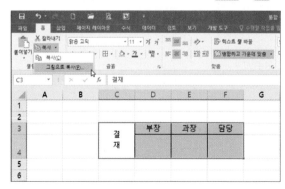
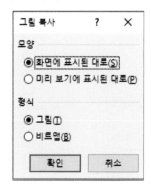

이름 정의

- 셀 범위에 이름을 지정하여 수식 등에 사용합니다.
- 이름을 정의할 부분을 범위 설정하고 [수식] 탭의 [정의된 이름] 그룹에서 [이름 정의]를 클릭하고, [새 이름] 대화상자에서 '이름' 항목에 셀 이름을 입력한 후 [확인]을 클릭합니다.
- 또는 셀 범위를 선택하고 '이름 상자' 영역에 이름을 입력하고 Enter 를 누릅니다.
- 셀 범위가 잘못되어 수정하거나 삭제를 하려면 [수식] 탭의 [정의된 이름] 그룹에서 [이름 관리자]를 클릭하여 편집합니다.

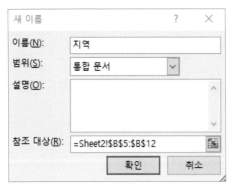
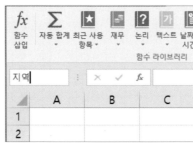

유효성 검사

- 유효성 데이터는 정수, 목록, 날짜, 텍스트 길이 등을 설정합니다.
- 유효성 검사를 목록으로 작성할 경우 적용할 셀을 선택하거나 범위 설정 후 [데이터] 탭의 [데이터 도구] 그룹에서 [데이터 유효성 검사]를 클릭하여 [데이터 유효성] 대화상자의 '유효성 조건'을 '목록'으로 지정하고 '원본'에 데이터 영역을 범위 설정합니다.
- 원본 영역에 데이터를 ','를 이용해 직접 데이터를 입력합니다.
- 이름 정의된 데이터 영역을 넣을 때는 원본에 '=정의한 이름'을 입력합니다.
- 데이터 유효성 검사를 삭제하려면 [데이터 유효성] 대화상자의 왼쪽 하단의 [모두 지우기]를 클릭합니다.

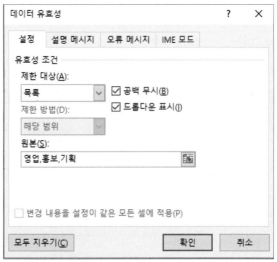

■ ■ 예제 : 기출유형₩1.셀서식완성.xlsx

표 작성 따라하기

엑셀의 기본 데이터 입력과 서식기능을 이용하여 표를 작성하고 조건에 맞는 셀 서식 변환 및 함수 사용 능력을 평가합니다.

[제1작업] 표 서식 및 값 계산 (240점)

☞ 다음은 '효림상사 지점별 판매 현황'에 대한 자료이다. 자료를 입력하고 조건에 맞도록 작업하시오.

출력형태

제품코드	상품명	판매 지점	판매 개시일	할인율 (%)	정상가	판매량 (단위:개)	판매량 (순위)	비고
						결 재	담당	팀장	부장
C1-JU01	노트북	전주시	06-01	10%	1,250천원	202개		
H2-BS03	화장품	부산시	04-09	5%	350천원	502개		
M2-SU05	화장품	서울시	03-24	6%	270천원	652개		
C2-JU03	건강식품	전주시	01-17	15%	750천원	375개		
R4-CW03	노트북	창원시	01-15	25%	1,850천원	1,265개		
M5-DJ07	건강식품	대전시	07-07	10%	275천원	551개		
H3-BS02	육류가공품	부산시	02-10	20%	170천원	605개		
R2-CW05	농산품	창원시	05-20	10%	80천원	1,545개		
전주지역의 판매량(단위:개)의 평균						판매량이 600개 이하인 상품의 수		
세번째로 큰 판매량(단위:개)						제품코드	M5-DJ07	판매량	

효림상사 지점별 판매 현황

조건
○ 모든 데이터의 서식에는 글꼴(굴림, 11pt), 정렬은 숫자 및 회계 서식은 오른쪽 정렬, 나머지 서식은 가운데 정렬로 작성하며 예외적인 것은 ≪출력형태≫를 참조하시오.

○ 제 목 ⇒ 도형(기본도형 : 모서리가 둥근 사각형)과 그림자(오프셋 오른쪽)를 이용하여 작성하고 "효림상사 지점별 판매 현황"을 입력한 후 다음 서식을 적용하시오(글꼴-굴림, 24pt, 검정, 굵게, 채우기-노랑).

○ 임의의 셀에 결제란을 작성하여 그림으로 복사 기능을 이용하여 붙이기 하시오(단, 원본 삭제).

○ 「B4:J4, G14, I14」 영역은 '주황'으로 채우시오.

○ 유효성 검사를 이용하여 「H14」 셀에 제품코드(「B5:B12」 영역)가 선택 표시되도록 하시오.

○ 셀 서식 ⇒ 「D5:D12」 영역에 셀 서식을 이용하여 글자 뒤에 '시'를 표시하시오(예 : 전주시).

　　　　　　「G5:G12」 영역에 셀 서식을 이용하여 숫자 뒤에 '천원'을 표시하시오(예 : 1,500천원).

　　　　　　「H5:H12」 영역에 셀 서식을 이용하여 글자 뒤에 '개'를 표시하시오(예 : 1,500개).

○ 「H5:H12」 영역에 대해 '판매량'으로 이름정의를 하시오.

KEY POINT
• 워크시트를 그룹 지정하여 글꼴과 열 너비를 지정
• 시트 이름을 변경하고 시트는 반드시 '제3작업'까지의 시트만 있어야 하며 나머지 시트는 삭제
• 저장하기를 하여 '내 PC₩문서₩ITQ₩수험번호-이름'으로 저장
• 표 내용을 입력하고 셀 서식 적용
• 조건 순서대로 진행
• 작성하면서 수시로 재 저장하기(Ctrl + S)

01 엑셀을 시작하고 새 워크시트를 엽니다. `Ctrl` 을 누른 채 마우스 휠을 위 아래로 드래그하여 작업하기 좋은 화면으로 확대/축소를 합니다.

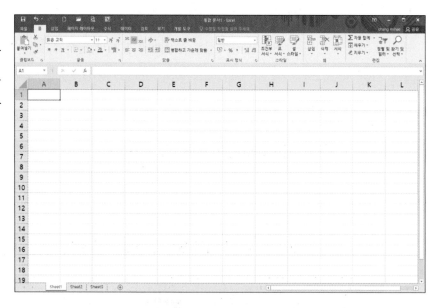

02 ❶임의의 시트를 선택하고 마우스 오른쪽 버튼을 눌러 바로가기 메뉴의 ❷[모든 시트 선택]을 클릭하여 전체 시트를 선택합니다.

Tip
[Sheet1]을 클릭한 후 `Shift` 를 누르고 [Sheet3]을 선택할 수 있습니다.

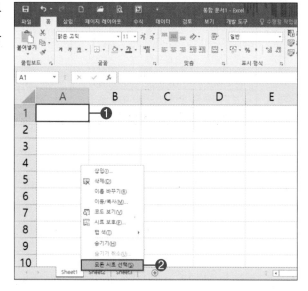

03 시트의 열 너비를 조절하기 위해 시트가 그룹화된 상태에서 ❶'A' 열을 클릭하고 마우스 오른쪽 버튼의 바로가기 메뉴에서 ❷[열 너비]를 선택합니다. ❸[열 너비] 대화상자에 열 너비를 '1'로 입력한 후 ❹[확인]을 클릭합니다.

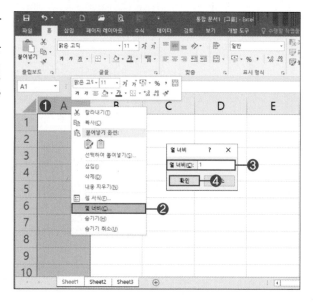

04 행과 열의 교차되는 ❶'전체 선택' 영역을 클릭하여 시트 전체를 블록 설정하고 ❷[홈] 탭의 ❸[글꼴] 그룹에서 조건에 제시된 '글꼴(굴림, 11pt)'로 설정합니다.

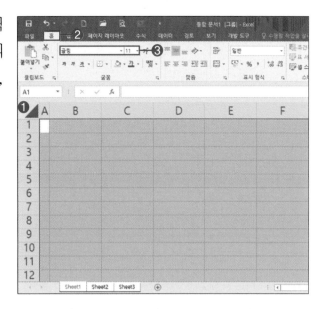

05 그룹으로 묶어진 시트를 해제하기 위해, 임의의 시트 이름 위에 마우스 오른쪽 버튼을 눌러 바로가기 메뉴에서 ❶[시트 그룹 해제]를 클릭합니다.

Tip

임의의 시트를 클릭하여 시트 그룹을 해제할 수 있습니다.

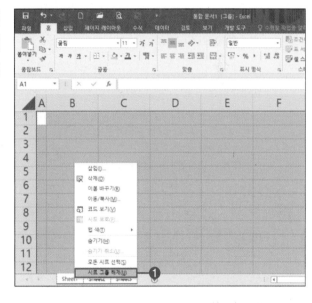

06 ❶첫 번째 시트 이름을 더블클릭합니다.

Tip

마우스 오른쪽 버튼을 눌러 바로가기 메뉴에서 [이름 바꾸기]를 클릭합니다.

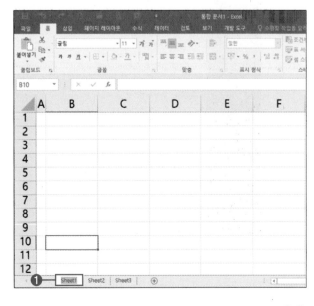

07 '제1작업'으로 입력한 후 Enter 를 누릅니다. 나머지 시트에 '제2작업', '제3작업'으로 시트의 이름을 바꿉니다.

08 현재 작업을 저장하기 위해 ❶왼쪽 상단의 빠른 메뉴에서 '저장하기'를 누릅니다.

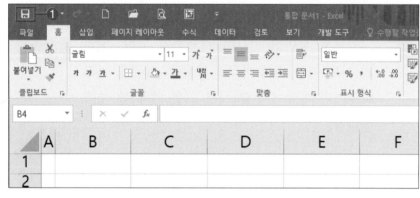

> **Tip**
>
> 저장 폴더 또는 파일 이름을 잘못 입력한 경우 [파일]-[다른 이름으로 저장]에서 '저장 경로'와 '파일 이름'을 다시 저장할 수 있습니다.

09 ❶[다른 이름으로 저장]의 ❷'이 PC'를 더블클릭합니다. [다른 이름으로 저장] 대화상자의 왼쪽 창의 ❸[내 PC₩문서₩ITQ] 폴더를 선택하여 저장 폴더를 확인하고 ❹'수험번호-이름.xlsx'을 입력한 후 ❺[저장]을 클릭합니다. 작업한 내용을 수시로 '저장하기' 또는 Ctrl + S 를 눌러 재저장합니다.

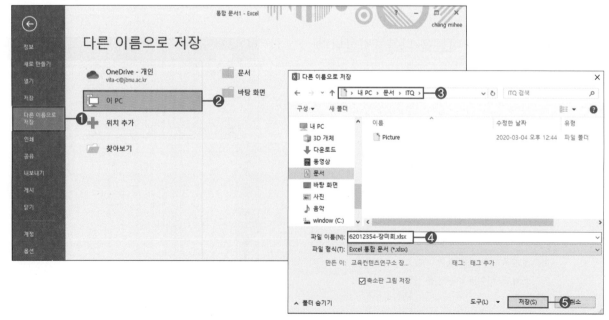

01 ❶'1행'에서 '3행'까지 드래그하여 블록을 설정한 후 행과 행 사이의 경계선에 마우스를 올려 놓은 후 '⬍'이 될 때 아래로 드래그하여 행 높이를 넓혀줍니다. 행 높이는 제목 도형을 삽입할 높이만큼 임의로 조절합니다.

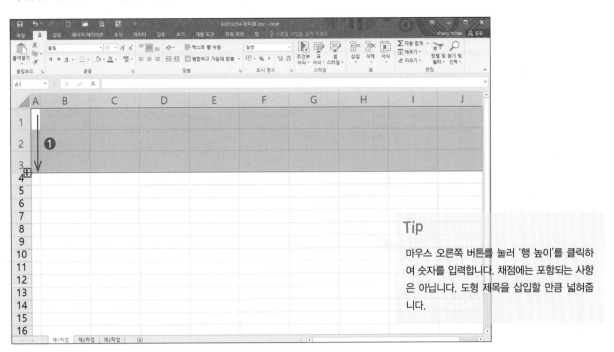

Tip

마우스 오른쪽 버튼를 눌러 '행 높이'를 클릭하여 숫자를 입력합니다. 채점에는 포함되는 사항은 아닙니다. 도형 제목을 삽입할 만큼 넓혀줍니다.

02 [B4] 셀부터 [J4] 셀까지 '제품코드, 상품명, 판매지점, 판매개시일, 할인율(%), 정상가, 판매량(단위:개), 판매량(순위), 비고'를 입력합니다. 한 셀에 두 줄을 입력할 경우 **Alt** + **Enter** 를 누릅니다. [D4] 셀에 '판매'를 입력한 후 **Alt** + **Enter** 를 누른 후 다음 줄에 '지점'을 입력합니다.

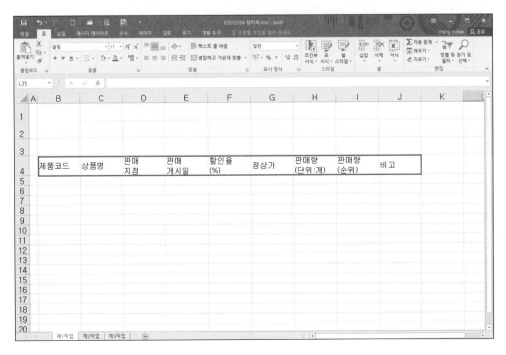

03 ≪출력형태≫를 보고 나머지 데이터를 모두 입력합니다. 판매개시일은 '6-1' 형태로 입력하고 할인율은 소수점으로 입력합니다. 원 단위나 숫자 뒤에 붙는 문자는 입력하지 않습니다.

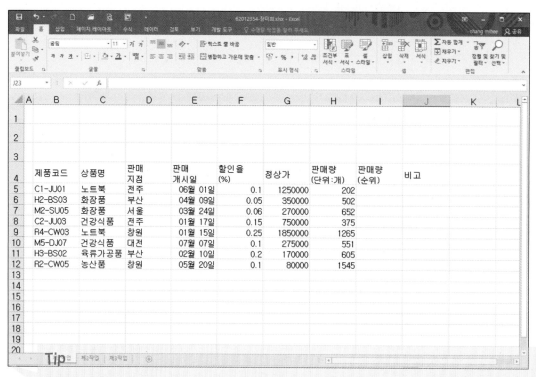

> **Tip**
> 날짜는 년-월-일 형태로 입력합니다. '6-1'로 입력한 후 셀 서식에서 표시형식을 변경합니다. 백분율은 직접 '10%', '5%'로 입력해도 됩니다.

04 ❶[B13:D14] 셀까지 마우스로 드래그하여 영역을 설정한 다음 ❷ Ctrl 을 누르고 [G13:I13] 셀까지 영역을 설정합니다. ❸[홈] 탭의 [맞춤] 그룹에서 '병합하고 가운데 맞춤'의 목록 단추를 누른 후 ❹[전체 병합]을 클릭하여 행 단위 병합을 합니다.

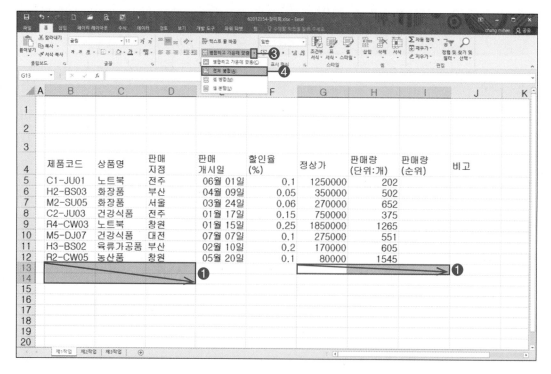

05 ❶[F13:F14] 셀까지 드래그하여 범위를 설정하고, ❷[홈] 탭의 [맞춤] 그룹에서 '병합하고 가운데 맞춤'을 클릭합니다.

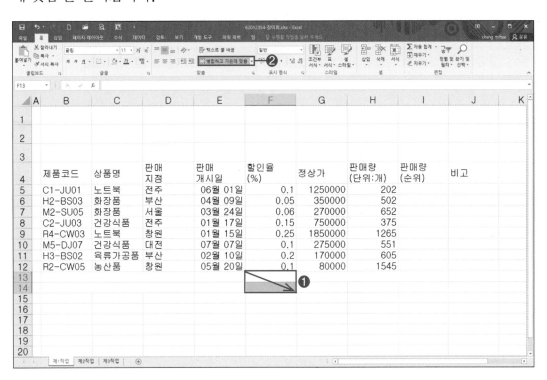

06 ❶[B13:B14] 셀과 [G13:G14] 셀, [G14] 셀, [I14] 셀에 내용을 입력한 후 ❷빠른 메뉴의 [저장]을 클릭하거나 Ctrl + S 를 눌러 재 저장합니다.

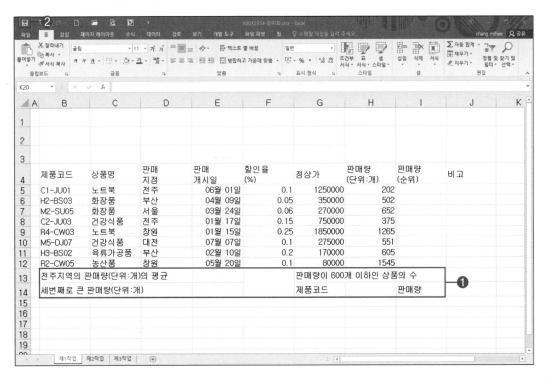

07 열 너비와 행 높이를 ≪출력형태≫에 맞춰 조절합니다. 'A' 열은 '1'입니다. ❶셀에 테두리를 지정하기 위해 [B4:J14] 셀 영역을 드래그하여 범위를 설정합니다. ❷[홈] 탭의 [글꼴] 그룹에서 ❸'테두리'의 목록 단추를 누르고 ❹'모든 테두리'를 선택하여 표 전체에 테두리를 적용합니다.

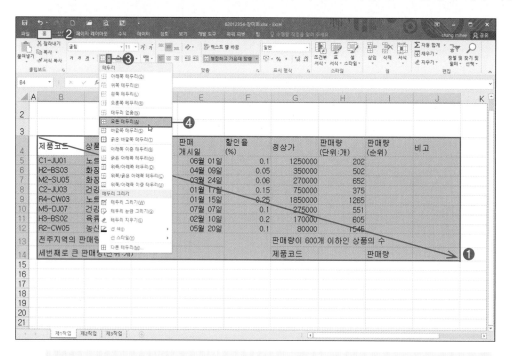

Tip

A열의 너비는 반드시 '1'로 설정해야 합니다. 설정 방법은 22쪽을 참고하세요.

08 바깥쪽 테두리를 넣기 위해 ❶[홈] 탭의 ❷[글꼴] 그룹에서 ❸'테두리'의 목록 단추를 눌러 '굵은 바깥쪽 테두리'를 선택합니다.

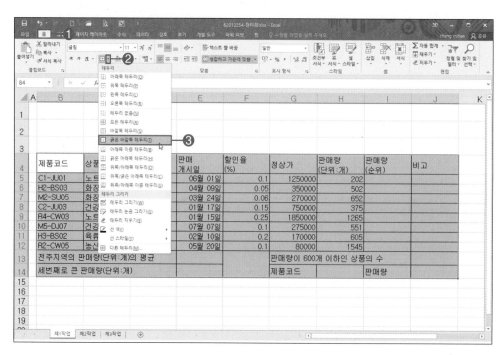

09 안쪽 셀에 테두리를 설정하기 위해 ❶[B5:J12] 셀 영역을 드래그하여 범위를 설정합니다. ❷ [홈] 탭의 [글꼴] 그룹에서 ❸'테두리'의 목록 단추를 누르고 ❹'굵은 바깥쪽 테두리'를 선택하여 테두리를 적용합니다.

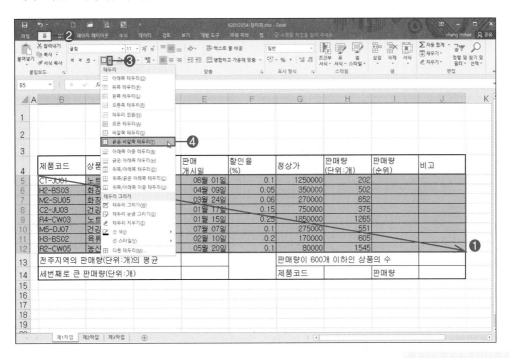

Tip

F4 를 누르면 직전의 명령이 재 실행됩니다.

10 ❶[F13] 셀에 클릭하고 대각선을 넣기 위해 ❷[홈] 탭의 [글꼴] 그룹에서 [글꼴 설정]을 클릭합니다. ❸[셀 서식] 대화상자의 [테두리] 탭에서 ❹왼쪽 대각선과 ❺오른쪽 대각선을 선택한 후 ❻[확인]을 선택합니다.

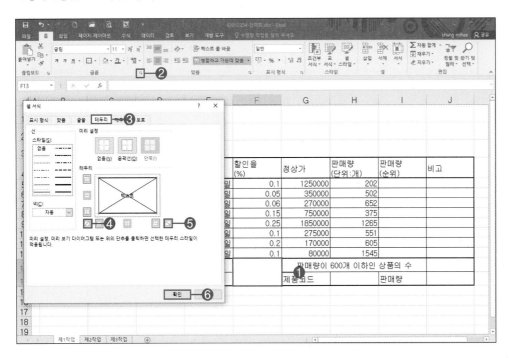

11 입력된 데이터를 정렬하기 위해 ❶[B4:J14] 셀 영역을 드래그하여 범위를 설정합니다. [홈] 탭의 [맞춤] 그룹에서 ❷'세로 가운데 맞춤'과 '가로 가운데 맞춤'을 클릭합니다.

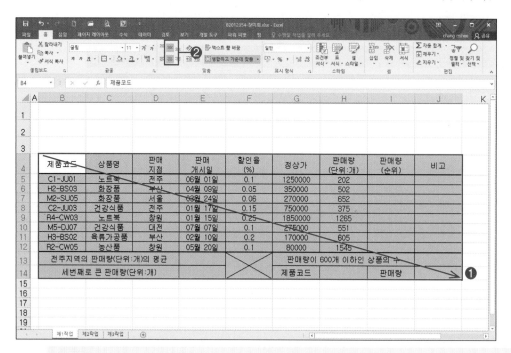

Tip

데이터가 있는 영역에 셀 포인터를 위치한 후 Ctrl + A 를 누르면 전체 선택이 됩니다.

12 숫자 또는 회계 형식은 오른쪽 정렬을 하기 위해 ❶[F5:H12] 셀 영역을 드래그하여 범위를 설정합니다. [홈] 탭의 [맞춤] 그룹에서 ❷'오른쪽 맞춤'을 클릭합니다. Ctrl + S 를 눌러 재 저장합니다. 함수식 부분은 함수 계산을 완료한 후 숫자인 경우는 오른쪽 정렬, 문자인 경우는 가운데 정렬을 합니다.

01 제목 도형을 삽입하기 위해 ❶[삽입] 탭의 [일러스트레이션] 그룹에서 [도형]을 클릭하여 ❷'사각형'의 '모서리가 둥근 직사각형'을 선택합니다.

02 ❶[B1] 셀에서 [G3] 셀까지 ≪출력형태≫에 맞춰 대각선으로 드래그하여 도형을 그린 후 ❷왼쪽 상단의 노란색 조절점을 오른쪽으로 드래그하여 도형 모양을 변형합니다.

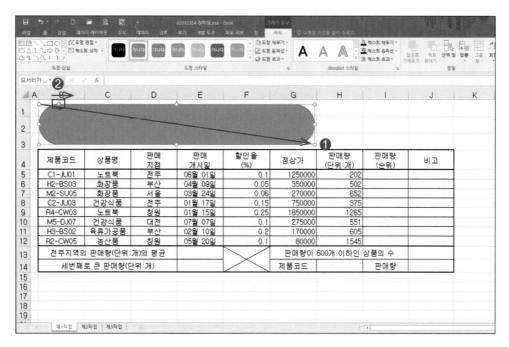

03 도형이 선택된 상태에서 '효림상사 지점별 판매 현황'을 입력한 후 도형을 클릭하여 도형 전체를 선택합니다.

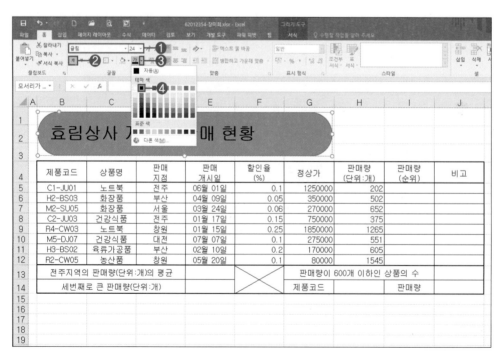

04 도형이 선택된 상태에서 ❶[홈] 탭의 [글꼴] 그룹에서 '굴림, 24pt'를 선택하고 ❷글자 속성은 '굵게'를 클릭합니다. ❸'글자 색'의 목록 단추를 클릭하여 ❹'검정'을 선택합니다.

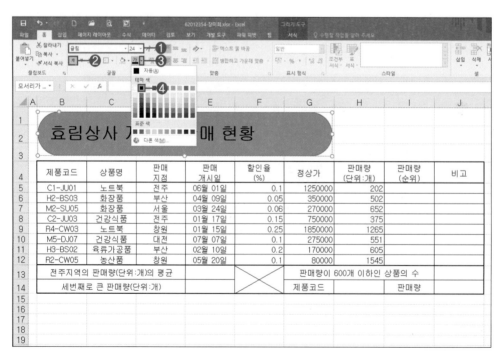

05 도형에 색을 채우기 위해 ❶[홈] 탭의 [글꼴] 그룹에서 ❷'채우기'의 목록 단추를 누른 후 ❸'표준 색'의 '노랑'을 선택합니다. ❹도형 안의 텍스트를 정렬하기 위해 [맞춤] 그룹에서 '세로 가운데 맞춤'과 '가운데 정렬'을 선택합니다.

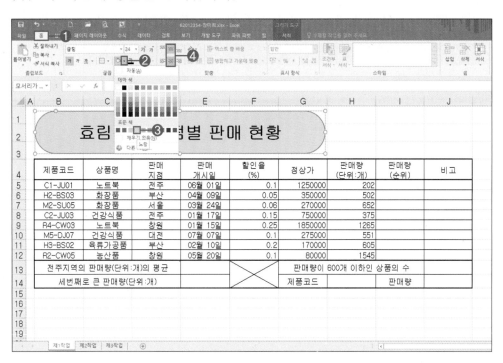

06 도형에 그림자를 적용합니다. ❶[그리기 도구]-[서식] 탭의 [도형 스타일] 그룹에서 ❷[도형 효과]를 클릭합니다. ❸'그림자'의 ❹'오프셋 오른쪽'을 선택합니다.

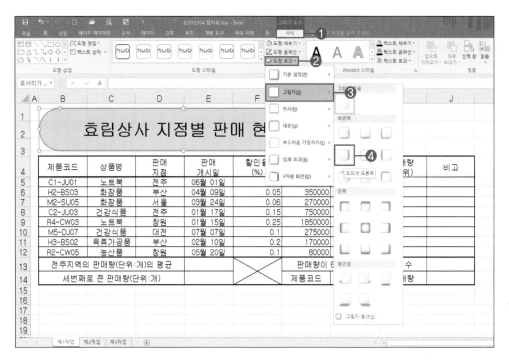

07 결재란을 작성하기 위해 입력된 본문의 행이나 열에 영향을 주지 않는 셀 부분에 그림과 같이 ❶'결재, 담당, 팀장, 부장'을 입력하고 그림과 같이 블록 설정합니다. [홈] 탭의 [글꼴] 그룹에서 ❷'테두리'의 목록 단추를 클릭한 후 ❸'모든 테두리'를 선택합니다. ❹[홈] 탭의 [맞춤] 그룹에서 '세로 가운데 정렬'과 '가로 가운데 정렬'을 선택하고 행과 열의 높이와 너비를 조절합니다.

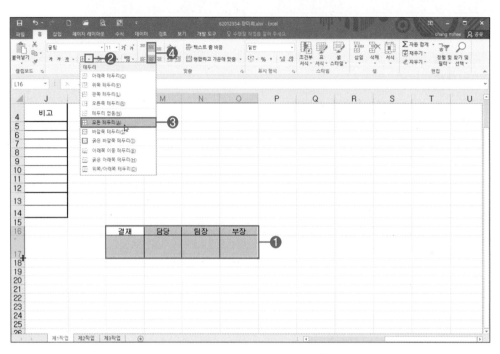

08 ❶[L16:L17] 셀을 블록 설정한 후 ❷[홈] 탭의 [맞춤] 그룹에서 '병합하고 가운데 맞춤'을 클릭합니다. 텍스트를 세로로 변경하기 위해 ❸[방향]의 ❹'세로쓰기'를 선택합니다.

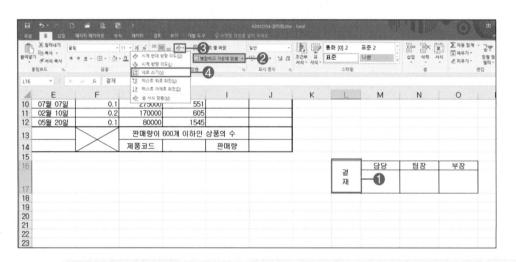

Tip

Alt + Enter 를 이용해 '결재'를 입력하거나, [홈] 탭의 [맞춤] 그룹에서 [방향]의 '텍스트 줄 바꿈'을 할 수 있습니다.

09 ❶[L16:O17] 셀까지 영역을 블록 설정하고 [홈] 탭의 [클립보드] 그룹에서 ❷'복사'의 목록 단추를 클릭하여 ❸'그림으로 복사'를 선택합니다.

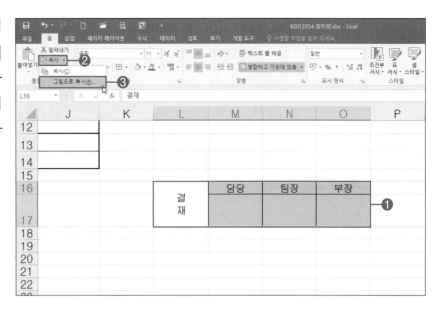

10 [그림 복사] 대화상자에서 ❶'화면에 표시된 대로', ❷'그림'으로 선택되었다면 ❸[확인]을 클릭합니다.

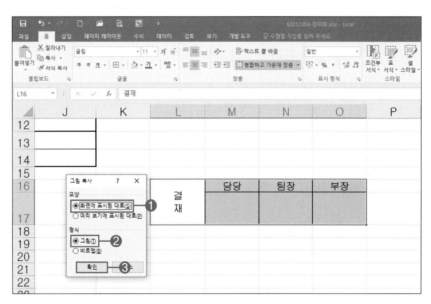

11 [H1] 셀을 클릭한 후 Ctrl +V를 누릅니다. 복사된 결재란을 《출력형식》에 맞춰 이동한 후 셀에 맞추어 크기를 조절합니다.

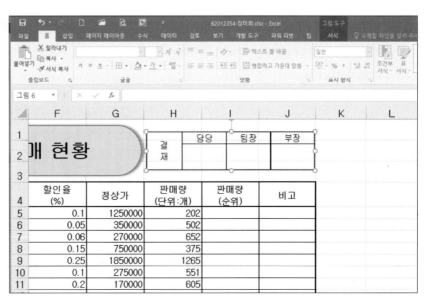

12 투명 설정된 결재란의 배경 색을 '흰색'으로 설정합니다. ❶복사된 '결재란'을 클릭한 후 ❷[홈] 탭의 [글꼴] 그룹에서 '채우기 색'의 목록 단추를 클릭하여 ❸'흰색, 배경 1'을 선택합니다.

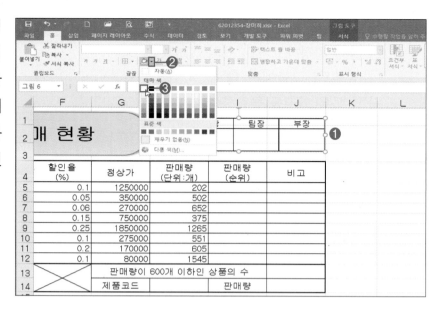

13 결재란의 원본은 삭제합니다. 원본이 있는 ❶'L'열 위에 마우스를 올려놓고 'L:O' 열까지 드래그하여 영역 설정한 후 ❷마우스 오른쪽 버튼의 바로가기 메뉴에서 [삭제]를 클릭하여 원본을 삭제합니다.

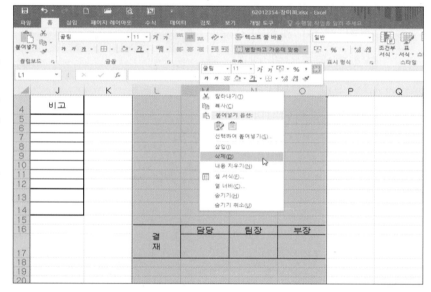

14 제목 도형과 결재란을 완성한 후 Ctrl + S 를 눌러 재저장합니다.

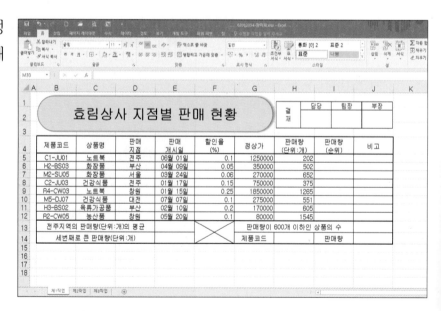

01 ≪조건≫에 있는 셀 색을 설정하기 위해 ❶[B4:J4] 셀 영역을 드래그하여 블록 설정한 후 ❷
Ctrl 을 누르고 [G14] 셀과 [I14] 셀을 클릭합니다.

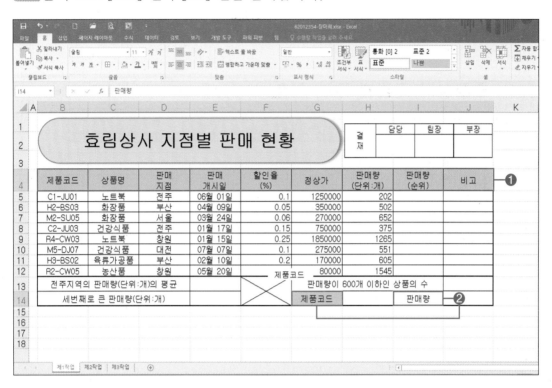

02 [홈] 탭의 [글꼴] 그룹에서 ❶'채우기 색'의 목록 단추를 클릭하여 '표준 색'의 ❷'주황'을 선택합
니다.

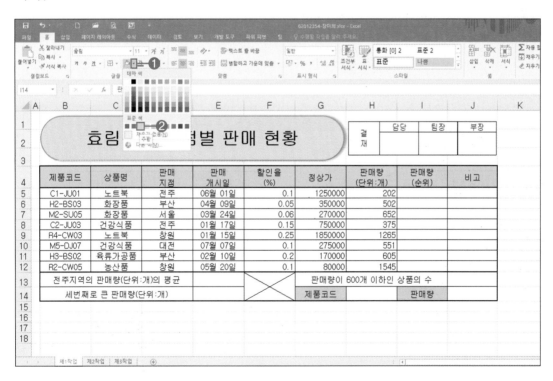

03 유효성 검사규칙을 설정합니다. ❶[H14] 셀을 클릭하고 ❷[데이터] 탭의 [데이터 도구] 그룹에서 ❸[데이터 유효성 검사] 아이콘을 클릭합니다.

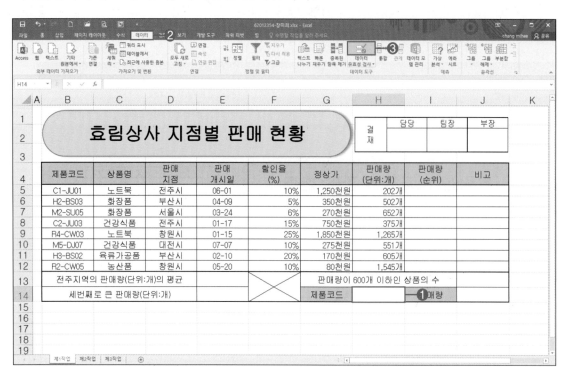

04 [데이터 유효성] 대화상자의 [설정] 탭에서 ❶'제한 대상'을 '목록'으로 선택하고, ❷'원본(S)'의 입력란을 클릭합니다. 본문의 ❸[B5:B12] 셀까지 드래그하여 범위를 지정한 후 ❹[확인]을 클릭합니다.

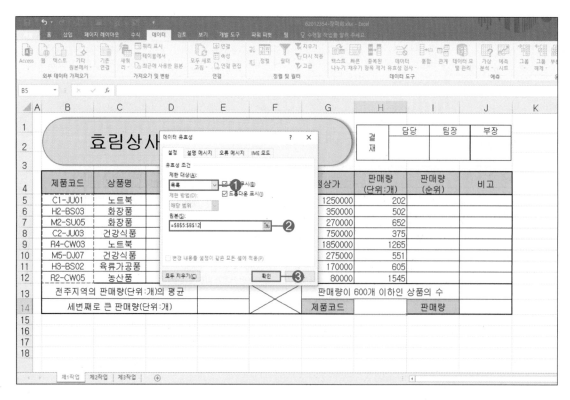

05 [H14] 셀에 유효성 검사가 적용되었으면 ❶목록 단추를 눌러 ❷해당하는 목록을 선택합니다.

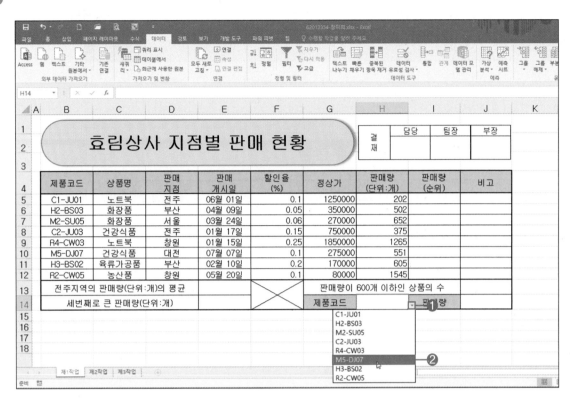

06 유효성 검사를 완성하고 Ctrl + S 를 눌러 재 저장합니다.

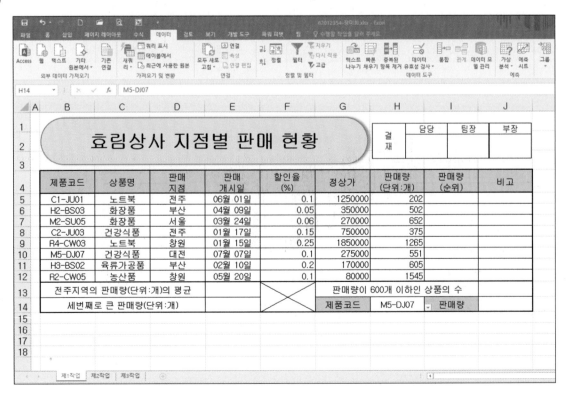

07 ≪조건≫에 있는 셀 서식 표시를 하기 위해 ❶[D5:D12] 셀까지 영역 지정한 후 [홈] 탭에서 [표시 형식] 그룹의 ❷'표시 형식'을 클릭합니다. 단축키 **Ctrl** + **1** 을 눌러도 됩니다.

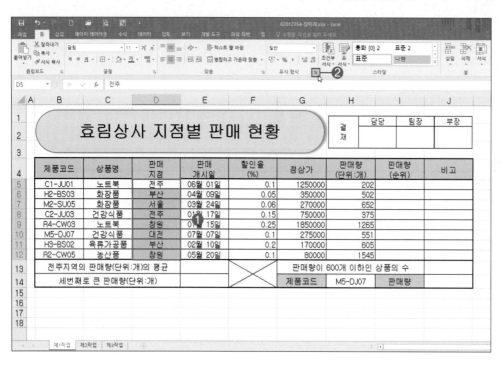

08 문자 앞/뒤에 텍스트를 삽입합니다. [셀 서식] 대화상자에서 [표시 형식] 탭의 ❶'범주'에서 '사용자 지정'을 선택합니다. ❷'형식' 입력란에 '@"시"'를 입력한 후 ❸[확인]을 클릭합니다.

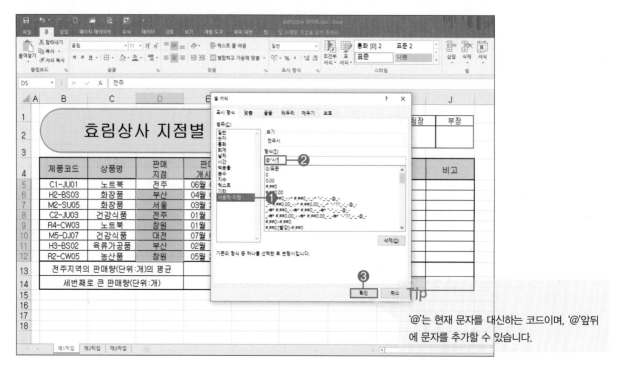

Tip

'@'는 현재 문자를 대신하는 코드이며, '@'앞뒤에 문자를 추가할 수 있습니다.

09 입력된 날짜형식을 ≪출력형태≫에 따라 변경합니다. ❶[E5:E12] 셀까지 영역 지정한 후 [홈] 탭에서 [표시 형식] 그룹의 ❷'표시 형식'을 클릭합니다. [셀 서식] 대화상자에서 [표시 형식]탭의 ❸'범주'에서 '사용자 지정'을 선택합니다. ❹'형식' 입력란에 'mm-dd'를 입력한 후 ❺[확인]을 클릭합니다.

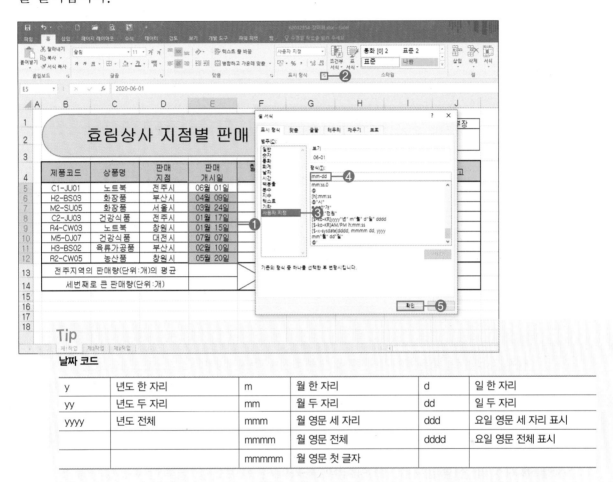

Tip

날짜 코드

y	년도 한 자리	m	월 한 자리	d	일 한 자리
yy	년도 두 자리	mm	월 두 자리	dd	일 두 자리
yyyy	년도 전체	mmm	월 영문 세 자리	ddd	요일 영문 세 자리 표시
		mmmm	월 영문 전체	dddd	요일 영문 전체 표시
		mmmmm	월 영문 첫 글자		

10 ❶[F5:F12] 셀까지 영역 지정을 한 후 [홈] 탭의 [표시 형식] 그룹에서 ❷백분율 '%'를 클릭합니다.

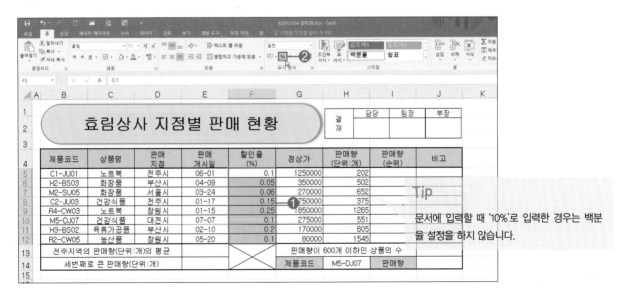

Tip

문서에 입력할 때 '10%'로 입력한 경우는 백분율 설정을 하지 않습니다.

11 천단위 자리를 절삭하고 단위를 변경합니다. ❶[G5:G12] 셀까지 범위 지정을 한 후 [홈] 탭의 [표시 형식] 그룹에서 ❷'표시 형식'을 클릭한 후 [셀 서식] 대화상자가 표시되면 [표시 형식] 탭의 ❸'범주'에서 '사용자 지정'을 선택합니다. ❹'형식'의 목록에서 '#,##0'을 선택한 후, ❺','"천원"'을 뒤에 입력한 후 ❻[확인]을 클릭합니다.

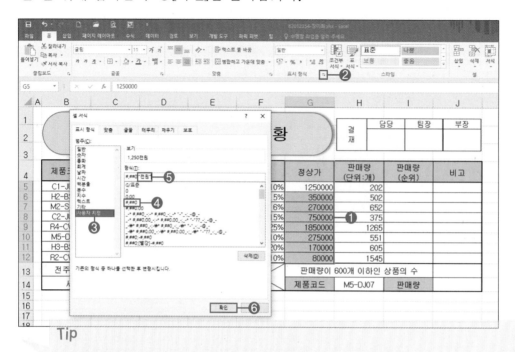

Tip

#,##0 : 천 단위마다 ','를 표시합니다.(예 45000 → #,##0원 서식 적용 후 45,000원)

#,##0, : #,##0 뒤에 ','를 추가할 때마다 천 단위가 절삭됩니다.(예 4500000 → #,##0,천원 서식 적용 후 4500천원)

12 숫자에 문자를 추가하기 위해 ❶[H5:H12] 셀까지 영역을 범위 지정한 후 [홈] 탭의 [표시 형식] 그룹에서 ❷'표시 형식'을 클릭합니다. [셀 서식] 대화상자에서 [표시 형식] 탭의 '범주'에서 ❸ '사용자 지정'을 선택합니다. ❹'형식'의 목록에서 '#,##0'을 선택한 후, ❺'"개"'를 뒤에 입력한 후 ❻[확인]을 클릭합니다.

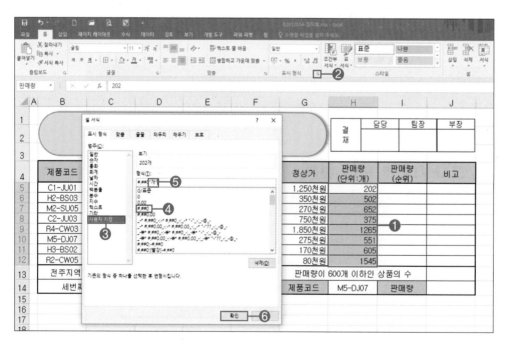

13 셀 서식을 완료합니다.

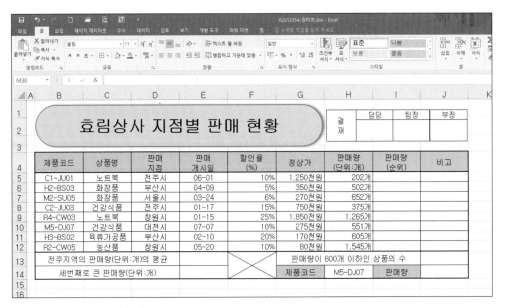

Tip

셀 서식을 이용하여 숫자에 문자를 추가하는 경우는 숫자로 오른쪽 정렬을 하며, 함수식에 문자를 연결한 경우는 문자로 가운데 정렬을 합니다.

숫자와 문자 셀 서식 유형

내용	데이터	표시 형식	결과
세 자리마다 천 단위 표시하고 "원" 표시	15000	#,##0원	15,000원
천 단위 자리 절삭하고 단위 바꾸기	1450000	#,##0,원	1,450천원
문자 뒤에 "님" 추가	김희정	@님	김희정님

시험에 사용하면 편리한 단축키

F2	셀의 내용 수정하기	Ctrl + A	데이터 셀 영역 모두 선택
F4	상대 참조-혼합 참조 - 절대 참조 설정	Ctrl + Shift + ← → ↑ ↓	셀 포인터를 기준으로 데이터가 있는 셀의 마지막 까지 영역 설정
Alt + Enter	한 셀에 여러 줄 입력	Ctrl + 1	셀 서식
Ctrl + ← → ↑ ↓	데이터가 입력되어 있는 셀의 첫 셀, 마지막 셀로 이동	Ctrl + S	선택하여 붙여넣기
Ctrl + Home	A1 셀로 바로 이동	Ctrl + Shift + V	재 실행
Ctrl + Z	실행 취소	Ctrl + Y	다시 실행

01 이름 정의를 하기 위해 본
문의 ❶[H5:H12] 영역을
드래그한 후 ❷[이름상자]
부분에 '판매량'을 입력한
후 Enter 를 누릅니다.

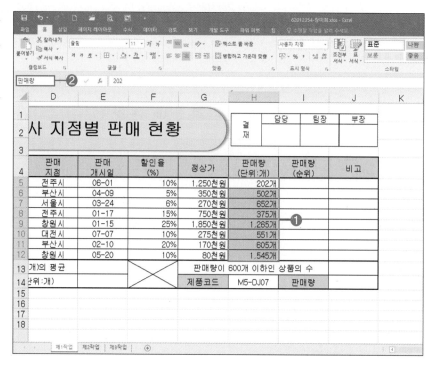

02 이름 정의의 범위를 잘못
설정하거나 정의한 이름을
삭제할 때는 ❶[수식] 탭의
[정의된 이름] 그룹의 ❷[이
름 관리자]를 선택합니다.

03 [이름 관리자] 대화상자에서 수정할 이
름 정의를 클릭하고, 대화상자 하단의
'참조 대상'에 범위를 다시 설정합니다.
정의한 이름을 삭제할 때에는 대화상
자 윗 부분의 [삭제]를 클릭합니다.

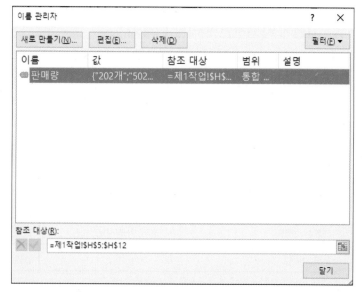

유효성 검사 편집하기

❶ 유효성 검사를 잘못 설정한 경우에는 유효성 검사를 적용할 셀을 클릭한 후 [데이터] 탭의 [데이터 도구] 그룹에서 [데이터 유효성 검사]를 클릭합니다. [데이터 유효성] 대화상자에서 '원본' 입력란을 클릭하여 범위를 다시 설정합니다.

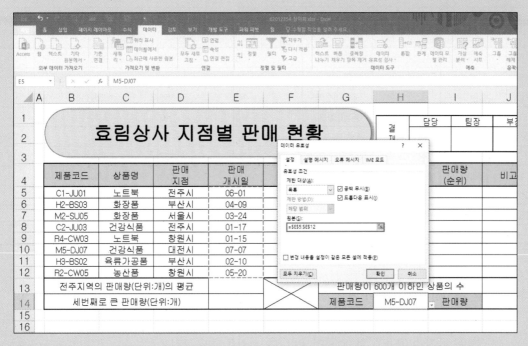

❷ 유효성 검사를 지우려면 [데이터 유효성] 대화상자에서 [모두 지우기]를 클릭합니다.

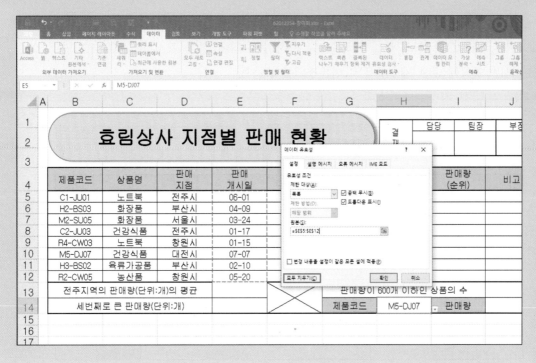

■ ■ 완성파일 : 실력팡팡₩도형1완성.xlxs

01 ☞ 다음은 '캐릭터 상품 재고 및 주문 현황'에 대한 자료이다. 자료를 입력하고 조건에 맞도록 작업하시오.

							담당	팀장	부장
		높은 음자리 교육원				결재			
강사코드	담당강사	교육구분	프로그램명	전년도 지원현황	금년도 지원현황	재수강율 (단위:%)	순위	비고
SS003	우주원	자격증과정	SNS마케팅	100	85	30%		
SS005	이예슬	취미반	프랑스자수	80	55	15%		
SA012	최민아	창업교육	닥종이인형	50	55	35%		
TS030	서인정	취미반	우쿨렐레	40	40	75%		
TA100	정서연	창업교육	한식조리사	50	35	120%		
AS101	민지혜	창업교육	창업떡만들기	30	37	55%		
AS102	유나희	자격증과정	숲해설사	100	113	32%		
TA200	표민수	취미반	생활도예	100	100	26%		
취미반의 금년도 지원현황의 합계						재수강율(단위:%)의 중간값		
창업교육 모집인원 합계						담당강사	정서연	재수강율

조건
- 모든 데이터의 서식에는 글꼴(굴림, 11pt), 정렬은 숫자 및 회계 서식은 오른쪽 정렬, 나머지 서식은 가운데 정렬로 작성하며 예외적인 것은 ≪출력형태≫를 참조하시오.
- 제 목 ⇒ 도형(사각형 : 양쪽 모서리가 잘린 사각형)과 그림자(오프셋 아래쪽)를 이용하여 작성하고 "높은 음자리 교육원"을 입력한 후 다음 서식을 적용하시오 (글꼴-굴림, 24pt, 검정, 굵게, 채우기-노랑).
- 임의의 셀에 결재란을 작성하여 그림으로 복사 기능을 이용하여 붙이기 하시오(단, 원본 삭제).
- 「B4:J4, G14, I14」 영역은 '주황'으로 채우시오.
- 유효성 검사를 이용하여 「H14」 셀에 담당강사(「C5:C12」 영역)가 선택 표시되도록 하시오.
- 셀 서식 ⇒ 「F5:G12」 영역에 셀 서식을 이용하여 숫자 뒤에 '명'을 표시하시오(예 : 10명).
- 「H5:H12」 영역에 대해 '재수강율'로 이름정의를 하시오.

출력형태

							담당	팀장	부장
		높은 음자리 교육원				결재			
강사코드	담당강사	교육구분	프로그램명	전년도 지원현황	금년도 지원현황	재수강율 (단위:%)	순위	비고
SS003	우주원	자격증과정	SNS마케팅	100명	85명	30%		
SS005	이예슬	취미반	프랑스자수	80명	55명	15%		
SA012	최민아	창업교육	닥종이인형	50명	55명	35%		
TS030	서인정	취미반	우쿨렐레	40명	40명	75%		
TA100	정서연	창업교육	한식조리사	50명	35명	120%		
AS101	민지혜	창업교육	창업떡만들기	30명	37명	55%		
AS102	유나희	자격증과정	숲해설사	100명	113명	32%		
TA200	표민수	취미반	생활도예	100명	100명	26%		
취미반의 금년도 지원현황의 합계						재수강율(단위:%)의 중간값		
창업교육 모집인원 합계						담당강사	정서연	재수강율

02 ☞ 다음은 '제5회 바리스타 경연대회 결과'에 대한 자료이다. 자료를 입력하고 조건에 맞도록 작업하시오.

수험번호	지원자	지원 종목	태도	맛과 향	총점 (200점 만점)	평가	순위
					결재 담당 / 팀장 / 부장		
		제5회 바리스타 경연대회 결과					
C3-0706	노형일	카푸치노	93	92.5	281.2		
E1-S078	두리안	에소프레소	87.7	89.1	265.5		
R3-A094	최미숙	카푸치노	91.7	91.6	275.8		
B3-U098	김순옥	블랜딩	89.9	92.3	272.1		
C3-A119	정은유	카푸치노	94.5	92.4	284.1		
R4-U073	강나연	로스팅	88.4	88.5	270.4		
C3-A040	정서연	카푸치노	93.1	90.5	276.1		
E1-A079	나나무	에소프레소	100	87.2	262.3		
두 번째로 높은 맛과 향의 점수				카푸치노의 총점의 평균			
카푸치노의 태도의 평균			지원자	노형일	평가		

조건
○ 모든 데이터의 서식에는 글꼴(굴림, 11pt), 정렬은 숫자 및 회계 서식은 오른쪽 정렬, 나머지 서식은 가운데 정렬로 작성하며 예외적인 것은 ≪출력형태≫를 참조하시오.

○ 제 목 ⇒ 도형(기본 도형 : 평행 사변형)과 그림자(오프셋 오른쪽)를 이용하여 작성하고 "제5회 바리스타 경연대회 결과"을 입력한 후 다음 서식을 적용하시오
(글꼴-돋움, 24pt, 검정, 굵게, 채우기-노랑).

○ 임의의 셀에 결재란을 작성하여 그림으로 복사 기능을 이용하여 붙이기 하시오(단, 원본 삭제).

○ 「B4:J4, F14, H14」 영역은 '연한 녹색'으로 채우시오.

○ 유효성 검사를 이용하여 「G14」 셀에 지원자(「C5:C12」 영역)가 선택 표시되도록 하시오.

○ 셀 서식 ⇒ 「G5:G12」 영역에 셀 서식을 이용하여 숫자 앞에 '총'을 표시하시오(예 : 총281.1).

○ 「E5:E12」 영역에 대해 '태도'로 이름정의를 하시오.

출력형태

수험번호	지원자	지원 종목	태도	맛과 향	총점 (200점 만점)	평가	순위
					결재 담당 / 팀장 / 부장		
		제5회 바리스타 경연대회 결과					
C3-0706	노형일	카푸치노	93	92.5	총281.2		
E1-S078	두리안	에소프레소	87.7	89.1	총265.5		
R3-A094	최미숙	카푸치노	91.7	91.6	총275.8		
B3-U098	김순옥	블랜딩	89.9	92.3	총272.1		
C3-A119	정은유	카푸치노	94.5	92.4	총284.1		
R4-U073	강나연	로스팅	88.4	88.5	총270.4		
C3-A040	정서연	카푸치노	93.1	90.5	총276.1		
E1-A079	나나무	에소프레소	100	87.2	총262.3		
두 번째로 높은 맛과 향의 점수				카푸치노의 총점의 평균			
카푸치노의 태도의 평균			지원자	노형일	평가		

03 ☞ 다음은 '문화관광 지원사업 결과'에 대한 자료이다. 자료를 입력하고 조건에 맞도록 작업하시오.

문화관광 지원사업 결과

결재	담당	부장	원장

지원코드	사업자	사업장주소	사업개업연도	지원분야	교육시간	지원총액(단위:천원)	지원비율(단위:%)	비고
C3-0706	장미희	소대배기로 18-13		정보화교육	1	50000	50%	
E1-S078	이은나	문학로 11-8		문화예술	3	45000	45%	
R1-A094	최대정	백제로 25-3		마케팅	3	65000	65%	
B3-U098	이민정	서곡로 19-1		환경개선	2	100000	100%	
C5-A119	김희정	와룡로 12-5		문화예술	4	35000	35%	
R4-U073	정은유	효자로 6-5		문화예술	5	40000	40%	
C2-A040	정서연	기린로 55-8		환경개선	2	60000	60%	
E1-A079	노형원	한벽로 12-9		전통문화	2	55000	55%	
최대 지원총액(단위:천원)						폐강 수		
교육시간에 따른 운영비 총 합계					지원코드	B3-U098	사업개업년도	

조건 ○ 모든 데이터의 서식에는 글꼴(굴림, 11pt), 정렬은 숫자 및 회계 서식은 오른쪽 정렬, 나머지 서식은 가운데 정렬로 작성하며 예외적인 것은 ≪출력형태≫를 참조하시오.

○ 제 목 ⇒ 도형(기본 도형 : 육각형)과 그림자(오프셋 대각선 왼쪽 아래)를 이용하여 작성하고 "문화관광 지원사업 결과"를 입력한 후 다음 서식을 적용하시오
(글꼴-굴림, 24pt, 검정, 굵게, 채우기-노랑).

○ 임의의 셀에 결재란을 작성하여 그림으로 복사 기능을 이용하여 붙이기 하시오(단, 원본 삭제).

○ 「B4:J4, G14, I14」 영역은 '연한 녹색'으로 채우시오.

○ 유효성 검사를 이용하여 「H14」 셀에 지원자(「B5:B12」 영역)가 선택 표시되도록 하시오.

○ 셀 서식 ⇒ 「H5:H12」 영역에 셀 서식을 이용하여 숫자 뒤에 '천원'을 표시하시오(예 : 1,500천원).

○ 「G5:G12」 영역에 대해 '교육시간'으로 이름정의를 하시오.

출력형태

문화관광 지원사업 결과

결재	담당	부장	원장

지원코드	사업자	사업장주소	사업개업연도	지원분야	교육시간	지원총액(단위:천원)	지원비율(단위:%)	비고
C3-0706	장미희	소대배기로 18-13		정보화교육	1	50천원	50%	
E1-S078	이은나	문학로 11-8		문화예술	3	45천원	45%	
R1-A094	최대정	백제로 25-3		마케팅	3	65천원	65%	
B3-U098	이민정	서곡로 19-1		환경개선	2	100천원	100%	
C5-A119	김희정	와룡로 12-5		문화예술	4	35천원	35%	
R4-U073	정은유	효자로 6-5		문화예술	5	40천원	40%	
C2-A040	정서연	기린로 55-8		환경개선	2	60천원	60%	
E1-A079	노형원	한벽로 12-9		전통문화	2	55천원	55%	
최대 지원총액(단위:천원)						폐강 수		
교육시간에 따른 운영비 총 합계					지원코드	B3-U098	사업개업년도	

04 ☞ 다음은 '교육공간 이룸 매출 실적'에 대한 자료이다. 자료를 입력하고 조건에 맞도록 작업하시오.

사원코드	사원	부서	입사일	5월 매출	6월 매출	7월 매출	입사요일	총근무년수
P-0302	노형일	영업부	2012-03-02	80	100	80		
M-0604	임샛별	홍보부	2009-06-04	90	85	75		
E-0901	김신우	영업부	2008-09-01	85	100	100		
P-0601	최민아	기획부	2011-06-01	100	95	95		
M-0901	박종철	홍보부	2007-09-01	95	75	75		
S-0601	이민영	관리부	2012-06-01	80	80	80		
P-0301	정신정	기획부	2007-03-01	85	75	90		
E-0302	윤지안	영업부	2006-03-02	100	90	85		

교육공간 이룸 매출 실적 / 결재 / 담당 / 부장 / 원장

홍보부의 6월 매출 평균 · 기획부서의 7월매출의 합계

영업부의 5월매출의 합계 · 사원코드 P-0601 입사일

조건

○ 모든 데이터의 서식에는 글꼴(돋움, 11pt), 정렬은 숫자 및 회계 서식은 오른쪽 정렬, 나머지 서식은 가운데 정렬로 작성하며 예외적인 것은 ≪출력형태≫를 참조하시오.

○ 제 목 ⇒ 도형(기본 도형 : 배지)과 그림자(오프셋 오른쪽)를 이용하여 작성하고 "교육공간 이룸 매출 실적"을 입력한 후 다음 서식을 적용하시오(글꼴-굴림, 24pt, 검정, 굵게, 채우기-노랑).

○ 임의의 셀에 결재란을 작성하여 그림으로 복사 기능을 이용하여 붙이기 하시오(단, 원본 삭제).

○ 「B4:J4, G14, I14」 영역은 '주황'으로 채우시오.

○ 유효성 검사를 이용하여 「H14」셀에 사원코드(「B5:B12」 영역)가 선택 표시되도록 하시오.

○ 셀 서식 ⇒ 「H5:H12」 영역에 셀 서식을 이용하여 숫자 뒤에 'GOAL'을 표시하시오(예 : 281GOAL).

○ 「G5:G12」 영역에 대해 '매출'로 이름정의를 하시오.

출력형태

사원코드	사원	부서	입사일	5월 매출	6월 매출	7월 매출	입사요일	총근무년수
P-0302	노형일	영업부	2012-03-02	80	100	80GOAL		
M-0604	임샛별	홍보부	2009-06-04	90	85	75GOAL		
E-0901	김신우	영업부	2008-09-01	85	100	100GOAL		
P-0601	최민아	기획부	2011-06-01	100	95	95GOAL		
M-0901	박종철	홍보부	2007-09-01	95	75	75GOAL		
S-0601	이민영	관리부	2012-06-01	80	80	80GOAL		
P-0301	정신정	기획부	2007-03-01	85	75	90GOAL		
E-0302	윤지안	영업부	2006-03-02	100	90	85GOAL		

교육공간 이룸 매출 실적 / 결재 / 담당 / 부장 / 원장

홍보부의 6월 매출 평균 · 기획부서의 7월매출의 합계

영업부의 5월매출의 합계 · 사원코드 P-0601 입사일

함수

미리 정의해 놓은 수식을 불러와 계산의 결과 값을 얻는 것을 말합니다. 엑셀의 큰 장점은 복잡한 계산식을 함수를 이용해 계산을 하고 재 계산합니다.

🔘 수식의 이해

- 수식은 등호와 연산자로 이루어진 계산식입니다.
- 산술 연산자로는 '+, −, *, /'를 사용합니다.
- 수식은 '='을 먼저 입력하고 수식을 작성하고, 셀 값을 직접 입력하는 것이 아니라 셀을 클릭하여 수식을 작성합니다.
- 셀에 있는 값을 수정하면 입력된 값은 자동 계산됩니다.

	A	B	C	D	E	F
1			덧셈	뺄셈	곱셈	나눗셈
2		50	=B2+B3	=B2-B3	=B2*B3	=B2/B3
3		20				
4						

- 여러 셀 값을 계산할 때에는 셀 하나만 계산한 후 채우기 핸들을 이용해 수식을 복사합니다.

	A	B	C	D	E
1					
2		국어	영어	합계	
3		90	95	=B3+C3	
4		75	75		
5		80	80		
6		100	90		
7		95	100		
8					

	A	B	C	D	E
1					
2		국어	영어	합계	
3		90	95	185	
4		75	75		
5		80	80		
6		100	90		
7		95	100		
8					

- 관계식을 이용해 수식을 함께 작성합니다.

〉	크다(초과)	=	같다
〈	작다(미만)	〈 〉	같지 않다
〉=	크거나 같다(이상)	〈=	작거나 같다(이하)

- 연결 연산자로 두 개의 수식이나 데이터를 연결하여 표시하는 '&'가 있습니다.

&	=	=LEFT(F4,2)&RIGTH(F4,2)

참조 방식의 이해

- 수식을 입력하고 채우기 핸들을 이용해 수식을 복사하여 셀 주소가 바뀌면 상대 참조, 셀이 고정되면 절대 참조, 열이나 행 둘 중 하나만 고정되면 혼합참조라고 합니다.
- 셀에 '$'를 표시하여 고정하며, 셀을 클릭하여 참조할 때에는 셀을 클릭하고 F4 로 참조 형태를 표시합니다.
- 셀을 클릭하여 입력하고 F4 를 누르면 $ 표시가 자동으로 생성되며, 한 번씩 누를 때마다 참조 형태가 바뀌게 됩니다.

F4 한 번	절대 참조($G$5)
F4 두 번	혼합 참조, 행 고정(G$5)
F4 세 번	혼합 참조, 행 고정(G$5)
F4 네 번	상대 참조(G5)

- 합계 값에 가산점을 더하여 최종 점수를 구하려고 할 때 '=D3+G2'를 하고, 수식을 복사하면 오류 또는 값이 다르게 나옵니다.
- 수식 입력 줄에서 오류의 원인을 알 수 있습니다. 또는 Ctrl + , 를 누르면 수식을 표시합니다.

	A	B	C	D	E	F	G
1							가산점
2		국어	영어	합계	총계		10
3		90	95	185	195		
4		75	75	150	150		
5		80	80	160	160		
6		100	90	190	190		
7		95	100	195	195		

	A	B	C	D	E	F	G
1							가산점
2		국어	영어	합계	총계		10
3		90	95	=B3+C3	=D3+G2		
4		75	75	=B4+C4	=D4+G3		
5		80	80	=B5+C5	=D5+G4		
6		100	90	=B6+C6	=D6+G5		
7		95	100	=B7+C7	=D7+G6		

- 입력된 수식을 보면 가산점은 매번 사용되는 값이므로 절대 참조가 되어 있어야 하나 수식이 증가됨을 알 수 있습니다.
- 'E5' 셀에 '=D3+'를 클릭하고, 'G2'를 클릭한 다음, F4 를 한 번 누르고, Enter 를 누른 후, 채우기 핸들을 이용 해 수식을 복사합니다.
- 수식을 보면 'G2'가 고정되었습니다.

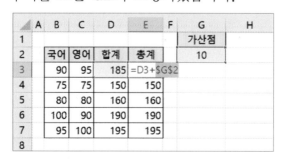

	A	B	C	D	E	F	G
1							가산점
2		국어	영어	합계	총계		10
3		90	95	=B3+C3	=D3+$G$2		
4		75	75	=B4+C4	=D4+$G$2		
5		80	80	=B5+C5	=D5+$G$2		
6		100	90	=B6+C6	=D6+$G$2		
7		95	100	=B7+C7	=D7+$G$2		

■ ■ 예제 : 기출유형₩2.함수.xlsx / 완성 : 기출유형₩2.함수완성.xlsx

기본 수식 따라하기

☞ **다음 조건에 따라 주어진 함수를 이용하여 '수식연습' 시트에 값을 구하시오.**

출력형태

	A	B	C	D	E	F	G
2							
3						계약금비율	20%
4							
5		공사현장	공사대금	부 가 세	계약금	합계금액	잔액
6		경기 광주	2,500,000	(1)	(2)	(3)	(4)
7		전북 전주	3,500,000	(1)	(2)	(3)	(4)
8		강원 원주	3,500,000	(1)	(2)	(3)	(4)
9		경남 창원	7,500,000	(1)	(2)	(3)	(4)
10		부산 사직	3,580,000	(1)	(2)	(3)	(4)
11		충남 대전	6,500,000	(1)	(2)	(3)	(4)
12		제주도	2,400,000	(1)	(2)	(3)	(4)
13		서울 서부	8,200,000	(1)	(2)	(3)	(4)
14		경기 수원	4,500,000	(1)	(2)	(3)	(4)
15		충북 제천	9,500,000	(1)	(2)	(3)	(4)
16		경남 진주	3,800,000	(1)	(2)	(3)	(4)
17							
18							
19							

수식연습 | 기본함수 | 통계함수 | 수학함수 | 논리함수 | 찾기참조 | 데이터베이스함수 ⊕

조건
(1) 부가세는 공사대금의 10%를 곱한 값을 구하시오.

(2) 계약금은 공사대금에 계약금 비율(G3)값을 곱하여 구하시오

(3) 합계금액은 공사대금에 부가세를 더한 값을 구하시오.

(4) 잔액은 합계 금액에서 계약금 뺀 값을 구하시오.

KEY POINT
① [D6] 셀에 '=C6*0.1'을 입력한 다음 _Enter_ 를 누릅니다. 채우기 핸들을 이용해 수식을 복사합니다.

② 계약금 [E6] 셀에는 '=C6*G3'을 입력한 다음 _F4_ 를 눌러 '$G$3'은 절대참조를 합니다.

③ 합계금액 [F6] 셀에는 '=C6+D6'을 입력합니다.

④ 잔액 [G6] 셀에는 '=F6−E6'을 입력합니다.

	A	B	C	D	E	F	G
1		상반기 공사대금 내역서					
2							
3						계약금비율	20%
4							
5		공사현장	공사대금	부 가 세	계약금	합계금액	잔액
6		경기 광주	2,500,000	250,000	500,000	2,750,000	2,250,000
7		전북 전주	3,500,000	350,000	700,000	3,850,000	3,150,000
8		강원 원주	3,500,000	350,000	700,000	3,850,000	3,150,000
9		경남 창원	7,500,000	750,000	1,500,000	8,250,000	6,750,000
10		부산 사직	3,580,000	358,000	716,000	3,938,000	3,222,000
11		충남 대전	6,500,000	650,000	1,300,000	7,150,000	5,850,000
12		제주도	2,400,000	240,000	480,000	2,640,000	2,160,000
13		서울 서부	8,200,000	820,000	1,640,000	9,020,000	7,380,000
14		경기 수원	4,500,000	450,000	900,000	4,950,000	4,050,000
15		충북 제천	9,500,000	950,000	1,900,000	10,450,000	8,550,000
16		경남 진주	3,800,000	380,000	760,000	4,180,000	3,420,000
17							

🔵 통계 함수의 이해

함수	설명	사용 예	결과
AVERAGE(범위)	인수들의 평균	AVERAGE(50,90,100)	80
MAX(범위)	인수들 중 가장 큰 값	MAX(50,90,100,60)	100
MIN(범위)	인수들 중 가장 작은 값	MIN(50,90,100,60)	50
COUNT(범위)	숫자가 들어있는 셀의 개수	COUNT(A2:A20)	
COUNTA(범위)	공백을 제외한 셀의 개수	COUNTA(A2:A20)	
COUNTBLANK(범위)	공백 셀의 개수	COUNTBLANK(A2:A20)	
COUNTIF(조건이 있는 범위,"조건")	조건에 해당하는 셀의 개수	COUNTIF(A2:A20,"남자")	
LARGE(범위, K)	범위에서 K번째 해당하는 큰 값	LARGE(A2:A20,3)	
SMALL(범위, K)	범위에서 K번째 해당하는 작은 값	SMALL(A2:A20,3)	
MEDIAN(인수1, 인수2,....)	인수들 중의 중간 값	MEDIAN(A2:A20)	
RANK.EQ(기준,범위,내림/오름)	범위에서 순위를 구함	RANK(A2,$A$2:$A$20)	

RANK.EQ 순위 선택

0 또는 FLASE 또는 생략 : 내림차순으로 큰 값, 파하순, Z~A순

1 또는 TRUE : 오름차순으로 작은 값, 가나다순, A~Z순

🔵 함수의 예

⬛	A	B	C	D	E	F	G	H	I	J	K
1		보험관리사 정보화교육									
2											
3		이름	면접여부	엑셀	파워	인터넷검색	총점	평균	순위		
4		강경수	O	100	70	100	270	=AVERAGE(D4:F4)	=RANK.EQ(G4,$G$4:$G$12)		
5		강민영	O	98	65	85	248	82.66666667	6		
6		김지선	O	80	90	75	245	81.66666667	7		
7		나승호		80	70	85	235	78.33333333	9		
8		박지웅	O	80	90	90	260	86.66666667	4		
9		윤찬수	O	90	95	70	255	85	5		
10		이문지		100	85	95	280	93.33333333	1		
11		장형인	O	95	70	75	240	80	8		
12		정미나	참석	98	85	80	263	87.66666667	3		
13											
14		총 인원수				=COUNT(F4:F12)			8		
15		면접 인원수				=COUNTA(C4:C12)			7		
16		면접 미응시 인원				=COUNTBLANK(C4:C12)			2		
17		파워포인트의 최고점수				=MAX(E4:E12)			95		
18		엑셀의 최저검수				=MIN(D4:D12)			80		
19		세 번째로 높은 평균값				=LARGE(H4:H12,3)			86.666667		
20		네 번째로 작은 평균값				=SMALL(H4:H12,4)			82.666667		
21		총점의 중앙값				=MEDIAN(G4:G12)			255		
22		평균이 90점 이상인 학생수				=COUNTIF(H4:H12,">=90")			1		
23											

■ ■ 예제 : 기출유형₩2.함수.xlsx / 완성 : 기출유형₩2.함수완성.xlsx

통계 함수 따라하기

☞ **다음 조건에 따라 주어진 함수를 이용하여 '통계함수' 시트에 값을 구하시오.**

출력형태

지역별 연간 판매 실적

지역	품목	판매 목표		총금액	상하반기 판매실적		순위
		수량	단가		상반기	하반기	
경기5팀	유제품	1,000	1,500	1,500,000	250	200	(9)
수원7팀	채소류	800	2,000	1,600,000	350	350	(9)
전북	가공식품	1,500	1,250	1,875,000	650	700	(9)
광주	유제품	2,000	2,500	5,000,000	700	0	(9)
부산	가공식품	1,200	3,000	3,600,000	100	120	(9)
대전	채소류	2,000	1,000	2,000,000	650	650	(9)
창원	유제품	900	1,300	1,170,000	190	0	(9)
울산	가공식품	1,500	2,750	4,125,000	400	350	(9)
강원	채소류	1,400	3,500	4,900,000	500	450	(9)
청주	가공식품	2,200	2,400	5,280,000	560	450	(9)
총금액의 평균				(1)			
단가의 최고 금액				(2)			
단가의 최저 금액				(3)			
두 번째로 높은 수량				(4)			
세 번째로 낮은 단가				(5)			
참여 지역 수				(6)			
상반기 판매실적이 600이상인 개수				(7)			
총금액이 중앙값 이상인 지역 수				(8)			

조건

(1) 총금액의 평균 ⇒ 총금액의 평균 값을 구하시오(AVERAGE 함수).

(2) 단가의 최고 금액 ⇒ 단가의 최고 금액을 구하시오(MAX 함수).

(3) 단가의 최저 금액 ⇒ 단가의 최고 금액을 구하시오(MIN 함수).

(4) 두 번째로 높은 수량 ⇒ 수량이 두 번째로 높은 값 구하시오(LARGE 함수).

(5) 세 번째로 낮은 단가 ⇒ 단가가 세 번째로 낮은 값을 구하시오(SMALL 함수).

(6) 참여 지역 수 ⇒ 지역의 총 참여 수를 구하시오(COUNTA 함수).

(7) 상반기 판매실적이 600이상인 개수 ⇒ 상반기 판매실적이 600이상인 곳의 개수를 구하시오(COUNTIF 함수).

(8) 총금액이 중앙값 이상인 지역 수 ⇒ 총금액이 중앙 값 이상인 지역수를 구하시오(COUNTIF, MEDAIN 함수).

(9) 순위 ⇒ 총금액의 순위를 높은 값이 1위가 되도록 구하시오(RANK.EQ 함수, &연산자)(예:1위).

01 총금액의 평균을 구합니다. ❶[F15] 셀을 클릭한 후 ❷[수식] 탭의 [함수 라이브러리] 그룹에서 '자동 합계'의 목록 단추를 누르고 ❸'평균'을 선택합니다. ❹[F15] 셀에 '=AVERAGE( )'가 표시되면 평균을 구할 범위(F5:F14)를 드래그하여 영역 설정한 후 Enter 를 누릅니다.

02 단가의 최고 금액을 구하기 위해 ❶[F16] 셀을 클릭하고, ❷[수식] 탭의 [함수 라이브러리] 그룹의 '자동 합계'의 목록 단추를 누르고 ❸'최대값'을 선택합니다. ❹[F16] 셀에 '=MAX( )'가 표시되면 최대값을 구할 범위(E5:E14)를 드래그하여 영역 설정한 후 Enter 를 누릅니다.

03 단가의 최저 금액을 구하기 위해 ❶[F17] 셀을 클릭하고, [수식] 탭의 [함수 라이브러리] 그룹의 ❷'자동 합계'의 목록 단추를 누르고 ❸'최소값'을 선택합니다. ❹[F17] 셀에 '=MIN( )'가 표시되면 최소값을 구할 범위(E5:E14)를 드래그하여 영역 설정한 후 Enter 를 누릅니다.

Tip

셀에 직접 함수식을 입력할 수 있습니다.

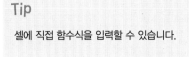

04 두 번째로 높은 수량을 구하기 위해 ❶[F18] 셀을 클릭하고, '=LA'를 입력하면 'LA'로 시작하는 함수가 표시됩니다. ❷'LARGE'를 더블클릭하면 선택한 함수가 전체 표시됩니다. ❸'수식 입력줄'의 [함수 삽입]을 클릭하여 함수 마법사를 표시합니다. ❹'Array'의 입력란을 클릭하여 수량의 범위를 드래그하고 'K' 입력란을 클릭하여 '2'를 입력한 후 ❺[확인]을 클릭합니다.

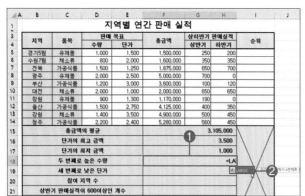 

05 세 번째로 낮은 단가를 구하기 위해 ❶[F19] 셀을 클릭하고, '=SM'를 입력하면 'SM'로 시작하는 함수가 표시됩니다. ❷'SMALL'을 더블클릭하고 ❸'수식 입력줄'의 [함수 삽입]을 클릭하여 함수 마법사를 표시합니다. ❹'Array'의 입력란을 클릭하여 단가의 범위를 드래그하고 'K' 입력란을 클릭하여 '3'을 입력한 후 ❺[확인]을 클릭합니다.

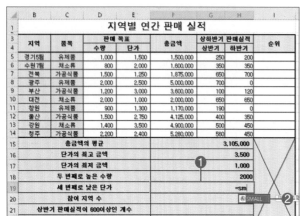

06 참여 지역 수를 구하기 위해 ❶[F20] 셀을 클릭하고, '=COUNTA('를 입력한 후 ❷[B5:B14] 셀을 드래그 한 후 ')'를 입력하고 ❸[확인]을 클릭합니다.

07 상반기 판매실적이 600이상인 개수를 구하기 위해 ❶[F21] 셀을 클릭합니다. '=COU'를 입력하고 'COUNTIF' 더블클릭하고 '수식 입력줄'의 ❷[함수 삽입]을 클릭하여 함수 마법사를 표시합니다. ❸'Range'의 입력란을 클릭하여 [G5:G14] 범위를 드래그하여 입력하고 'Criteria' 입력란을 클릭하여 조건인 '>=600'을 입력한 후 ❹[확인]을 클릭합니다.

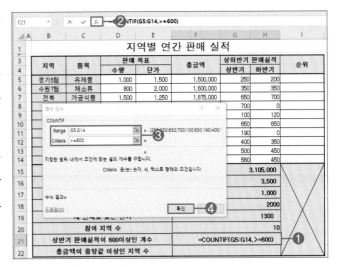

> **Tip**
>
> COUNTIF는 '=COUNTIF(조건이 있는 범위,"조건")'을 입력합니다.

08 총금액이 중앙값 이상인 지역 수를 구하기 위해 ❶[F22] 셀을 클릭합니다. 'COUNTIF'를 입력하여 ❷함수 마법사를 표시합니다. ❸'Range'의 입력란을 클릭하여 [F5:F14] 범위를 드래그하여 입력하고 'Criteria' 입력란을 클릭하여 조건인 '">="&median(F5:F14)'을 입력한 후 ❹[확인]을 클릭합니다.

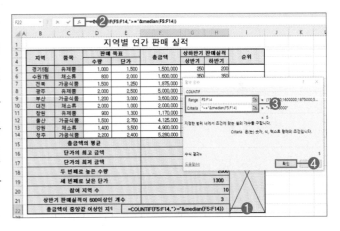

> **Tip**
>
> 조건에 함수가 들어갈 경우에는 '=COUNTIF(조건이 있는 범위,"관계식"&함수식)'으로 입력합니다.

09 순위를 구하기 위해 ❶[I5] 셀을 클릭한 후 'RANK.EQ'함수를 불러옵니다. ❷'Number'에는 순위를 구할 셀 [F5] 셀을 클릭합니다. 'Ref'에는 순위를 구할 범위를 입력합니다. [F5:F14] 셀을 드래그한 후 *F4*를 눌러 절대참조로 변경하고 ❸[확인]을 클릭합니다. [I4] 셀을 [I14] 셀까지 채우기 핸들한 후 '자동 채우기 옵션'에서 '서식 없이 채우기'를 선택합니다.

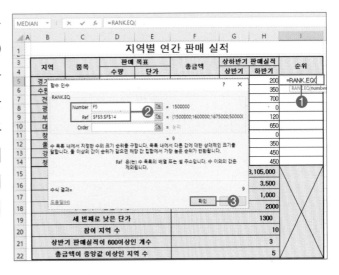

> **Tip**
>
> 내림차순의 기준은 생략할 수 있습니다.
>
> =RANK. EQ(순위를 구할 기준, 순위를 구할 범위)
>
> 오름차순의 경우 '1'을 입력합니다.
>
> =RANK.EQ(순위를 구할 기준,순위를 구할 범위,1)

10 수식 뒤에 '위'를 추가하기 위해 '수식 입력 줄'을 클릭한 후 '&"위"'를 입력하고 [확인]을 클릭합니다.

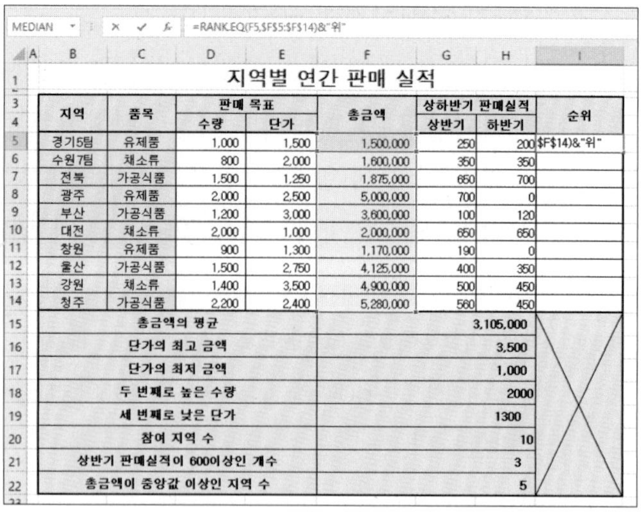

Tip

RANK와 RANK.EQ는 같은 함수이며, RANK는 EXCEL 2007 이전 버전과 호환하기 위한 함수이며, RANK.EQ는 최신 버전에서 사용하는 함수입니다.

11 [I5] 셀을 [I14] 셀까지 채우기 핸들로 수식을 복사합니다. ❶'자동 채우기 옵션'을 클릭하여 ❷'서식 없이 채우기'를 선택합니다.

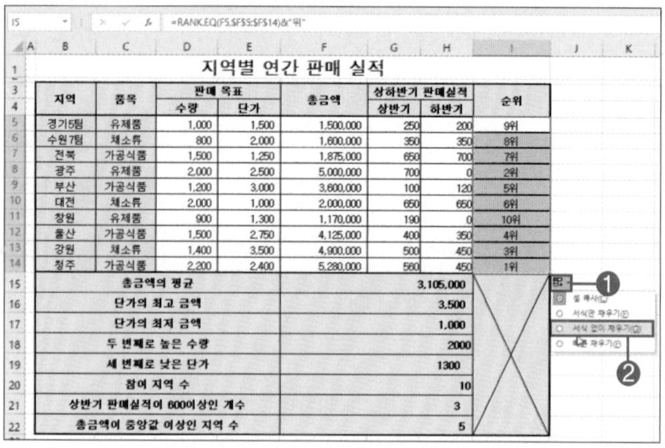

Tip

'서식 없이 채우기'를 하지 않으면 굵은 테두리 서식이 함께 표시됩니다.

12 계산을 완료합니다.

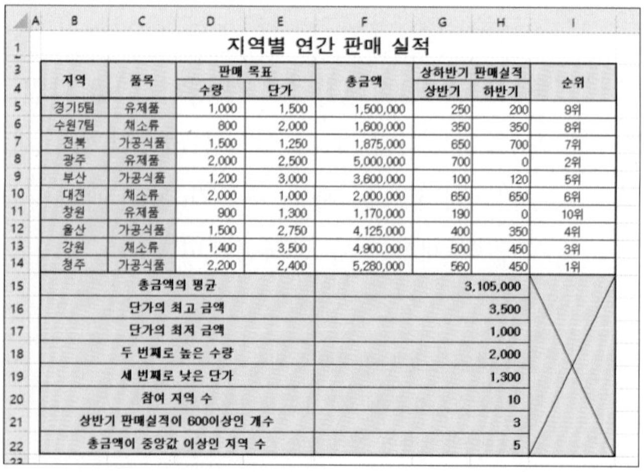

수학/삼각 함수의 이해

함수	설명	사용 예	결과
SUM(범위)	합계	sum(A2:A10)	
SUMIF(조건 범위,조건,합을 구할 범위)	조건이 있는 셀의 합계	SUMIF(A2:A10,"영업부",D2:D10)	
INT(인수)	소수점 아래를 버리고 가장 가까운 정수로 내림	INT(5.5) INT(-5.5)	5 -6
ABS(숫자)	절대값(부호가 없는 숫자)	ABS(-7)	7
MOD(숫자, 나눌 수)	나눗셈의 나머지 값	MOD(32,5)	2
PRODUCT(인수1, 인수2,...)	인수들의 곱한 값	PRODUCT(5*6*7)	210
SUMPRODUCT(배열1, 배열2,...)	배열과 대응하는 값들의 곱한 값의 합	SUMPRODUCT({1,2,3},{4,5,6})	32
ROUND(숫자,자릿수)	자릿수 만큼 반올림	ROUND(1234.567,2)	1234.57
ROUNDDOWN(숫자, 자릿수)	자릿수 만큼 내림	ROUNDDOWN(1234.567,2)	1234.56
ROUNDUP(숫자, 자릿수)	자릿수 만큼 올림	ROUNDUP(1234.337,2)	1234.34

ROUND 계열 함수 자릿수 지정		
2	소수 둘째 자리까지 표시	=ROUND(1234.567,2) ⇒ 1234.57
1	소수 첫째 자리까지 표시	=ROUND(1234.567,1) ⇒ 1234.6
0	소수 양의 정수값 표시	=ROUND(1234.567,0) ⇒ 1235
-1	일의 자리에서 반올림하여 십 단위까지 표시	=ROUND(1234.567,-1) ⇒ 1230
-2	십의 자리에서 반올림하여 백 단위까지 표시	=ROUND(1234.567,-2) ⇒ 1200
-3	백의 자리에서 반올림하여 천 단위 까지 표시	=ROUND(12345.67,-3) ⇒ 12000

수학/삼각 함수의 예

	A	B	C	D	E	F	G	H	I	J
1				성과비율	상반기	하반기				
2					20%	30%				
3	=SUM(F4:F4)									
4	=SUMIF(D4:D12,"영업",E4:E12)	170		부서	상반기 실적	하반기 실적	합계	최종실적		
5	=INT(5.5)	5		기획	100	70	=SUM(E4	=SUMPRODUCT($E$2:$F$2,E4:F4)		
6	=INT(-5.5)	-6		영업	98	65	163	39.1		
7	=ABS(-7)	7		홍보	80	90	170	43		
8	=MOD(32,5)	2		기획	80	70	150	37		
9	=PRODUCT(5,5,7)	175		총무	80	90	170	43		
10	=SUMPRODUCT($E$2:$F$2,E4:F4)	41		홍보	90	95	185	46.5		
11	=ROUND(1234567,2)	1234567		영업	100	85	185	45.5		
12	=ROUNDDOWN(1234.567,2)	1234.56		총무	95	70	165	40		
13	=ROUNDUP(1234.337,2)	1234.34		영업	98	85	183	45.1		
14										

수학/삼각 함수 따라하기

☞ 다음 조건에 따라 주어진 함수를 이용하여 '수학삼각함수' 시트에 값을 구하시오.

출력형태

부서명	성명	직위	엑셀	검색	합계	점수비율
				엑셀	검색	
				10%	15%	
부서명	성명	직위	엑셀	검색	합계	점수비율
영업팀	강진원	사원	80	85	(1)	(2)
영업팀	김미진	과장	90	90	(1)	(2)
기획팀	김수인	대리	70	75	(1)	(2)
총무팀	김진숙	부장	60	60	(1)	(2)
총무팀	노경수	대리	80	100	(1)	(2)
인사팀	노형원	차장	100	90	(1)	(2)
기획팀	민경일	부장	98	85	(1)	(2)
기획팀	박상수	차장	70	75	(1)	(2)
총무팀	배자윤	차장	65	90	(1)	(2)
총무팀	오현영	차장	80	90	(1)	(2)
기획팀	유란희	대리	90	100	(1)	(2)
영업팀	윤찬진	사원	75	80	(1)	(2)
기획팀	임환영	사원	90	70	(1)	(2)
인사팀	채수영	부장	100	95	(1)	(2)
인사팀	최찬민	대리	95	100	(1)	(2)
인사팀	태민수	과장	85	75	(1)	(2)

총무팀 합계			총무팀 엑셀점수의 평균		
부서명	합계		평균		
총무팀	(3)		(4)		

조건

(1) 합계 ⇒ 엑셀과 검색의 합계를 구하시오(SUM함수).

(2) 점수 비율 ⇒ 'G4:H4'의 값을 기준으로 '엑셀, 검색' 점수 비율을 구하시오(SUMPRODUCT 함수).

(3) 총무팀 합계의 합계 ⇒ 합계에서 총무팀의 합계를 구하시오(SUMIF함수).

(4) 총무팀 엑셀점수의 평균 ⇒ 총무팀의 엑셀점수의 평균을 구하고, 소수 첫째자리로 표시하시오(SUMIF, COUNTIF 함수, ROUND 함수).

01 합계를 구하기 위해 ❶[G7] 셀을 클릭하고 [수식] 탭의 [함수 라이브러리] 그룹의 ❷ '자동 합계'의 목록 단추를 누르고 ❸'합계' 를 선택합니다. 합계 범위를 드래그한 후 Enter 를 누릅니다.

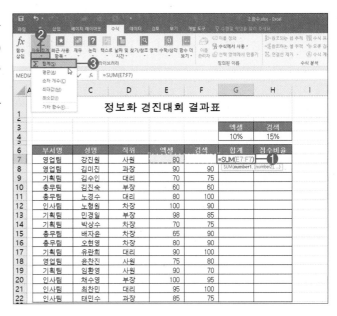

02 점수를 비율을 이용하여 구하기 위해 [H7] 셀을 클릭하고 '=SUMPRODUCT('함수를 입력한 후 함수 마법사를 불러옵니다. ❶ 'Array1'에 점수 비율이 있는 [G4:H4]셀을 드래그한 후 F4 를 눌러 절대참조로 변경합 니다. 'Array2'에는 [E7:F7] 셀을 드래그 한 후 ❷[확인]을 클릭합니다.

Tip

점수 비율 범위 '$G$4:$H$4'는 모든 항목에 공통 으로 사용되므로 절대범위로 고정해야 합니다.

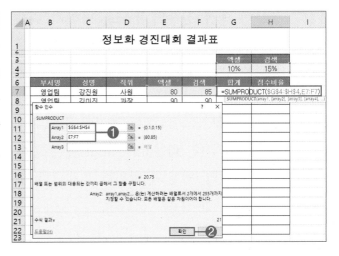

03 [G7:H7] 셀 범위를 영역 설정한 후 채우기 핸들로 수식을 [G22:H22] 셀까지 복사한 후 '자동 채우기 옵션'에서 '서식없이 채우 기'를 선택합니다.

04 총무팀의 합계의 합계를 구하기 위해 [C26] 셀에 '=SUMIF(' 함수를 불러옵니다. ❶'Range'에 조건이 있는 범위, 즉 '총무팀'이 있는 '부서명' 범위를 드래그하고 **F4** 를 눌러 절대참조로 변경합니다. 'Criteria'에는 조건인 '"총무팀"'을 입력합니다. 'Sum-range'에는 합을 구할 범위인 '합계'를 드래그하고 **F4** 를 눌러 절대참조로 변경한 후 ❷[확인]을 클릭합니다.

> **Tip**
>
> =sumif(조건이있는범위,"조건",합을구할범위)
>
> =sumif(부서명에서,"총무팀"들의,합계)

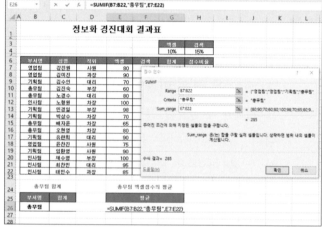

05 총무팀 엑셀 점수의 평균을 구하기 위해 [E26] 셀을 클릭한 후 '=SUMIF(' 함수를 불러옵니다. ❶'Range'에 조건이 있는 범위 즉 '총무팀'이 있는 '부서명' 범위를 드래그하고, ❷'Criteria'에는 조건인 '"총무팀"'을 입력합니다. ❸'Sum-range'에는 합을 구할 범위인 '엑셀'의 범위를 드래그한 후 **Enter** 를 누릅니다.

> **Tip**
>
> 조건에 만족하는 평균은 SUMIF/COUNTIF를 사용합니다.

06 수식 입력줄에서 SUMIF 함수 끝에 '/COUNTIF(B7:B22,"총무팀")'을 추가합니다.

부서명	성명	직위	엑셀	검색	합계	점수비율
				10%	15%	
영업팀	강진원	사원	80	85	165	21
영업팀	김미진	과장	90	90	180	23
기획팀	김수인	대리	70	75	145	18
총무팀	김진숙	부장	60	60	120	15
총무팀	노경수	대리	80	100	180	23
인사팀	노형원	차장	100	90	190	24
기획팀	민경일	부장	98	85	183	23
기획팀	박상수	차장	70	75	145	18
총무팀	배자윤	차장	65	90	155	20
총무팀	오현영	차장	80	90	170	22
기획팀	유란희	대리	90	100	190	24
영업팀	윤찬진	사원	75	80	155	20
기획팀	임환영	사원	90	70	160	20
인사팀	채수영	부장	100	95	195	24
인사팀	최찬민	대리	95	100	195	25
인사팀	태민수	과장	85	75	160	20

총무팀 합계		총무팀 엑셀점수의 평균
부서명	합계	평균
총무팀		=SUMIF(B7:B22,"총무팀",E7:E22)/COUNTIF(B7:B22,"총무팀")

07 Round 함수를 이용해 소수 첫째자리까지 구합니다. =Round(SUMIF(B7:B22,"총무팀",E7:E22)/COUNTIF(B7:B22,"총무팀"),1)을 추가하여 계산을 완성합니다.

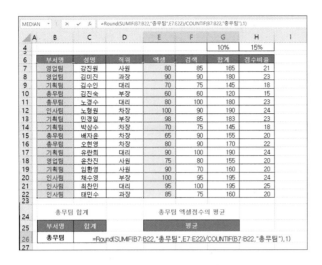

문자 함수의 이해

함수	설명	사용 예	결과
LEFT(문자열,숫자)	왼쪽에서 문자 추출	=LEFT("무궁화꽃",2)	무궁
RIGHT(문자열,숫자)	오른쪽에서 문자 추출	=RIGHT("무궁화꽃",2)	화꽃
MID(문자열,시작 위치,끝 위치)	시작 위치에서 지정한 문자 수 추출	=MID("무궁화꽃",2,3)	궁화꽃
LOWER(문자열)	소문자로 변환	=LOWER("GOOD")	good
UPPER(문자열)	대문자로 변환	=UPPER("good")	GOOD
REPT(문자열,수치)	수치만큼 문자열 반복	=REPT("■",5)	■■■■■
VALUE(문자열)	문자로 입력된 숫자를 숫자로 변환	=VALUE("500")	500

날짜/시간 함수의 이해

함수	설명	사용 예	결과
TODAY()	현재 시스템 날짜	=TODAY()	2020-03-05
NOW()	현재 날짜와 시간	=NOW()	2020-03-05 11:30
DATE(년,월,일)	언,월,일 지정	=DATE(2020,05,07)	2020-05-07
TIME(시,분,초)	시,분,초 지정	=TIME(11:30)	11:30
YEAR(날짜)	날짜에서 연도만 추출	=YEAR("2020-03-05")	2020
MONTH(날짜)	날짜에서 월 부분만 추출	=MONTH("2020-03-05")	03
DAY(날짜)	날짜에서 일 부분만 추출	=DAY("2020-03-05")	05
HOUR(시간)(문자열)	시간에서 시간 부분만 추출	=HOUR(NOW())	11
MINUTE(시간)(문자열)	시간에서 분 부분만 추출	=MINUTE(NOW())VALUE	30
SECOND(시간)	시간에서 초 부분만 추출	=SECOND(NOW())	15
WEEKDAY(날짜, 타입)	날짜의 요일을 숫자로 표시	=WEEKDAY("2020-05-08",1)	3
1 또는 생략 : 일요일을 1로 시작 / 2 : 월요일을 1로 시작 / 3 : 월요일을 0으로 시작			

📌 논리 함수의 이해

함수	설명
IF(조건, 참,거짓)	조건의 결과가 참이면 참 값을 거짓이면 거짓 값 표시
AND(조건1,조건2,...)	두 조건이 만족일 때 참
OR(조건1, 조건2..)	두 조건 중 하나라도 참이면 참
NOT(인수)	인수가 참이면 거짓, 거짓이면 참 값 표시
TRUE(),FALSE()	논리 값을 TRUE,FALSE로 표시
IF문의 다양한 예	
단순 IF	IF(조건, 참, 거짓)
다중 IF	IF(조건, 참,IF(조건, 참,거짓))
조건이 두 개이상(~이면서, 이고)	IF(AND(조건1,조건2,조건3....),참,거짓)
조건이 두 개이상(~이거나, 또는)	IF(OR(조건1,조건2,조건3....),참,거짓)

📌 함수의 예

	A	B	C	D	E	F	G	H	I	J	K
1		보험관리사 정보화교육									
2											
3											
4		이름	엑셀	파워	인터넷검색	총점	평균	평가1	평가2	평가3	순위
5		강경수	85	80	80	245	81.7	재시험	보통	합격	
6		강민영	98	100	100	298	99.3	통과	우수	합격	최우수
7		김지선	80	46	45	171	57.0	재시험	노력	과락	
8		나승호	90	85	80	255	85.0	통과	보통	합격	
9		박지웅	80	50	78	208	69.3	재시험	노력	과락	
10		윤찬수	85	95	90	270	90.0	통과	우수	합격	장려상
11		이문지	100	89	40	229	76.3	재시험	노력	과락	
12		장형인	50	100	90	240	80.0	재시험	보통	과락	
13		정미나	98	100	100	298	99.3	통과	우수	합격	최우수
14											

(1) 평가1 : 총점이 250점 이상이면 "통과" 아니면 "재시험"으로 표시

=IF(F5>=250,"통과","재시험")

(2) 평가2 : 평균이 90점 이상이면 '우수'이고 평균이 80점 이상이면 "보통" 나머지는 "노력"으로 표시

=IF(G5>=90,"우수",IF(G5>=80,"보통","노력"))

(3) 평가3 : 엑셀, 파워,인터넷 검색 점수가 모두 60점 이상이면 '합격',아니면 '과락'으로 표시

=IF(AND(C5>=60,D5>=60,E5>=60),"합격","과락")

(4) 순위 : 총점을 내림차순하여 순위가 1위면 "최우수", 2등이면 "우수", 3등이면 "장려상", 나머지는 빈공간으로 표시=IF(RANK(F5,$F$5:$F$13)=1,"최우수",IF(RANK(F5,$F$5:$F$13)=2,"우수",IF(RANK(F5,$F5:$F$13)=3,"장려상","")))

■ ■ 예제 : 기출유형₩2.함수.xlsx / 완성 : 기출유형₩2.함수완성.xlsx

문자/날짜/논리 함수 따라하기

☞ **다음 조건에 따라 주어진 함수를 이용하여 '논리함수' 시트에 값을 구하시오.**

출력형태

	A	B	C	D	E	F	G	H
1								
2					직원 정보			
3								
4		사원코드	근무지점	입사일	계약기간	성별	주민번호	나이
5		GJ-05	(1)	2007-03-02	(2)	(3)	621012-1485214	(4)
6		BS-04	(1)	2006-03-02	(2)	(3)	711213-2049884	(4)
7		BS-03	(1)	2005-03-02	(2)	(3)	701015-2545713	(4)
8		GJ-06	(1)	2006-03-02	(2)	(3)	691013-1485125	(4)
9		BS-03	(1)	2007-03-02	(2)	(3)	620412-1065498	(4)
10		JB-02	(1)	2010-03-02	(2)	(3)	740712-2008989	(4)
11		BS-05	(1)	2006-03-02	(2)	(3)	800403-1054874	(4)
12		JB-04	(1)	2006-03-02	(2)	(3)	760508-2654124	(4)
13		BS-04	(1)	2012-03-02	(2)	(3)	751125-1485251	(4)
14		JB-03	(1)	2009-03-02	(2)	(3)	750218-2654741	(4)
15		GJ-02	(1)	2005-03-02	(2)	(3)	671210-1654874	(4)
16		GJ-05	(1)	2006-03-02	(2)	(3)	801103-2145741	(4)
17								

조건
(1) 근무지점 ⇒ 사원코드 앞 자리가 'GJ'이면 광주, 'BS'이면 부산, 'JB'이면 전북으로 표시하시오
(IF 함수, LEFT 함수).

=IF(LEFT(B5,2)="GJ","광주",IF(LEFT(B5,2)="BS","부산","전북"))

(2) 계약기간 ⇒ 사원코드의 오른쪽에서 한 자리를 계약기간으로 표시하고 결과 값 뒤에 '년'을 표시하시오
(RIGHT 함수, &연산자).(예 5년).

=RIGHT(B5,1)&"년"

(3) 성별 ⇒ 주민번호의 8번째 자리가 '1'이면 '남자', '2'이면 '여자'로 표시하시오(IF 함수, MID 함수).
=IF(MID(G5,8,1)="1","남","여")

(4) 나이 ⇒ 「오늘의 날짜 년도 – (주민번호의 앞 두자리+1900)+1」로 계산하시오
(YEAR 함수, NOW 함수, LEFT 함수).

=YEAR(NOW())–(LEFT(G5,2)+1900)+1

01 근무 지점 [C5] 셀에 '=IF('를 입력하고 IF 함수 마법사를 불러온 후 ❶'Logical_test'의 입력란에 'left('를 입력합니다. ❷수식 입력줄의 'left( )'함수를 클릭하여 'LEFT( )'함수 마법사로 이동합니다. ❸'Text'에 사원코드 [B5] 셀을 클릭하고 'Num_chars'에 '2'를 입력한 후 ❹수식 입력줄의 'IF' 함수를 클릭합니다.

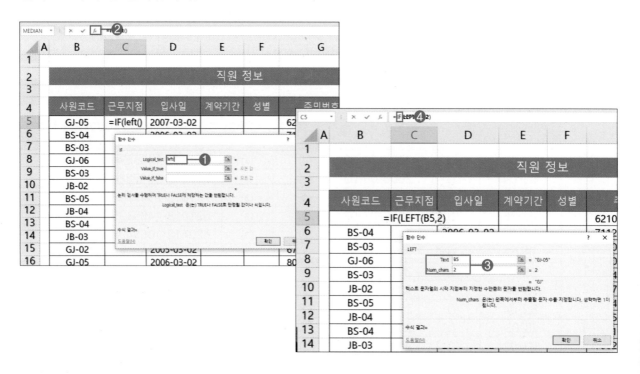

02 IF 함수 마법사로 이동한 후 ❶'Logical_test'의 입력란 맨 뒤에 '"GJ"'를 입력합니다. ❷'Value_if_true' 입력란에 '"광주"'를 입력합니다. 'Value_if_false' 입력란을 클릭한 후 ❸'IF(LEFT('를 입력합니다. 수식 입력줄에서 ❹'LEFT' 함수를 클릭하여 LEFT 함수 마법사로 이동합니다.

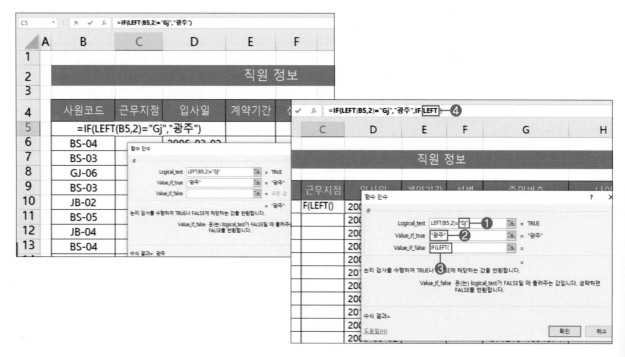

03 ❶'Text'에 사원코드 [B5] 셀을 클릭하고 'Num_chars'에 '2'를 입력한 후 ❷수식 입력줄의 'IF' 함수를 클릭합니다. ❸'IF' 함수 마법사로 이동되면 'Logical_test'의 입력란 맨 뒤에 '="BS"'를 입력합니다. ❹'Value_if_true' 입력란에 '"부산"'과 'Value_if_false' 입력란에는 '전북'을 입력한 후 ❺[확인]을 클릭합니다.

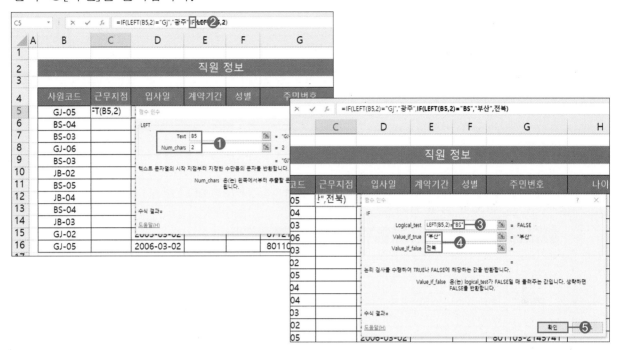

04 계약 기간은 [E5] 셀에 '=RIGHT(B5,1)&"년"'을 입력하여 계산합니다. 성별 [F5] 셀에 '=IF(MID(G5,8,1)="1","남","여")'입력하여 계산합니다. 나이 [H5] 셀에 '=YEAR(NOW())−(LEFT(G5,2)+1900)+1'을 입력하여 계산합니다.

	A	B	C	D	E	F	G	H
1								
2				직원 정보				
3								
4		사원코드	근무지점	입사일	계약기간	성별	주민번호	나이
5		GJ-05	광주	2007-03-02	5년	남	621012-1485214	59
6		BS-04	부산	2006-03-02	4년	여	711213-2049884	50
7		BS-03	부산	2005-03-02	3년	여	701015-2545713	51
8		GJ-06	광주	2006-03-02	6년	남	691013-1485125	52
9		BS-03	부산	2007-03-02	3년	남	620412-1065498	59
10		JB-02	전북	2010-03-02	2년	여	740712-2008989	47
11		BS-05	부산	2006-03-02	5년	남	800403-1054874	41
12		JB-04	전북	2006-03-02	4년	여	760508-2654124	45
13		BS-04	부산	2012-03-02	4년	남	751125-1485251	46
14		JB-03	전북	2009-03-02	3년	여	750218-2654741	46
15		GJ-02	광주	2005-03-02	2년	남	671210-1654874	54
16		GJ-05	광주	2006-03-02	5년	여	801103-2145741	41
17								

찾기/참조 함수의 이해

함수	설명
CHOOSE(숫자,값1, 값2,...)	숫자에 해당하는 값을 표시
HLOOKUP(찾는 값, 범위,행 번호,찾는 방법)	찾는 값을 범위에서 행 번호에 위치하는 값 표시
VLOOKUP찾는 값, 범위,열 번호,찾는 방법)	찾는 값을 범위에서 열 번호에 위치하는 값 표시

찾는 방법 0 또는 FALSE : 찾는 값과 대응되는 값이 1:1

찾는 방법 1 또는 TRUE, 생략 : 찾는 값과 대응되는 값이 1:다

찾기/참조 함수의 예

성명	평가일	엑셀	검색	합계	평균	배점	평가요일		배점표	
									정보화 능력 평가표	
강진원	2012-03-02	80	85	165	83	보통	금요일			
김미진	2012-03-03	90	90	180	90	우수	토요일		50	과락
김수인	2012-03-04	70	75	145	73	노력	일요일		60	재시험
김진숙	2012-03-05	60	60	120	60	재시험	월요일		70	노력
노경수	2012-03-06	80	100	180	90	우수	화요일		80	보통
노형원	2012-03-05	100	90	190	95	우수	월요일		90	우수
민경일	2012-03-08	98	85	183	92	우수	목요일		100	최우수
박상수	2012-03-05	70	75	145	73	노력	월요일			
배자윤	2012-03-10	65	90	155	78	노력	토요일			
오현영	2012-03-11	80	90	170	85	보통	일요일			
유란희	2012-03-02	90	100	190	95	우수	금요일			

(1) 배점 ⇒ 배점표 테이블에서 평균을 기준으로 배점을 구하시오.

=VLOOKUP(G4,$K$5:$L$10,2)

강진원의 'G4'의 평균을 배점표 테이블 '$K$5:$L$10'의 두 번째 열에 있는 배점을 찾아 입력합니다.

Tip

Range_lookup의 값을 어떻게 설정하나요?

Vlookup의 찾는 값		테이블 셀 범위 설정
0 또는 false	값과 찾는 값이 하나씩일 때 바나나 – 100 사과 – 200	테이블의 셀 범위는 '찾는 값'이 '첫 열'이 되도록 범위 설정하여야 합니다.
1 또는 true 또는 생략	여러 개의 값이 하나의 찾는 값을 가질 때 0~10 – A 11~20 – B	

(2) 평가 요일 ⇒ 평가일을 기준으로 '일요일, 월요일, 화요일,...' 기준으로 표시하시오.

=CHOOSE(WEEKDAY(C4,1),"일요일","월요일","화요일","수요일","목요일","금요일","토요일")

■ ■ 예제 : 기출유형₩2.참조함수.xlsx / 완성 : 기출유형₩2.참조함수완성.xlsx

찾기/참조 함수 따라하기

☞ **다음 조건에 따라 주어진 함수를 이용하여 '찾기참조함수' 시트에 값을 구하시오.**

출력형태

	A	B	C	D	E	F	G	H	I	J	K	L	M	N	O
1															
2				A마트 2021년 상반기 매입현황											
3											단가테이블				
4		코드	매입일	품명	매입요일	단가	수량	금액	할인액		품명	단가			
5		C1-201	06월 02일	(1)	(2)	(3)	20	(4)	(5)		문구	1000			
6		A2-112	07월 02일	(1)	(2)	(3)	10	(4)	(5)		식품	1500			
7		C2-303	06월 05일	(1)	(2)	(3)	15	(4)	(5)		화장품	2000			
8		D2-312	05월 02일	(1)	(2)	(3)	30	(4)	(5)						
9		A2-212	04월 03일	(1)	(2)	(3)	24	(4)	(5)		할인율 테이블				
10		C3-115	05월 15일	(1)	(2)	(3)	20	(4)	(5)		수량	10	20	30	40
11		D2-312	03월 05일	(1)	(2)	(3)	30	(4)	(5)		할인율	0.1	0.15	0.2	0.25
12															
13															
14															

조건

(1) 품명 ⇒ 코드의 4번째 글자가 '1'이면 '식품', '2'이면 '문구', '3'이면 '화장품'을 표시하시오.
=IF(MID(B5,4,1)="1","식품",IF(MID(B5,4,1)="2","문구","화장품"))

(2) 매입 요일 ⇒ 평가일을 기준으로 '일요일, 월요일, 화요일,…' 기준으로 표시하시오.
=CHOOSE(WEEKDAY(C5,1),"일요일","월요일","화요일","수요일","목요일","금요일","토요일")

(3) 단가 ⇒ 단가 테이블에서 품명을 기준으로 단가를 구하시오. =VLOOKUP(D5,$K$5:$L$7,2,0)

(4) 금액 ⇒ 단가*수량=F5*G5

(5) 할인액 ⇒ 금액*할인율, 할인율 테이블에서 수량을 기준으로 할인율을 찾아 값을 구하시오.
=HLOOKUP(G5,$L$10:$O$11,2)*H5

01 ❶[D5] 셀에 '=IF(MID('를 입력한 후 수식 입력줄에서 ❷'MID'를 클릭한 후 ❸함수 삽입 단추를 눌러 함수 마법사를 불러옵니다.

Tip

함수마법사가 번거로우면 수식 입력줄에 직접 입력합니다. 수식 입력줄에 수식을 입력할 때는 괄호 또는 ""에 주의하세요.

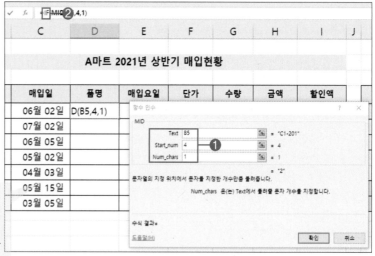

02 'MID' 함수 창이 표시되면 ❶'Text'에는 [B5] 셀을 클릭하고 'Start_Num'에는 '4'를 입력한 후 'Num_chars'에는 '1'을 입력합니다. 다시 IF문으로 이동하기 위해 수식 입력줄의 ❷'IF'를 클릭합니다.

Tip

'Start_Num'의 '4'는 텍스트 시작 문자의 위치
'Num_chars'의 '1'은 시작 문자부터 시작하여 찾고자 하는 문자의 위치

03 'IF' 함수 창이 표시되면 ❶'Local_test'에 '="1"'을 입력하고 'Value_if_true'에 '"식품"'을 입력하고 두 번째 조건을 작성하기 위해 ❷'Value_if_false'에 'if(mid('입력한 후 ❸수식 입력줄의 'mid'를 클릭하여 ❹'mid' 함수마법사 창으로 이동합니다.

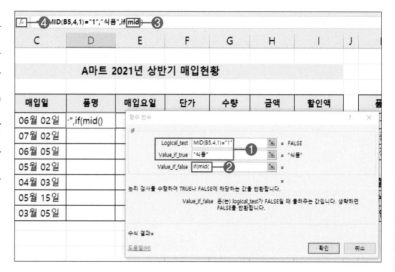

04 'MID' 함수 창이 표시되면 ❶'Text' 에는 [B5]를 클릭하고 'Start_ Num'에는 '4'를 입력한 후 'Num_ chars'에는 '1'을 입력합니다. 다시 IF문으로 이동하기 위해 수식 입력 줄의 ❷'IF'를 클릭합니다.

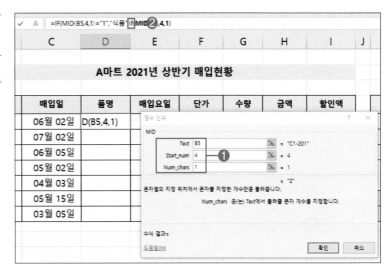

05 'IF'함수 창이 표시되면 ❶'Logi cal_test' 맨 뒤에 '="2"'를 입력하 고 ❷'Value_if_true'에 '"문구"'와 'Value_if_true'에 '"화장품"")'을 입 력하고 ❸[확인]을 클릭합니다.

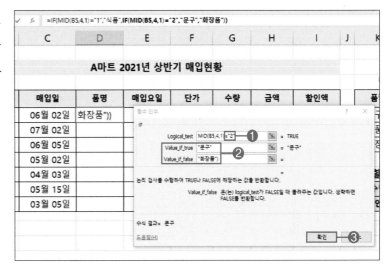

06 수식을 [D11] 셀까지 채우기 핸들 하여 계산을 완료합니다.

	A	B	C	D	E	F
1						
2				A마트 2021년 상반기 매입현황		
3						
4		코드	매입일	품명	매입요일	단가
5		C1-201	06월 02일	문구		
6		A2-112	07월 02일	식품		
7		C2-303	06월 05일	화장품		
8		D2-312	05월 02일	화장품		
9		A2-212	04월 03일	문구		
10		C3-115	05월 15일	식품		
11		D2-312	03월 05일	화장품		
12						

07 매입요일을 계산하기 위해 [E5]셀에 '=CHOOSE(week'를 입력하여 'WEEKDAY' 함수를 더블클릭합니다.

Tip

함수명을 두 세글자 입력하면 입력한 텍스트로 시작하는 함수명이 표시됩니다. 해당하는 함수를 더블클릭하면 함수가 자동 입력됩니다.

08 ❶'=CHOOSE(WEEKDAY('에서 'WEEKDAY' 함수가 선택된 상태에서 ❷[함수 삽입]을 클릭합니다.

09 'WEEKDAY' 함수 창에서 ❶ 'Serial_number'에 [C5] 셀을 클릭하여 입력하고 'Return_type'에 '1'을 입력합니다. ❷수식 입력줄의 'CHOOSE' 함수를 클릭합니다.

Tip

WEEKDAY 함수는 날짜에 해당하는 요일을 1~7까지의 수를 구합니다. 일요일부터 시작하면 일요일은 '1', 월요일은 '2' ....입니다.

'Return_type'은 '일요일'부터 시작하면 '1', '월요일'부터 시작하면 '2', '월요일'을 '0'부터 시작하면 '3'을 입력합니다.

10 'CHOOSE' 함수 창에서 ❶'Value1'에 '일요일'을 입력하고 'Value2'로 이동하려면 키보드 **Tab**을 누릅니다.

Tip

CHOOSE 함수는 인수에 해당하는 텍스트, 셀 참조, 함수등을 돌려줍니다. mid함수에서 추출된 숫자가 '1'이면 '일요일', '2'이면 '월요일'....입니다. 인수의 개수만큼 값을 입력해야 합니다.

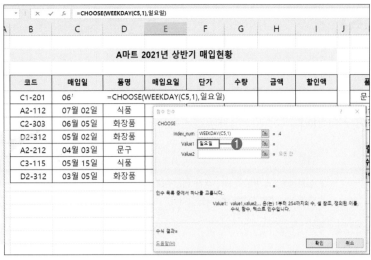

11 **Tab**을 이용하여 'Value1 : 일요일'을 시작으로 'Value2 : 월요일', 'Value3 : 화요일', 'Value4 : 수요일', 'Value5 : 목요일', 'Value6 : 금요일', 'Value7 : 토요일'을 입력하고 ❶[확인]을 클릭합니다.

Tip

Choose 함수의 Value값은 인수 목록만큼 입력해야합니다.

12 다음과 같이 수식을 복사하여 계산을 완료합니다.

Tip

채우기 핸들하여 수식을 복사한 후 '자동 채우기 옵션'을 눌러 '서식 없이 채우기'를 합니다.

	A	B	C	D	E	F
1						
2			A마트 2021년 상반기 매입현황			
3						
4		코드	매입일	품명	매입요일	단가
5		C1-201	06월 02일	문구	수요일	
6		A2-112	07월 02일	식품	금요일	
7		C2-303	06월 05일	화장품	토요일	
8		D2-312	05월 02일	화장품	일요일	
9		A2-212	04월 03일	문구	토요일	
10		C3-115	05월 15일	식품	토요일	
11		D2-312	03월 05일	화장품	금요일	
12						

13 단가를 구하기 위해 [F5] 셀을 클릭한 후 ❶'=vl'을 입력한 후 ❷ 'VLOOKUP' 함수를 더블클릭하여 입력하고 ❸[함수 삽입]을 클릭합니다.

Tip

값을 찾는 테이블의 데이터가 열단위로 나열되어 있으면 'VLOOKUP' 함수를 사용합니다.

	매입일	품명	매입요일	단가	수량	금액
1	06월 02일	문구	수요일	=vl	20	
2	07월 02일	식품	금요일			
3	06월 05일	화장품	토요일		15	
2	05월 02일	화장품	일요일		30	
2	04월 03일	문구	토요일		24	
5	05월 15일	식품	토요일		20	
2	03월 05일	화장품	금요일		30	

14 '단가테이블'에는 '품명'과 '단가'가 결정되어 있습니다. ❶'Lookup_value'에는 찾는 값이 있는 'D5'를 클릭하여 입력하고 'Table_array'에는 '$K$5:$L$7'까지 범위 설정 후 F4 를 눌러 절대참조로 변경합니다. 단가는 단가테이블의 두 번째 열에 있으므로 'Col_Index_num'에 '2'를 입력하고 'Range_lookup'은 '0'을 입력하고 ❷[확인]을 클릭합니다.

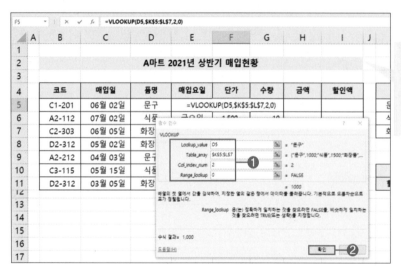

Tip

Range_lookup에는 품명과 단가가 1:1로 대응되므로 '0'을 입력합니다. 하나의 값에 여러 개가 대응되면 '1'을 입력합니다.

15 계산을 완료합니다.

	품명	매입요일	단가	수량	금액	할인액
일	문구	수요일	1,000	20		
일	식품	금요일	1,500	10		
일	화장품	토요일	2,000	15		
일	화장품	일요일	2,000	30		
일	문구	토요일	1,000	24		
일	식품	토요일	1,500	20		
일	화장품	금요일	2,000	30		

16 금액은 '단가*수량'으로 계산합니다.

=F5*G5

	C	D	E	F	G	H	I
		A마트 2021년 상반기 매입현황					
	매입일	품명	매입요일	단가	수량	금액	할인액
	월 02일	문구	수요일	1,000	20	=F5*G5	
	월 02일	식품	금요일	1,500	10		
	월 05일	화장품	토요일	2,000	15		
	월 02일	화장품	일요일	2,000	30		
	월 03일	문구	토요일	1,000	24		
	월 15일	식품	토요일	1,500	20		
	월 05일	화장품	금요일	2,000	30		

17 할인액을 구하기 위해 [I5] 셀에 ❶'=HL'을 입력하고 목록에서 ❷ 'HLOOKUP'을 더블클릭합니다.

D	E	F	G	H	I	J
	A마트 2021년 상반기 매입현황					
품명	매입요일	단가	수량	금액	할인액	
문구	수요일	1,000	20	20,000	=hl ❶	
식품	금요일	1,500	10	15,000	ⓕHLOOKUP ❷	
화장품	토요일	2,000	15	30,000		
화장품	일요일	2,000	30	60,000		
문구	토요일	1,000	24	24,000		
식품	토요일	1,500	20	30,000		
화장품	금요일	2,000	30	60,000		

Tip

값을 찾는 테이블의 데이터가 행단위로 나열되어 있으면 'HLOOKUP'함수를 사용합니다.

18 '할인율 테이블'에는 '수량'과 '할인율'이 결정되어 있습니다. ❶[함수 삽입]을 눌러 함수마법사 창이 열리면 ❷'Lookup_value'에는 찾는 값이 있는 [G5] 셀을 클릭하여 입력하고 'Table_array'에는 '$L$10:$O$11'까지 범위 설정 후 **F4** 를 눌러 절대참조로 변경합니다. 수량에 따른 할인율은 할인율 테이블의 두 번째 행에 있으므로 'Row_Index_num'에 '2'를 입력하고 'Range_lookup'은 빈칸으로 둔채로 ❸[확인]을 클릭합니다.

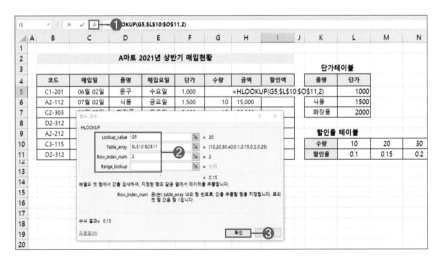

19 수식입력 줄의 끝에 '*H5'를 입력하고 Enter 를 누릅니다.

fx =HLOOKUP(G5,$L$10:$O$11,2)*H5

A마트 2021년 상반기 매입현황

일	품명	매입요일	단가	수량	금액	할인액	
02일	문구	수요일	1,000	20	20,000	I1,2)*H5	
02일	식품	금요일	1,500	10	15,000		
05일	화장품	토요일	2,000	15	30,000		
02일	화장품	일요일	2,000	30	60,000		
03일	문구	토요일	1,000	24	24,000		
15일	식품	토요일	1,500	20	30,000		
05일	화장품	금요일	2,000	30	60,000		

20 계산을 완료합니다.

A마트 2021년 상반기 매입현황

품명	매입요일	단가	수량	금액	할인액
문구	수요일	1,000	20	20,000	3000
식품	금요일	1,500	10	15,000	1500
화장품	토요일	2,000	15	30,000	3000
화장품	일요일	2,000	30	60,000	12000
문구	토요일	1,000	24	24,000	3600
식품	토요일	1,500	20	30,000	4500
화장품	금요일	2,000	30	60,000	12000

Tip

Vlookup 범위 설정

품명에 따라 단가를 구하고자 할 때 단가테이블의 범위를 살펴보면 매입일, 품명, 단가순으로 표시되어 있습니다.

• 테이블 범위를 설정할 때 찾는 값이 '품명'이기 때문에 테이블 범위는 '매입일'이 아닌 '품명'부터 범위 설정합니다.

• 즉, 찾는 값이 테이블 범위의 첫 열이 되어야 합니다. VLOOKUP(D5, L5:M8,2,0)입니다.

VLOOKUP(lookup_value, **table_array**, col_index_num, [range_lookup])

A마트 2021년 상반기 매입현황

매입일	품명	매입요일	단가	수량	금액	할인액		매입일	품명	단가
									단가테이블	
06월 02일	문구	수요일	5,$L$5:M	20	20,000	3000		06월 02일	문구	1000
07월 02일	식품	금요일	1,500	10	15,000	1500		07월 02일	식품	1500
06월 05일	화장품	토요일	2,000	15	30,000	3000		06월 05일	화장품	2000
05월 02일	화장품	일요일	2,000	30	60,000	12000				
04월 03일	문구	토요일	1,000	24	24,000	3600				
05월 15일	식품	토요일	1,500	20	30,000	4500				
03월 05일	화장품	금요일	2,000	30	60,000	12000				

데이터베이스 함수의 이해

함수	설명
DSUM(범위,필드 또는 열 번호,찾을 조건)	조건에 맞는 필드의 합을 구함
DAVERAGE(범위,필드 또는 열 번호,찾을 조건)	조건에 맞는 필드의 평균을 구함
DCOUNT(범위,필드 또는 열 번호,찾을 조건)	조건에 맞는 필드의 숫자 셀의 개수를 구함
DCOUNTA(범위,필드 또는 열 번호,찾을 조건)	조건에 맞는 필드의 공백을 제외한 셀의 개수를 구함
DMAX(범위,필드 또는 열 번호,찾을 조건)	조건에 맞는 필드 값 중에서 가장 큰 값을 구함
DMIN(범위,필드 또는 열 번호,찾을 조건)	조건에 맞는 필드 값 중에서 가장 작은 값을 구함
DGET(범위,필드 또는 열 번호,찾을 조건	조건에 맞는 고유 데이터를 추출함

함수의 예

씨티정보통신 매출현황

제품명	상품	판매지역	상반기 판매일	할인율	정상가	판매량 (단위:개)
C1-JU01	본체	전주	2016-06-01	10%	₩ 250,000	202개
H2-BS03	라우터	부산	2016-04-09	5%	₩ 150,000	502개
M2-SU05	라우터	서울	2016-03-24	6%	₩ 200,000	652개
C2-JU03	본체	전주	2016-01-17	15%	₩ 200,000	375개
R4-CW03	메모리	창원	2016-01-15	25%	₩ 100,000	1,265개
M5-DJ07	스위치	대전	2016-06-07	10%	₩ 150,000	551개
H3-BS02	메모리	부산	2016-02-10	20%	₩ 170,000	605개
R2-CW05	스위치	창원	2016-05-20	10%	₩ 80,000	1,545개
본체의 판매량의 합계		577				
전주지역의 판매량의 평균		288.5				
본체의 개수		2				
상품본체 중에서 가장 높은 할인율		0.15				
전주지역의 가장 낮은 정상가		200000				
정상가가 250,000인 제품명		C1-JU01				

⑴ 본체의 판매량의 합계를 구하시오.

=DSUM(B4:H12,7,C4:C5)

⑵ 전주 지역의 판매량의 평균을 구하시오.

=DAVERAGE(B4:H12,7,D4:D5)

⑶ 본체의 개수를 구하시오.

=DCOUNTA(B4:H12,C4,C4:C5)

⑷ 상품 본체 중에서 가장 높은 할인율을 구하시오.

=DMAX(B4:H12,5,C4:C5)

⑸ 전주 지역의 가장 낮은 정상가를 구하시오.

=DMIN(B4:H12,6,D4:D5)

⑹ 정상가가 250,000인 제품명을 구하시오.

=DGET(B4:H12,1,G4:G5)

■ ■ 예제 : 기출유형₩2.함수.xlsx / 완성 : 기출유형₩2.함수완성.xlsx

데이터베이스 함수 따라하기

☞ **다음 조건에 따라 주어진 함수를 이용하여 '데이터베이스함수' 시트에 값을 구하시오.**

출력형태

A	B	C	D	E	F	G
1			상반기 영업 실적			
2						
3	사원명	소속	직위	팀명	판매수량	판매금액
4	이미나	총무부	대리	미래	12	1,184,400
5	김미자	인사부	대리	파워	15	1,480,500
6	정해웅	총무부	사원	파워	21	2,072,700
7	장말숙	총무부	과장	미래	10	987,000
8	강순영	인사부	부장	무궁	8	789,600
9	윤민아	인사부	대리	상공	32	3,158,400
10	박금미	영업부	사원	파워	8	789,600
11	전대형	영업부	사원	대한	15	1,480,500
12	최병윤	인사부	대리	미래	35	3,454,500
13	이슬이	총무부	부장	미래	11	1,085,700
14	노형일	인사부	대리	무궁	15	1,480,500
15	미래팀의 판매수량의 합계				(1)	
16	직위가 대리인 판매금액의 평균				(2)	
17	총무부 중 가장 높은 판매금액				(3)	
18	대리 중 가장 낮은 판매수량				(4)	
19	대리의 인원수				(5)	

조건 (1) 미래팀의 판매수량의 합계 ⇒ 팀명이 미래인 판매수량의 합계를 구하시오(DSUM 함수).

(2) 직위가 대리인 판매금액의 평균 ⇒ 직위가 대리인 판매금액의 평균을 구한 후 백단위에서 반올림 하시오 (ROUND 함수, DAVERAGE 함수)(예 1,234,750 → 1,234,700).

(3) 총무부 중 가장 높은 판매금액 ⇒ 소속이 총무부 중 가장 높은 판매금액을 구하시오(DMAX 함수).

(4) 대리 중 가장 낮은 판매수량 ⇒ 직위가 대리 중 가장 낮은 판매수량을 구하시오(DMIN 함수).

(5) 대리의 인원수 ⇒ 직위가 대리의 인원수를 구하시오(DCOUNTA 함수).

01 ❶[F15] 셀에 '=DSUM' 함수를 입력하고 함수 마법사를 불러옵니다.

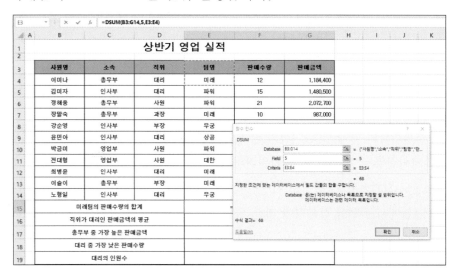

사원명	소속	직위	팀명	판매수량	판매금액
이미나	총무부	대리	미래	12	1,184,400
김미자	인사부	대리	파워	15	1,480,500
정해웅	총무부	사원	파워	21	2,072,700
장말숙	총무부	과장	미래	10	987,000
강순영	인사부	부장	무궁	8	789,600
윤민아	인사부	대리	상공	32	3,158,400
박금미	영업부	사원	파워	8	789,600
전대형	영업부	사원	대한	15	1,480,500
최병윤	인사부	대리	미래	35	3,454,500
이슬이	총무부	부장	미래	11	1,085,700
노형일	인사부	대리	무궁	15	1,480,500
미래팀의 판매수량의 합계				=DSUM(	

02 'Database' 항목에는 'B3:G14'를 입력하고, 'Field' 항목에는 값을 구할 필드명 또는 필드명이 위치한 위치 번호를 입력합니다. 판매수량의 합계를 구하므로 '판매수량'의 필드인 [F3] 셀을 클릭하거나 5번째 필드이므로 '5'를 입력합니다. 'Criteria' 항목에는 조건을 입력하므로 팀명이 미래팀이므로 'E3:E4'를 범위 설정합니다.

03 직위가 대리인 판매금액의 평균은 [E16] 셀에 '=ROUND(DAVERAGE(B3:G14,G3,D3:D4),-2)'를 입력합니다.

총무부 중 가장 높은 판매금액은 [E17] 셀에 '=DMAX(B3:G14,G3,C3:C4)'를 입력합니다.

대리 중 가장 낮은 판매수량은 [E18] 셀에 '=DMIN(B3:G14,F3,D3:D4)'를 입력합니다.

대리의 인원수는 [E19] 셀에 '=DCOUNTA(B3:G14,D3,D3:D4)'를 입력합니다.

■ ■ 예제파일 : 실력팡팡₩함수1.xlxs / 완성파일 :실력팡팡₩함수1완성.xlxs

01 ☞ 다음은 '높은 음자리 교육원'에 대한 자료이다. 자료를 입력하고 조건에 맞도록 작업하시오.

높은 음자리 교육원

	담당	팀장	부장
결재			

강사코드	담당강사	교육구분	프로그램명	전년도 지원현황	금년도 지원현황	재수강율 (단위:%)	순위	비고
SS003	우주원	자격증과정	SNS마케팅	100명	85명	30%	(1)	(2)
SS005	이예슬	취미반	프랑스자수	80명	55명	15%	(1)	(2)
SA012	최민아	창업교육	닥종이인형	50명	55명	35%	(1)	(2)
TS030	서인정	취미반	우쿨렐레	40명	40명	75%	(1)	(2)
TA100	정서연	창업교육	한식조리사	50명	35명	120%	(1)	(2)
AS101	민지혜	창업교육	창업떡만들기	30명	37명	55%	(1)	(2)
AS102	유나희	자격증과정	숲해설사	100명	113명	32%	(1)	(2)
TA200	표민수	취미반	생활도예	100명	100명	26%	(1)	(2)
취미반의 전년도 지원현황의 합계			(3)		두 번째로 높은 전년도 지원현황			(5)
가장 적은 금년도 지원현황			(4)		담당강사	정서연	재수강율	(6)

조건
⦿ (1)~(6) 셀은 반드시 **주어진 함수를 이용**하여 값을 구하시오(결과값을 직접 입력하면 해당 셀은 0점 처리됨).

(1) 순위 ⇒ 금년도 지원현황의 내림차순 순위를 구하시오(RANK.EQ함수).

(2) 비고 ⇒ 강사코드의 첫 글자가 A이면 '오전반 ', S이면 '오후반', T이면 '야간반'으로 표시하시오 (IF, LEFT 함수).

(3) 취미반의 전년도 지원현황의 합계 ⇒ 취미반의 금년도 지원현황의 합계를 구하시오(SUMIF 함수).

(4) 가장 적은 금년도 지원현황 ⇒ 정의된 이름(지원현황)을 이용하여 구하시오(MIN 함수).

(5) 두 번째로 높은 전년도 지원현황 ⇒ 금년도 지원현황의 두 번째로 높은 값을 구하시오(LARGE 함수).

(6) 재수강율 ⇒ 「H14」 셀에서 선택한 강사명에 대한 재수강율(단위:%)을 표시하시오(VLOOKUP 함수).

출력형태

높은 음자리 교육원

	담당	팀장	부장
결재			

강사코드	담당강사	교육구분	프로그램명	전년도 지원현황	금년도 지원현황	재수강율 (단위:%)	순위	비고
SS003	우주원	자격증과정	SNS마케팅	98명	85명	30%	3	오후반
SS005	이예슬	취미반	프랑스자수	80명	55명	15%	4	오후반
SA012	최민아	창업교육	닥종이인형	50명	55명	35%	4	오후반
TS030	서인정	취미반	우쿨렐레	40명	40명	75%	6	야간반
TA100	정서연	창업교육	한식조리사	50명	35명	120%	8	야간반
AS101	민지혜	창업교육	창업떡만들기	30명	37명	55%	7	오전반
AS102	유나희	자격증과정	숲해설사	70명	113명	32%	1	오전반
TA200	표민수	취미반	생활도예	60명	100명	26%	2	야간반
취미반의 전년도 지원현황의 합계			180		두 번째로 높은 전년도 지원현황			80
가장 적은 금년도 지원현황			35		담당강사	정서연	재수강율	1.2

02 ☞ **다음은 '제5회 바리스타 경연대회 결과'에 대한 자료이다. 자료를 입력하고 조건에 맞도록 작업하시오.**

수험번호	지원자	지원 종목	태도	맛과 향	총점 (200점 만점)	평가	순위
					결재 담당 팀장 부장		
C3-0706	노형일	카푸치노	98.6	92.5	총281.2	(1)	(2)
E1-S078	두리안	에소프레소	87.7	89.1	총265.5	(1)	(2)
R3-A094	최미숙	카푸치노	91.7	91.6	총275.8	(1)	(2)
B3-U098	김순옥	블랜딩	89.9	92.3	총272.1	(1)	(2)
C3-A119	정은유	카푸치노	94.5	92.4	총284.1	(1)	(2)
R4-U073	강나연	로스팅	88.4	88.5	총270.4	(1)	(2)
C3-A040	이유리	블랜딩	93.1	90.5	총276.1	(1)	(2)
E1-A079	나나무	에소프레소	100	87.2	총262.3	(1)	(2)
두 번째로 적은 맛과 향			(3)	카푸치노의 총점의 평균			(5)
블랜딩의 태도의 평균			(4)	지원자	노형일	평가	(6)

제5회 바리스타 경연대회 결과

조건 ⊙ (1)~(6) 셀은 반드시 **주어진 함수를 이용**하여 값을 구하시오(결과값을 직접 입력하면 해당 셀은 0점 처리됨).

(1) 평가 ⇒ 태도와 맛과 향의 점수가 90점 이상이면 '2차선발', 그 외는 공백으로 구하시오 (IF, AND 함수).

(2) 순위 ⇒ 총점이 큰 순으로 순위를 구한 결과에 "위"를 붙이시오(RANK.EQ 함수, &연산자)(예 : 1위).

(3) 두 번째로 적은 맛과 향 ⇒ (SMALL 함수).

(4) 블랜딩의 태도의 평균 ⇒ 정의된 이름(태도)를 이용하여 구하시오(SUMIF, COUNTIF 함수).

(5) 카푸치노의 총점의 평균 ⇒ 지원종목이 블랜딩의 총점의 평균을 반올림하여 소수 첫째 자리까지 구하시오. 단, 조건은 입력된 데이터를 이용하시오.(ROUND, DAVERAGE 함수)(예 : 340.125 →340.1).

(6) 평가 ⇒ 「G14」셀에서 선택한 지원자의 평가를 구하시오(VLOOKUP 함수).

출력형태

제5회 바리스타 경연대회 결과

수험번호	지원자	지원 종목	태도	맛과 향	총점 (200점 만점)	평가	순위
					결재 담당 팀장 부장		
C3-0706	노형일	카푸치노	98.6	92.5	총281.2	2차선발	2위
E1-S078	두리안	에소프레소	87.7	89.1	총265.5		7위
R3-A094	최미숙	카푸치노	91.7	91.6	총275.8	2차선발	4위
B3-U098	김순옥	블랜딩	89.9	92.3	총272.1		5위
C3-A119	정은유	카푸치노	94.5	92.4	총284.1	2차선발	1위
R4-U073	강나연	로스팅	88.4	88.5	총270.4		6위
C3-A040	이유리	블랜딩	93.1	90.5	총276.1	2차선발	3위
E1-A079	나나무	에소프레소	100	87.2	총262.3		8위
두 번째로 적은 맛과 향			88.5	카푸치노의 총점의 평균			280.4
블랜딩의 태도의 평균			91.50	지원자	노형일	평가	2차선발

■ ■ 예제파일 : 실력팡팡₩함수3.xls / 완성파일 : 실력팡팡₩함수3완성.xls

03 ☞ 다음은 '문화관광 지원사업 결과'에 대한 자료이다. 자료를 입력하고 조건에 맞도록 작업하시오.

지원코드	사업자	사업장주소	사업개업연도	지원분야	교육시간	지원총액(단위:천원)	지원비율(단위:%)	비고
					결재	담당	부장	원장
C19-0706	장미희	소대배기로 18-13	(1)	정보화교육	1	50천원	50%	(2)
E18-S078	이은나	문학로 11-8	(1)	문화예술	3	45천원	45%	(2)
R21-A094	최대정	백제로 25-3	(1)	문화예술	3	65천원	65%	(2)
B19-U098	이민정	서곡로 19-1	(1)	환경개선	2	100천원	100%	(2)
C20-A119	김희정	와룡로 12-5	(1)	정보화교육	4	35천원	35%	(2)
R21-U073	정은유	효자로 6-5	(1)	문화예술	5	40천원	40%	(2)
C17-A040	정서연	기린로 55-8	(1)	정보화교육	2	60천원	60%	(2)
E20-A079	노형원	한벽로 12-9	(1)	전통문화	2	55천원	55%	(2)
최대 교육시간			(3)			지원분야가 문화예술 비율		(5)
교육시간에 따른 운영비 총 합계			(4)			지원코드	C20-A119	사업개업년도	(6)

문화관광 지원사업 결과

조건 ⦿ (1)~(6) 셀은 반드시 **주어진 함수를 이용**하여 값을 구하시오(결과값을 직접 입력하면 해당 셀은 0점 처리됨).

(1) 사업개업년도 ⇒ 「2000+지원코드의 두 번째 숫자부터 두 자리」의 계산한 결과값 뒤에 '년'을 표시하시오. 단, 지원코드의 두 번째 자리를 이용하여 구하시오 (MID 함수, & 연산자)(예 : 2019년).

(2) 비고 ⇒ 지원비율(단위:%)의 내림차순 순위를 '1~3'만 표시하고 그 외에는 공백으로 표시하시오. (IF,RANK 함수)

(3) 최대 교육시간 ⇒ (MAX 함수).

(4) 교육시간에 따른 운영비 총 합계 ⇒ 정의된 이름(교육시간)을 이용하여 운영비 총 합계를 구하시오. 단, 운영비는 1시간에 30,000원으로 계산하시오 (SUMPRODUCT 함수)(예 : 660,000).

(5) 지원분야가 문화예술의 비율 ⇒ 지원분야가 문화예술인 비율을 구한 후 백분율로 표시하시오. (COUNTIF, COUNTA 함수).(예 : 0.15 →15%).

(6) 사업개업년도 ⇒ 「H14」 셀에서 선택한 사업개업년도를 표시하시오(VLOOKUP 함수).

출력형태

문화관광 지원사업 결과

지원코드	사업자	사업장주소	사업개업연도	지원분야	교육시간	지원총액(단위:천원)	지원비율(단위:%)	비고
					결재	담당	부장	원장
C19-0706	장미희	소대배기로 18-13	2019년	정보화교육	1	50천원	50%	
E18-S078	이은나	문학로 11-8	2018년	문화예술	3	45천원	45%	
R21-A094	최대정	백제로 25-3	2021년	문화예술	3	65천원	65%	2
B19-U098	이민정	서곡로 19-1	2019년	환경개선	2	100천원	100%	1
C20-A119	김희정	와룡로 12-5	2020년	정보화교육	4	35천원	35%	
R21-U073	정은유	효자로 6-5	2021년	문화예술	5	40천원	40%	
C17-A040	정서연	기린로 55-8	2017년	정보화교육	2	60천원	60%	3
E20-A079	노형원	한벽로 12-9	2020년	전통문화	2	55천원	55%	
최대 교육시간			5			지원분야가 문화예술 비율		38%
교육시간에 따른 운영비 총 합계			660,000			지원코드	C20-A119	사업개업년도	2020년

04 ☞ 다음은 '교육공간 이룸 매출 실적'에 대한 자료이다. 자료를 입력하고 조건에 맞도록 작업하시오.

사원코드	사원	부서	입사일	5월 매출	6월 매출	7월 매출	근무지	총근무년수
						결재	담당	부장	원장

교육공간 이룸 매출 실적

사원코드	사원	부서	입사일	5월 매출	6월 매출	7월 매출	근무지	총근무년수
1-030P2	노형일	영업부	2012-03-02	80	100	80GOAL	(1)	(2)
2-060D4	노형원	홍보부	2009-06-04	90	85	75GOAL	(1)	(2)
1-090A3	김신우	영업부	2008-09-01	85	100	100GOAL	(1)	(2)
3-060S1	최민아	기획부	2011-06-01	100	95	95GOAL	(1)	(2)
2-090P2	박종철	홍보부	2007-09-01	95	75	75GOAL	(1)	(2)
4-060B2	이민영	관리부	2012-06-01	80	80	80GOAL	(1)	(2)
3-030T1	정신정	기획부	2007-03-01	85	75	90GOAL	(1)	(2)
2-030F3	윤지안	영업부	2006-03-02	100	90	85GOAL	(1)	(2)
노형원 7월 매출 차트		(3)			영업부서의 7월 매출의 합계			(5)
90이상인 6월 매출의 수		(4)			사원코드	2-060D4	입사일	(6)

조건 ⊙ (1)~(6) 셀은 반드시 **주어진 함수를 이용**하여 값을 구하시오(결과값을 직접 입력하면 해당 셀은 0점 처리됨).

(1) 근무지 ⇒ 사원코드의 첫 글자가 1이면 '마포', 2이면 '강남', 그 외에는 '종로'로 구하시오
  (CHOOSE, LEFT 함수).

(2) 총근무년수 ⇒ 입사일의 년도를 현재 날짜를 이용해 구하시오(YEAR, NOW 함수, &연산자)(예 5년)

(3) 노형원의 7월 매출 차트 ⇒ (「H6」 셀÷100)으로 구한 값만큼 '★' 문자를 반복하여 표시하시오
  (REPT 함수)(예 : 2 →★★).

(4) 90이상인 6월 매출의 수 ⇒ 정의된 이름(매출)을 이용하여 6월 매출에서 90이상의 수를 구하시오
  (COUNTIF 함수).

(5) 영업부서의 7월 매출의 합계 ⇒ 조건은 입력된 데이터를 이용하여 구하시오(DSUM 함수).

(6) 입사일 ⇒ 「H14」 셀에서 선택한 사원코드에 대한 입사일을 표시하시오(VLOOKUP 함수).

출력형태

교육공간 이룸 매출 실적

사원코드	사원	부서	입사일	5월 매출	6월 매출	7월 매출	근무지	총근무년수
						결재	담당	부장	원장
1-030P2	노형일	영업부	2012-03-02	80	100	80GOAL	마포	8
2-060D4	노형원	홍보부	2009-06-04	90	85	75GOAL	강남	11
1-090A3	김신우	영업부	2008-09-01	85	100	100GOAL	마포	12
3-060S1	최민아	기획부	2011-06-01	100	95	95GOAL	종로	9
2-090P2	박종철	홍보부	2007-09-01	95	75	75GOAL	강남	13
4-060B2	이민영	관리부	2012-06-01	80	80	80GOAL	종로	8
3-030T1	정신정	기획부	2007-03-01	85	75	90GOAL	종로	13
2-030F3	윤지안	영업부	2006-03-02	100	90	85GOAL	강남	14
노형원 7월 매출 차트		★★★★★★★			영업부서의 7월 매출의 합계			265
90이상인 6월 매출의 수		4			사원코드	2-060D4	입사일	2009-06-04

조건부 서식

Section 03

조건부 서식은 입력된 데이터를 시각적으로 표현하는 방법으로 글꼴 색, 글꼴 또는 채우기를 지정하여 특정한 조건에 만족하는 데이터에 적용하는 기능입니다. 최대 64개까지 조건부 서식을 지정할 수 있고, 셀 강조 규칙에서 아이콘 집합 또는 수식을 작성하여 적용하는 기능을 학습합니다.

셀 강조 규칙

- 특정한 값 사이에 존재하는 값 등에 적용합니다.
- 셀 강조 규칙과 상/하위 규칙은 모두 입력된 셀 값을 기준으로 서식을 지정합니다.
- 조건부 서식을 적용할 영역을 설정하고, [홈] 탭의 [스타일] 그룹에서 [조건부 서식]의 '셀 강조 규칙'의 조건을 클릭합니다.

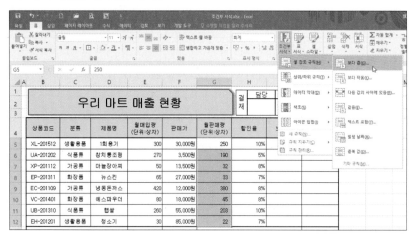

- [보다 큼] 대화상자에서 '값'을 입력하고 적용할 서식을 선택합니다.

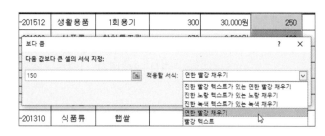

상위/하위 규칙

- 숫자 데이터를 기준으로 상위/하위 또는 평균 값을 표시합니다.

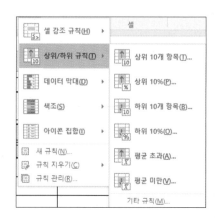

데이터 막대

- 현재 셀 값을 셀 영역에 다른 값들과 비교하여 크기를 막대로 표시합니다.

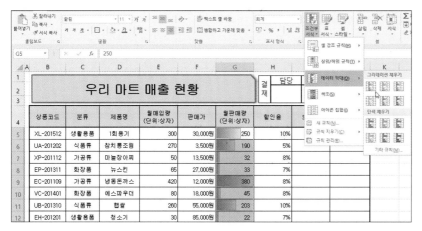

색조

- 두 가지 색 또는 세 가지 색을 이용하여 데이터 분포의 변화를 시각적으로 표시합니다.

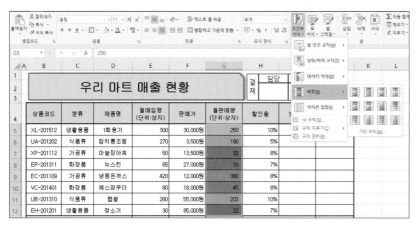

아이콘 집합

- 셀에 입력된 데이터 값을 상, 중, 하위 범위로 아이콘으로 표시합니다.

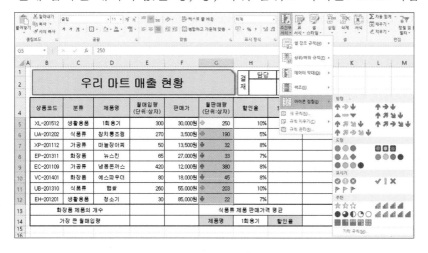

🔵 수식을 이용한 규칙 관리

- 두 개 이상의 항목에 적용되는 조건을 만족하는 서식을 적용하거나 특정한 조건에 일치하는 행 전체에 서식을 적용하고자 할 때 사용합니다.
- 셀 범위를 지정하고 [홈] 탭의 [스타일] 그룹에서 [조건부 서식]의 '새 규칙'을 클릭합니다.

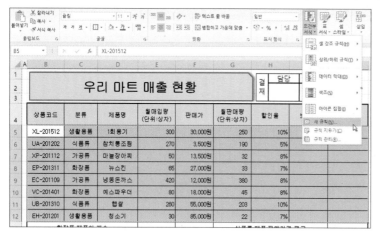

- [새 서식 규칙] 대화상자에서 [수식을 사용하여 서식을 지정할 셀 결정]을 선택한 후 '다음 수식이 참인 값의 서식 지정'에 서식을 지정합니다.
- [서식] 단추를 눌러 글꼴, 테두리, 채우기 등 서식을 선택한 후 [확인]을 클릭합니다.

- 규칙을 수정하거나 삭제할 때에는 조건부 서식이 지정된 셀 범위를 지정하고, [홈] 탭의 [스타일] 그룹에서 [조건부 서식]의 '규칙 관리'를 클릭합니다.
- [조건부 서식 규칙 관리자] 대화상자에서 규칙을 더블클릭하여 수정하거나 '규칙 삭제'를 클릭하여 삭제합니다.

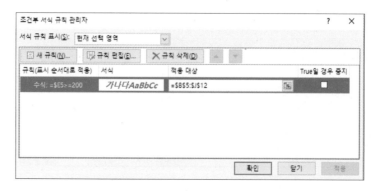

■ ■ 예제 : 기출유형₩3.조건부서식.xlsx / 완성 : 기출유형₩3.조건부서식완성.xlsx

조건부 서식 따라하기

엑셀의 데이터 표식 기능으로 셀이나 행 단위에 조건에 만족하는 데이터를 서식 또는 그래픽으로 강조하는 기능을 평가하는 문제입니다.

☞ **다음은 '효림상사 지점별 판매 현황'에 대한 자료이다. 조건에 맞도록 작업하시오.**

출력형태

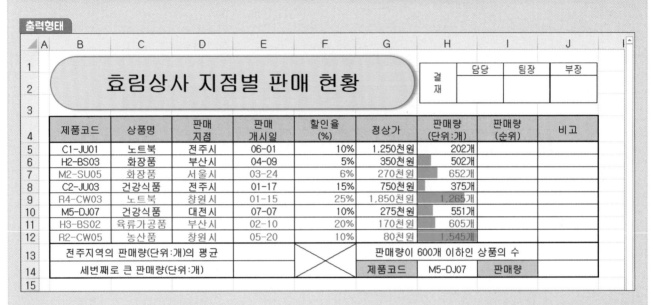

조건
- 조건부 서식의 수식을 이용하여 판매량이 '600' 이상인 행 전체에 다음의 서식을 적용하시오.(글꼴 : 파랑, 굵게)
- 조건부 서식을 이용하여 판매량(단위:개) 셀에 데이터 막대 스타일(녹색)을 최소값 및 최대값으로 적용하시오.

KEY POINT
- 필드명을 제외한 실제 데이터 범위만 영역 설정 후 [홈] 탭 [스타일] 그룹 – [조건부 서식] – [새 규칙]
- 수식 설정 시 셀 주소는 **F4** 를 눌러 열 고정
- [홈] 탭 – [스타일] 그룹 – [조건부 서식] – [데이터 막대] – 기타 규칙 – 최소값, 최대값 – 색 지정

01 행 전체에 조건부 서식을 설정하려면 제목 행을 제외한 ❶[B5:J12] 셀까지 실제 데이터만 영역을 설정합니다. ❷[홈] 탭의 [스타일] 그룹에서 [조건부 서식]의 ❸[새 규칙]을 클릭합니다.

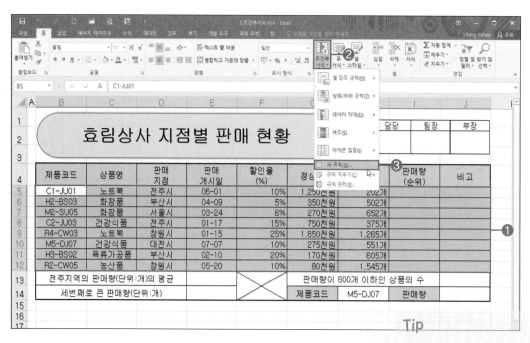

Tip
필드명을 제외한 실제 데이터만 영역을 설정합니다.

02 [새 서식 규칙] 대화상자에서 ❶[수식을 사용하여 서식을 지정할 셀 결정]을 선택합니다. ❷규칙 설명 편집에서 '다음 수식이 참인 값의 서식 지정(O)' 상자의 입력란을 클릭한 후 '='을 입력하고 [H5] 셀을 선택한 다음 F4 를 2번 눌러 열 고정을 합니다.

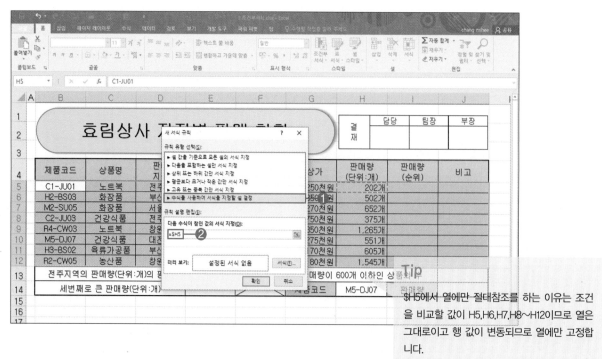

Tip
$H5에서 열에만 절대참조를 하는 이유는 조건을 비교할 값이 H5,H6,H7,H8~H120이므로 열은 그대로이고 행 값이 변동되므로 열에만 고정합니다.

03 조건부 서식의 조건인 ❶'>=600'을 입력하고 ❷[서식]을 클릭합니다.

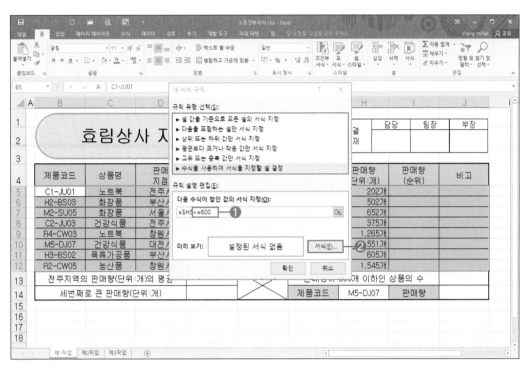

04 [셀 서식] 대화상자에서 ❶[글꼴] 탭의 글꼴 스타일은 '굵게', ❷글자 색은 '파랑'을 선택하고 ❸ [확인]을 클릭합니다.

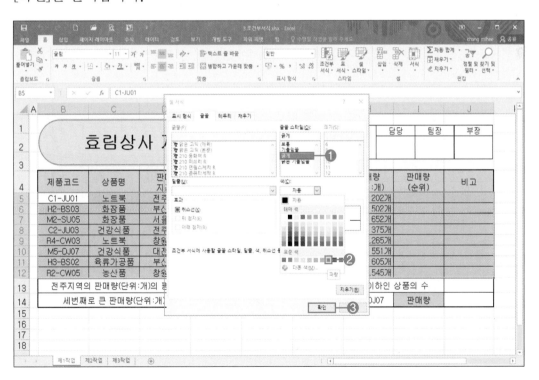

05 [새 규칙 편집] 대화상자의 [확인]을 클릭합니다.

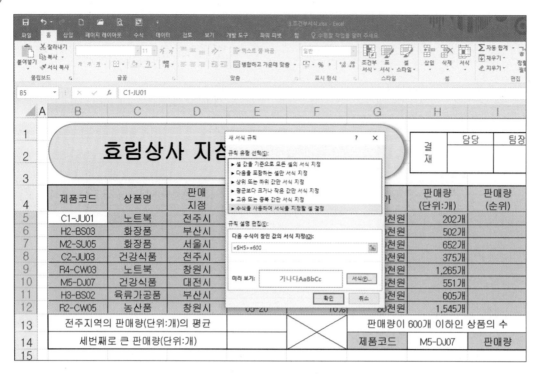

06 조건부 서식을 완성합니다.

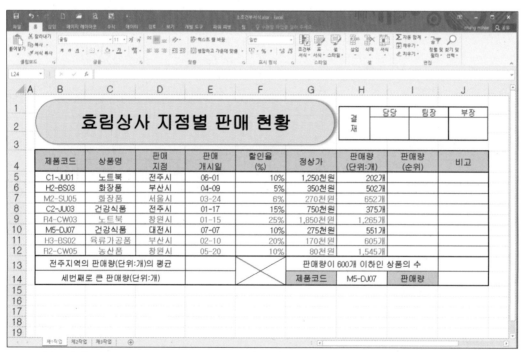

Tip

[조건부 서식]을 수정하려면 [홈]-[스타일]-[조건부 서식]에서 [규칙 관리]에서 조건부 서식을 더블클릭하여 수정합니다.

01 판매량(단위:개)의 필드를 제외한 **❶**실제 데이터가 있는 [H5:H12]셀을 드래그하여 영역을 설정합니다. **❷** [홈] 탭의 [스타일] 그룹에서 [조건부 서식]의 **❸**[데이터 막대]에서 **❹**'기타 규칙'을 클릭합니다.

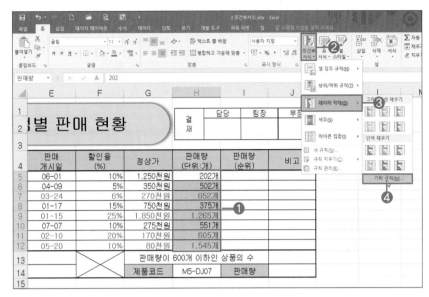

02 [새 서식 규칙] 대화상자에서 **❶**'종류'의 최소값은 '최소값', 최대값은 '최대값'을 선택한 후 '막대 모양'에서 **❷**채우기는 '칠'을 선택하고 **❸**색은 조건에 제시된 '녹색'을 선택합니다. **❹**테두리는 '테두리 없음'을 선택한 후 [확인]을 클릭합니다.

Tip

막대 모양의 채우기는 '칠' 또는 '그라데이션' 중에서 선택할 수 있습니다.

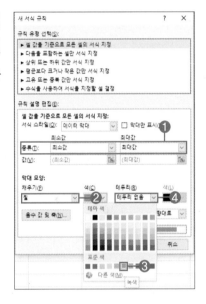

03 데이터 막대 조건부 서식을 완성합니다.

제품코드	상품명	판매 지점	판매 개시일	할인율 (%)	정상가	판매량 (단위:개)	판매량 (순위)	비고
C1-JU01	노트북	전주시	06-01	10%	1,250천원	202개		
H2-BS03	화장품	부산시	04-09	5%	350천원	502개		
M2-SU05	화장품	서울시	03-24	6%	270천원	652개		
C2-JU03	건강식품	전주시	01-17	15%	750천원	375개		
R4-CW03	노트북	창원시	01-15	25%	1,850천원	1,265개		
M5-DJ07	건강식품	대전시	07-07	10%	275천원	551개		
H3-BS02	육류가공품	부산시	02-10	20%	170천원	605개		
R2-CW05	농산품	창원시	05-20	10%	80천원	1,545개		
전주지역의 판매량(단위:개)의 평균						판매량이 600개 이하인 상품의 수		
세번째로 큰 판매량(단위:개)						제품코드	M5-DJ07	판매량

효림상사 지점별 판매 현황

■ ■ 예제파일 : 실력팡팡₩조건1.xlxs / 완성파일 : 실력팡팡₩조건1완성.xlxs

01 ☞ **다음은 '높은 음자리 교육원'에 대한 자료이다. 자료를 입력하고 조건에 맞도록 작업하시오.**

결재	담당		팀장		부장	

높은 음자리 교육원

강사코드	담당강사	교육구분	프로그램명	전년도 지원현황	금년도 지원현황	재수강율 (단위:%)	순위	비고
SS003	우주원	자격증과정	SNS마케팅	98명	85명	30%	3	오후반
SS005	이예슬	취미반	프랑스자수	80명	55명	15%	4	오후반
SA012	최민아	창업교육	닥종이인형	50명	55명	35%	4	오후반
TS030	서인정	취미반	우쿨렐레	40명	40명	75%	6	야간반
TA100	정서연	창업교육	한식조리사	50명	35명	120%	8	야간반
AS101	민지혜	창업교육	창업떡만들기	30명	37명	55%	7	오전반
AS102	유나희	자격증과정	숲해설사	70명	113명	32%	1	오전반
TA200	표민수	취미반	생활도예	60명	100명	26%	2	야간반
취미반의 전년도 지원현황의 합계				180	두 번째로 높은 전년도 지원현황			80
가장 적은 금년도 지원현황				35	담당강사	정서연	재수강율	1.2

조건 • 조건부 서식의 수식을 이용하여 재수강율(단위:%)가 '50%' 이상인 행 전체에 다음의 서식을 적용하시오(글꼴 : 파랑, 굵게).

■ ■ 예제파일 : 실력팡팡₩조건2.xlxs / 완성파일 : 실력팡팡₩조건2완성.xlxs

02 ☞ **다음은 '제5회 바리스타 경연대회 결과'에 대한 자료이다. 자료를 입력하고 조건에 맞도록 작업하시오.**

결재	담당	팀장	부장

제5회 바리스타 경연대회 결과

수험번호	지원자	지원 종목	태도	맛과 향	총점 (200점 만점)	평가	순위
C3-0706	노형일	카푸치노	98.6	92.5	총281.2	2차선발	2위
E1-S078	두리안	에소프레소	87.7	89.1	총265.5		7위
R3-A094	최미숙	카푸치노	91.7	91.6	총275.8	2차선발	4위
B3-U098	김순옥	블랜딩	89.9	92.3	총272.1		5위
C3-A119	정은유	카푸치노	94.5	92.4	총284	2차선발	1위
R4-U073	강나연	로스팅	88.4	88.5	총270.4		6위
C3-A040	이유리	블랜딩	93.1	90.5	총276.1	2차선발	3위
E1-A079	나나무	에소프레소	100	87.2	총262.3		8위
두 번째로 적은 맛과 향			88.5	카푸치노의 총점의 평균			280.4
블랜딩의 태도의 평균			91.50	지원자	노형일	평가	2차선발

조건 • 조건부 서식의 수식을 이용하여 총점(200점 만점)이 '280' 이상인 행 전체에 다음의 서식을 적용하시오(글꼴 : 빨강, 굵게기울임).
• 조건부 서식을 이용하여 총점(200점 만점) 셀에 데이터 막대 스타일(파랑)을 최소값 및 최대값으로 적용하시오.

03 ☞ 다음은 '문화관광 지원사업 결과'에 대한 자료이다. 자료를 입력하고 조건에 맞도록 작업하시오.

지원코드	사업자	사업장주소	사업개업 연도	지원 분야	교육 시간	지원총액 (단위:천원)	지원비율 (단위:%)	비고
C19-0706	장미희	소대배기로 18-13	2019년	정보화교육	1	50천원	50%	
E18-S078	이은나	문학로 11-8	2018년	문화예술	3	45천원	45%	
R21-A094	최대정	백제로 25-3	2021년	문화예술	3	65천원	65%	2
B19-U098	이민정	서곡로 19-1	2019년	환경개선	2	100천원	100%	1
C20-A119	김희정	와룡로 12-5	2020년	정보화교육	4	35천원	35%	
R21-U073	정은유	효자로 6-5	2021년	문화예술	5	40천원	40%	
C17-A040	정서연	기린로 55-8	2017년	정보화교육	2	60천원	60%	3
E20-A079	노형원	한벽로 12-9	2020년	전통문화	2	55천원	55%	
최대 교육시간			5		지원분야가 문화예술 비율			38%
교육시간에 따른 운영비 총 합계			660,000		지원코드	C20-A119	사업개업년도	2020년

문화관광 지원사업 결과

결재 | 담당 | 부장 | 원장

조건 • 조건부 서식의 수식을 이용하여 지원분야가 '정보화교육'인 행 전체에 다음의 서식을 적용하시오
(채우기 : 노랑).

04 ☞ 다음은 '교육공간 이룸 매출 실적'에 대한 자료이다. 자료를 입력하고 조건에 맞도록 작업하시오.

교육공간 이룸 매출 실적

결재 | 담당 | 부장 | 원장

사원코드	사원	부서	입사일	5월 매출	6월 매출	7월 매출	근무지	총근무년수
1-030P2	노형일	영업부	2012-03-02	80	100	80GOAL	마포	8
2-060D4	노형원	홍보부	2009-06-04	90	85	75GOAL	강남	11
1-090A3	김신우	영업부	2008-09-01	85	100	100GOAL	마포	12
3-060S1	최민아	기획부	2011-06-01	100	95	95GOAL	종로	9
2-090P2	박종철	홍보부	2007-09-01	95	75	75GOAL	강남	13
4-060B2	이민영	관리부	2012-06-01	80	80	80GOAL	종로	8
3-030T1	정신정	기획부	2007-03-01	85	75	90GOAL	종로	13
2-030F3	윤지안	영업부	2006-03-02	100	90	85GOAL	강남	14
노형원 7월 매출 차트	★★★★★★★				영업부서의 7월매출의 합계			265
90이상인 6월 매출의 수			4		사원코드	2-060D4	입사일	2009-06-04

조건 • 조건부 서식의 수식을 이용하여 7월 매출이 '80' 이하인 행 전체에 다음의 서식을 적용하시오.
(글꼴 : 파랑, 굵게)
• 조건부 서식을 이용하여 6월 매출 셀에 데이터 막대 스타일(빨강)을 최소값 및 최대값으로 적용하시오.

 **04**
Section

목표값 찾기

목표값 찾기는 수식의 결과 값은 알지만 수식에서 결과를 계산하기 위한 입력 값을 모르는 경우 목표값 찾기를 이용하여 데이터의 가상 값을 예측하는 방법을 학습합니다.

목표값 찾기

- 총 판매량 합계가 3,000이 되려면 노형원의 총판매량은 얼마가 되어야 하는가?
- [데이터] 탭의 [예측] 그룹에서 [가상 분석]의 [목표값 찾기]를 클릭합니다.

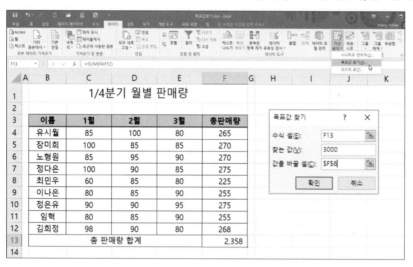

- 수식 셀 : 결과 값이 출력되는 셀 주소로 수식이 있어야 합니다.
- 찾는 값 : 목표로 하는 값으로 반드시 키보드로 숫자를 입력합니다.
- 값을 바꿀 셀 : 목표값을 얻기 위해 변경되어야 할 값이 있는 셀 주소를 클릭합니다.
- [F13] 셀을 클릭한 후 [데이터] 탭의 [예측] 그룹에서 [가상 분석]의 [목표값 찾기]를 클릭합니다.
- [목표값 찾기 상태] 대화상자에서 '수식 셀'에 [F13] 셀을 선택하고, '찾는 값'에는 '3000'을 직접 입력한 후 '값을 바꿀 셀'에는 [F6] 셀을 클릭한 후 [확인]을 클릭합니다.
- [목표값 찾기 상태] 대화상자에서 [확인]을 클릭합니다.

이름	1월	2월	3월	총판매량
유시월	85	100	80	265
장미희	100	85	85	270
노형원	85	95	90	912
정다은	100	90	85	275
최민우	60	85	80	225
이나은	80	85	90	255
정은유	90	90	95	275
임혁	80	85	90	255
김희정	98	90	80	268
총 판매량 합계				3,000

1/4분기 월별 판매량

■ ■ 예제 : 기출유형₩4.목표값찾기.xlsx / 완성 : 기출유형₩4.목표값찾기완성.xlsx

목표값 찾기 따라하기

목표값 찾기는 수식 값을 입력하고, 찾을 값은 반드시 키보드로 입력하여 가상 데이터 값을 찾는 문제입니다.

[제1작업] 필터 및 서식   (80점)

☞ **"제1작업" 시트의 「B4:H12」 영역을 복사하여 "제2작업" 시트의 「B2」 셀에 모두 붙여넣기를 한 후 다음의 조건과 같이 작업하시오.**

조건 (1) 목표값 찾기 – 「B11:G11」 셀을 병합하여 "노트북의 판매량의 평균"을 입력한 후 「H11」 셀에 '노트북의 판매량의 평균'을 구하시오(DAVERAGE 함수, 테두리, 가운데 맞춤).

― '노트북의 판매량의 평균'이 '1,000'이 되려면 '전주시 노트북'의 '판매량(단위:개)'은 얼마가 되어야 하는지 목표값을 구하시오.

출력형태

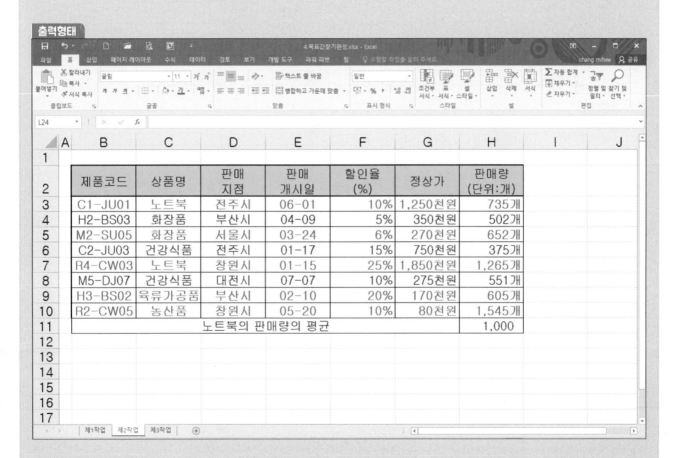

KEY POINT
- 범위를 설정하고 '복사'한 후 [sheet2]에 붙여넣기
- 수식 셀에 클릭한 후 [데이터] – [데이터 도구] – [가상 분석] – [목표값 찾기]

01 '제1작업' 시트의 ❶[B4:H12] 영역을 범위로 지정한 후 [홈] 탭의 [클립보드] 그룹에서 ❷[복사] 또는 Ctrl + C 를 누릅니다.

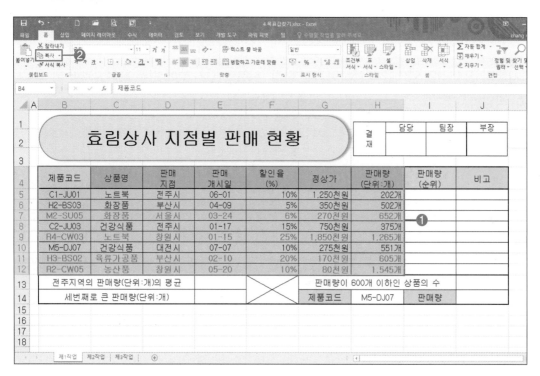

02 '제2작업' 시트의 ❶[B2] 셀을 클릭하고 [홈] 탭의 [클립보드] 그룹에서 ❷[붙여넣기] 또는 Ctrl + V 를 누릅니다.

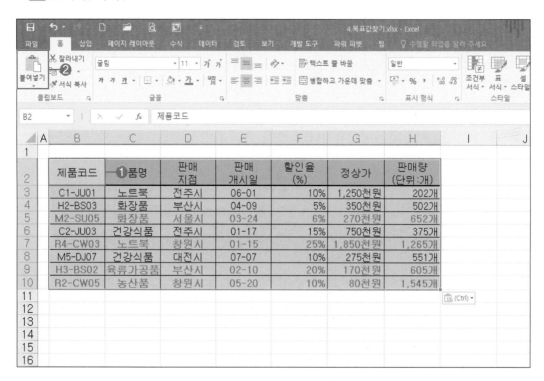

03 ①[B11:G11] 셀까지 영역을 설정한 후 [홈] 탭의 [맞춤] 그룹에서 ②'병합하고 가운데 맞춤'을 클릭합니다.

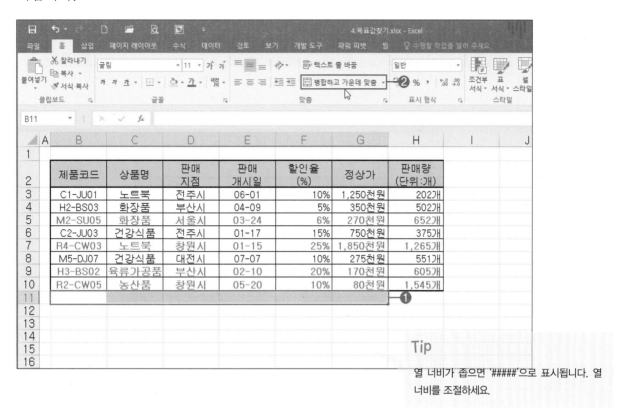

Tip

열 너비가 좁으면 '####'으로 표시됩니다. 열 너비를 조절하세요.

04 ①[B11] 셀에 '노트북의 판매량의 평균'을 입력한 후 [B11:H11] 셀까지 영역을 설정한 후 ②[홈] 탭의 [글꼴] 그룹에서 '테두리'의 목록 단추를 클릭하여 ③'모든 테두리'를 선택합니다. ④[H11] 셀은 숫자이므로 오른쪽 정렬을 합니다.

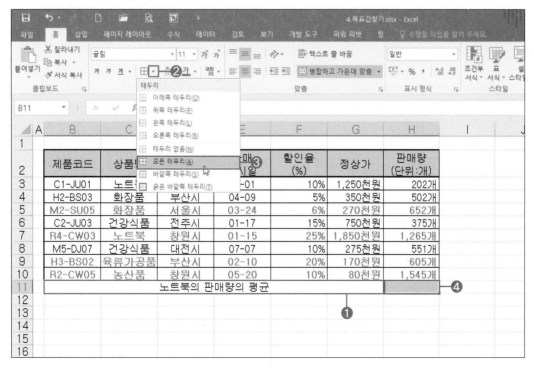

01 [H11] 셀을 클릭해 ❶'=DAVERAGE(' 함수를 입력한 후, ❷[함수 삽입]을 클릭합니다.

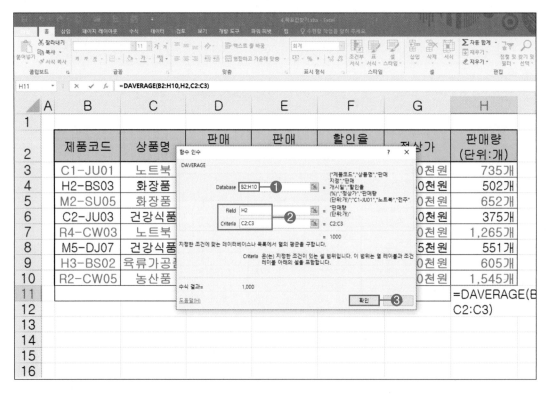

02 'DAVERAGE' 함수 마법사가 열리면 ❶'Database'에는 [B2:H10]까지 영역을 드래그하여 입력 합니다. ❷'Field'에는 판매량이 있는 [H2] 셀을 클릭하고 'Criteria'에는 조건이 있는 [C2:C3] 영역을 드래그하여 입력한 다음 ❸[확인]을 클릭합니다.

03 ❶[H11] 셀을 클릭하고 [데이터] 탭의 [예측] 그룹에서 ❷'가상분석'의 목록 단추를 클릭하여 ❸ [목표값 찾기]를 선택합니다. ❹'수식 셀'에 'H11', '찾는 값'에는 '1000'을 입력하고, '값을 바꿀 셀'에는 'H3'을 클릭한 후 ❺[확인]을 클릭합니다.

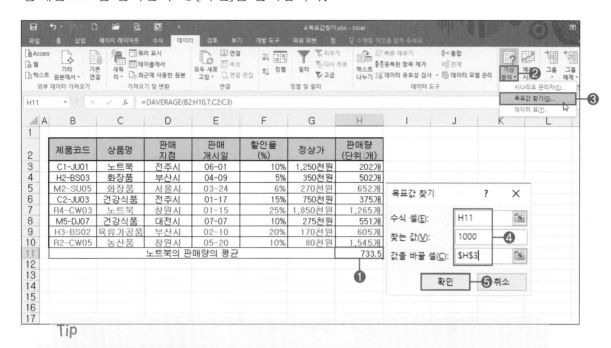

Tip

수식 셀 : 노트북의 판매량의 평균이

찾는 값 : 1000이 되려면

값을 바꿀 셀 : 전주시 노트북 판매량은?

조건과 목표값 찾기에 그대로 적용해 보세요.

04 [목표값 찾기 상태] 대화상자의 ❶[확인]을 클릭하여 완성합니다. ❷계산된 목표값은 '쉼표 스타일(,)'을 적용합니다.

제품코드	상품명	판매 지점	판매 개시일	할인율 (%)	정상가	판매량 (단위:개)
C1-JU01	노트북	전주시	06-01	10%	1,250천원	735개
H2-BS03	화장품	부산시	04-09	5%	350천원	502개
M2-SU05	화장품	서울시	03-24	6%	270천원	652개
C2-JU03	건강식품	전주시	01-17	15%	750천원	375개
R4-CW03	노트북	창원시	01-15	25%	1,850천원	1,265개
M5-DJ07	건강식품	대전시	07-07	10%	275천원	551개
H3-BS02	육류가공품	부산시	02-10	20%	170천원	605개
R2-CW05	농산품	창원시	05-20	10%	80천원	1,545개
노트북의 판매량의 평균						1,000

■ ■ 예제 : 실력팡팡₩목표값1.xlxs / 완성파일 : 실력팡팡₩목표값1완성.xlxs

01 ☞ **"제1작업" 시트의 「B4:H12」 영역을 복사하여 "제2작업" 시트의 「B2」 셀에 모두 붙여넣기를 한 후 다음의 조건과 같이 작업하시오.**

조건 (1) 목표값 찾기 – 「B11:G11」 셀을 병합하여 "자격증과정의 금년도 지원현황의 합계"를 입력한 후 「H11」 셀에 '자격증과정의 금년도 지원현황의 합계'를 구하시오(DSUM 함수, 테두리, 가운데 맞춤)

　　　　– '자격증과정의 금년도 지원현황의 합계'가 '300'이 되려면 'SNS마케팅'의 '금년도 지원현황'은 얼마가 되어야 하는지 목표값을 구하시오.

출력형태

	A	B	C	D	E	F	G	H
1								
2		강사코드	담당강사	교육구분	프로그램명	전년도 지원현황	금년도 지원현황	재수강율 (단위:%)
3		SS003	우주원	자격증과정	SNS마케팅	98명	187명	30%
4		SS005	이예슬	취미반	프랑스자수	80명	55명	15%
5		SA012	최민아	창업교육	닥종이인형	50명	55명	35%
6		TS030	서인정	취미반	우쿨렐레	40명	40명	75%
7		TA100	정서연	창업교육	한식조리사	50명	35명	120%
8		AS101	민지혜	창업교육	창업떡만들기	30명	37명	55%
9		AS102	유나희	자격증과정	숲해설사	70명	113명	32%
10		TA200	표민수	취미반	생활도예	60명	100명	26%
11		자격증과정의 금년도 지원현황의 합계						300
12								

KEY POINT
- 범위를 설정하고 '복사'한 후 [sheet2]에 붙여넣기
- 열 너비 조절하기
- 수식 셀에 클릭한 후 [데이터]–[데이터 도구]–[가상 분석]–[목표값 찾기]

■ ■ 예제 : 실력팡팡₩목표값2.xlxs / 완성파일 : 실력팡팡₩목표값2완성.xlxs

02 ☞ **"제1작업" 시트의 「B4:H12」 영역을 복사하여 "제2작업" 시트의 「B2」 셀에 모두 붙여넣기를 한 후 다음의 조건과 같이 작업하시오.**

조건 (1) 목표값 찾기 – 「B11:G11」 셀을 병합하여 "태도의 전체 평균"을 입력한 후 「H11」 셀에 '태도의 전체 평균'를 구하시오(AVERAGE 함수, 테두리, 가운데 맞춤).

　　　　– '태도의 전체 평균'이 '95'가 되려면 '강나연'의 '태도'는 얼마가 되어야 하는지 목표값을 구하시오.

출력형태

	수험번호	지원자	지원 종목	태도	맛과 향	총점 (200점 만점)	평가
2							
3	C3-0706	노형일	카푸치노	98.6	92.5	총281.2	2차선발
4	E1-S078	두리안	에소프레소	87.7	89.1	총265.5	
5	R3-A094	최미숙	카푸치노	91.7	91.6	총275.8	2차선발
6	B3-U098	김순옥	블랜딩	89.9	92.3	총272.1	
7	C3-A119	정은유	카푸치노	94.5	92.4	총284.1	2차선발
8	R4-U073	강나연	로스팅	88.4	124.4	총270.4	
9	C3-A040	이유리	블랜딩	93.1	90.5	총276.1	2차선발
10	E1-A079	나나무	에소프레소	100	87.2	총262.3	
11	태도의 전체 평균						95
12							

03 ☞ "제1작업" 시트의 「B4:H12」 영역을 복사하여 "제2작업" 시트의 「B2」 셀에 모두 붙여넣기를 한 후 다음의 조건과 같이 작업하시오.

조건 (1) 목표값 찾기 – 「B11:G11」 셀을 병합하여 "정보화교육의 지원총액의 평균"을 입력한 후 「H11」 셀에 '정보화교육의 지원총액의 평균'를 구하시오(DAVERAGE 함수, 테두리, 가운데 맞춤).
　　　 – '정보화교육의 지원총액의 평균'이 '50000'이 되려면 '김희정'의 '지원총액(단위:천원)'이 얼마가 되어야 하는지 목표값을 구하시오.

출력형태

	A	B	C	D	E	F	G	H
1								
2		지원코드	사업자	사업장주소	사업개업 연도	지원 분야	교육 시간	지원총액 (단위:천원)
3		C19-0706	장미희	소대배기로 18-13	2019년	정보화교육	1	50천원
4		E18-S078	이은나	문학로 11-8	2018년	문화예술	3	45천원
5		R21-A094	최대정	백제로 25-3	2021년	문화예술	3	65천원
6		B19-U098	이민정	서곡로 19-1	2019년	환경개선	2	100천원
7		C20-A119	김희정	와룡로 12-5	2020년	정보화교육	4	40천원
8		R21-U073	정은유	효자로 6-5	2021년	문화예술	5	40천원
9		C17-A040	정서연	기린로 55-8	2017년	정보화교육	3	60천원
10		E20-A079	노형원	한벽로 12-9	2020년	전통문화	2	55천원
11		정보화교육의 지원총액의 평균						50,000
12								

KEY POINT
- 범위를 설정하고 '복사'한 후 [sheet2]에 붙여넣기
- 수식 셀을 클릭한 후 [데이터]–[데이터 도구]–[가상 분석]–[목표값 찾기]

04 ☞ "제1작업" 시트의 「B4:H12」 영역을 복사하여 "제2작업" 시트의 「B2」 셀에 모두 붙여넣기를 한 후 다음의 조건과 같이 작업하시오.

조건 (1) 목표값 찾기 – 「B11:G11」 셀을 병합하여 "영업부의 7월 매출의 평균"을 입력한 후 「H11」 셀에 '영업부의 7월 매출의 평균'을 구하시오(DAVERAGE 함수, 테두리, 가운데 맞춤).
　　　 – '영업부의 7월 매출의 평균'이 '90'이 되려면 '노형일'의 '7월매출'은 얼마가 되어야 하는지 목표값을 구하시오.

출력형태

	A	B	C	D	E	F	G	H
1								
2		사원코드	사원	부서	입사일	5월 매출	6월 매출	7월 매출
3		1-030P2	노형일	영업부	2012-03-02	80	100	85GOAL
4		2-060D4	노형원	홍보부	2009-06-04	90	85	75GOAL
5		1-090A3	김신우	영업부	2008-09-01	85	100	100GOAL
6		3-060S1	최민아	기획부	2011-06-01	100	95	95GOAL
7		2-090P2	박종철	홍보부	2007-09-01	95	75	75GOAL
8		4-060B2	이민영	관리부	2012-06-01	80	80	80GOAL
9		3-030T1	정신정	기획부	2007-03-01	85	75	90GOAL
10		2-030F3	윤지안	영업부	2006-03-02	100	90	85GOAL
11		영업부의 7월 매출의 평균						90
12								

05 Section · 고급 필터와 표 서식

고급 필터는 조건을 직접 입력하여 원하는 데이터를 필터링합니다. 표 서식의 이미 만들어진 서식을 이용하여 표 서식을 지정하는 방법을 학습합니다.

고급 필터

- 조건을 다른 위치에 직접 입력하여 다양한 조건을 사용해서 데이터를 필터링합니다.
- 검색 데이터는 현재 데이터의 위치에 추출하거나 원하는 위치에 데이터를 추출합니다.
- 조건을 입력할 때는 필드 이름을 입력하고 필드 아래에 조건을 입력합니다.
- 두 조건이 만족하는 경우에는 AND 조건이 되고, 두 조건 중 한 조건만 만족하면 OR 조건입니다.
- 와일드 카드문자 (*,?)를 사용할 수 있습니다.

AND 조건의 예

직위	합계
대리	>=300

직위가 대리이고 합계가 300점 이상
조건1 (~이고, ~이면서) 조건2인 경우
조건과 조건 사이가 '~이고,~이면서' 이면 AND 두 조건이 모두 만족해야 하는 조건으로 조건은 같은 행에 입력

OR 조건의 예

직위	합계
대리	
	>=300

직위가 대리이거나 합계가 300점 이상
조건1 (~이거나, ~또는) 조건2인 경우
조건과 조건 사이가 '~이거나,~또는' 이면 OR 두 조건중 하나만 만족하면 되는 조건으로 조건과 조건은 다른 행에 입력

수식 조건의 예

직위	합계
대리	TRUE

직위가 대리이고 합계가 평균 합계 이상
수식을 사용하면 FALSE 또는 TRUE 값 표시
수식 입력 =$H4>=AVERAGE($H$4:$H$19)

⮞ AND / OR 복합 조건

직위	합계
대리	>=250
과장	>=200

직위가 대리이고 합계가 250점 이상이거나 직위가 과장이고 합계가 200점 이상인 데이터
수식을 사용하면 FALSE 또는 TRUE 값 표시

- [보다 큼] 대화상자에서 '값'을 입력하고
  적용할 서식을 선택합니다.

- [고급 필터] 대화상자에서 '다른 장소에 복사'에 체크하고 '목록 범위'는 데이터 범위, 조건 범위와
  복사 위치를 선택하고 [확인]을 클릭합니다.

  - 현재 위치에 필터 : 결과가 원본 영역에 추출
  - 다른 장소에 복사 : 원본은 그대로 두고 추출 결과를 다른 장소에 표시
  - 목록 범위 : 필드를 포함한 데이터 전체 범위
  - 조건 범위 : 찾을 조건을 입력한 조건 범위
  - 복사 위치 : '다른 장소에 복사'를 선택한 경우 추출할 셀의 위치
  - 동일한 레코드는 하나만 : 중복 레코드 추출

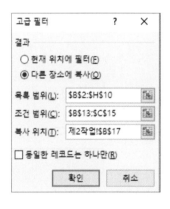

⮞ 표 서식

- 미리 지정된 표 스타일을 적용하여 쉽고 빠르게 미려한 문서를 작성합니다.
- 표 서식을 적용할 범위를 설정하고, [홈] 탭의 [스타일] 그룹에서 [표 서식]을 클릭하여 선택합니다.

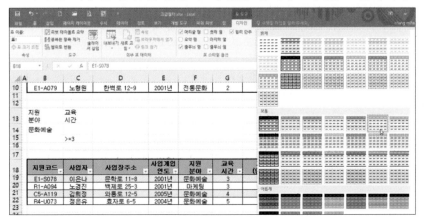

■ ■ 예제 : 기출유형₩5.고급필터.xlsx / 완성 : 기출유형₩5.고급필터완성.xlsx

고급 필터와 표 서식 따라하기

다양한 조건을 입력하여 자료를 추출하고, 필터된 자료에 표 서식을 적용하는 기능을 평가합니다.

[제2작업] 필터 및 서식   (80점)

☞ **"제1작업" 시트의 「B4:H12」 영역을 복사하여 "제2작업" 시트의 「B2」 셀에 모두 붙여넣기를 한 후 다음의 조건과 같이 작업하시오.**

조건   (1) 고급필터 – 판매지점이 '부산'이거나, 정상가가 '1,000,000' 이상인 자료의 데이터만 추출하시오.
　　　　　 – 조건 위치 : 「B14」 셀부터 입력하시오.
　　　　　 – 복사 위치 : 「B18」 셀부터 나타나도록 하시오.

     (2) 표 서식 – 고급필터의 결과셀을 채우기 없음으로 설정한 후, '표 스타일 보통 6'의 서식을 적용하시오.
　　　　　 – 머리글 행, 줄무늬 행을 적용하시오.

출력형태

	B	C	D	E	F	G	H
10	R2-CW05	농산품	창원시	05-20	10%	80천원	1,545개
11							
12							
13							
14	판매 지점	정상가					
15	부산						
16		>=1000000					
17							
18	제품코드	상품명	판매 지점	판매 개시일	할인율 (%)	정상가	판매량 (단위:개)
19	C1-JU01	노트북	전주시	06-01	10%	1,250천원	202개
20	H2-BS03	화장품	부산시	04-09	5%	350천원	502개
21	R4-CW03	노트북	창원시	01-15	25%	1,850천원	1,265개
22	H3-BS02	육류가공품	부산시	02-10	20%	170천원	605개
23							

KEY POINT
- 고급 필터 조건 입력 – AND 조건과 OR 조건 확인
- [데이터]–[데이터 도구]–[정렬 및 필터]–[고급]
- 다른 장소에 복사 / 목록 범위 / 조건 범위 / 복사 위치 확인
- 표 서식 설정 – 채우기 없음 / [홈]–[스타일]–[표 서식]

01 ❶'제1작업' 시트의 [B4:H12] 영역을 범위로 지정 한 후 [홈] 탭의 [클립보드] 그룹에서 ❷[복사] 또는 [Ctrl] + [C]를 누릅니다.

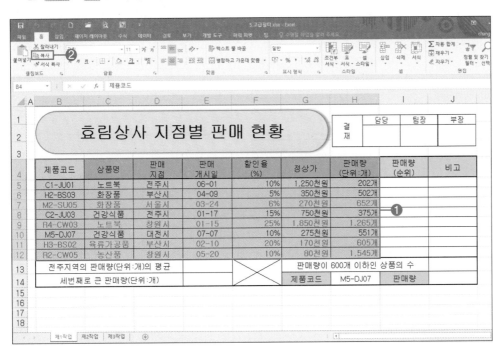

02 '제2작업' 시트의 [B2] 셀을 클릭한 후 [Ctrl] + [V]를 눌러 붙여넣기 합니다. 조건의 필드를 복사 합니다. ❶[D2] 셀을 클릭하고 ❷[Ctrl]을 누르고 [G2] 셀을 선택하여 [Ctrl] + [C]를 누릅니다. ❸ [B14] 셀을 클릭하여 [Ctrl] + [V]를 눌러 필드명을 입력한 후 [B14:C16] 셀에 조건을 입력합니다.

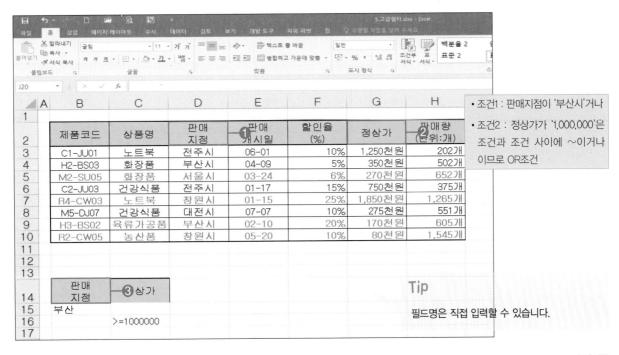

03 ❶표 안을 클릭하고 [데이터] 탭의 [정렬 및 필터] 그룹에서 ❷[고급]을 클릭합니다.

04 [고급 필터] 대화상자에 ❶'다른 장소에 복사'를 체크하고, ❷'목록 범위'는 '$B$2:$H$10'까지, '조건 범위'는 [B14:C16]을 드래그하고, '복사 위치'는 [B18] 셀을 클릭하고 ❸[확인]을 누릅니다.

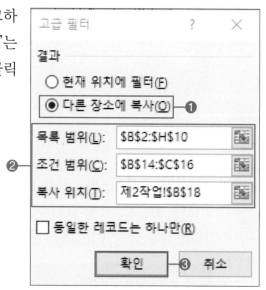

05 결과를 추출합니다.

A	B	C	D	E	F	G	H	I
7	R4-CW03	노트북	창원시	01-15	25%	1,850천원	1,265개	
8	M5-DJ07	건강식품	대전시	07-07	10%	275천원	551개	
9	H3-BS02	육류가공품	부산시	02-10	20%	170천원	605개	
10	R2-CW05	농산품	창원시	05-20	10%	80천원	1,545개	
11								
12								
13								
14	판매 지점	정상가						
15	부산							
16		>=1000000						
17								
18	제품코드	상품명	판매 지점	판매 개시일	할인율 (%)	정상가	판매량 (단위:개)	
19	C1-JU01	노트북	전주시	06-01	10%	1,250천원	202개	
20	H2-BS03	화장품	부산시	04-09	5%	350천원	502개	
21	R4-CW03	노트북	창원시	01-15	25%	1,850천원	1,265개	
22	H3-BS02	육류가공품	부산시	02-10	20%	170천원	605개	
23								
24								

○ 원하는 필드만 추출하기

☞ "판매지점이 '부산'이거나 정상가가 ')=1000000' 이상인 자료의 상품명, 정상가, 매량(단위:개)데이터만 추출하시오.

❶ 조건을 입력하고 추출할 필드만 선택합니다. 상품명을 클릭한 후 Ctrl 을 누르고 '정상가'와 '판매량(단위:개)'를 클릭한 후 Ctrl + C 를 눌러 복사합니다. 복사 위치에 클릭한 후 Ctrl + V 를 누릅니다.

❷ [고급 필터] 대화상자에 '다른 장소에 복사'에 체크하고, 목록 범위는 '$B$2:$H$10'까지, 조건 범위는 '$B$14:$C$16'을, 복사 위치는 '$B$18:$D$18'을 드래그하여 입력한 후 [확인]을 누릅니다.

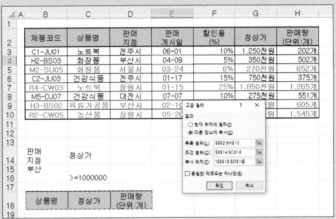

❸ 원하는 필드의 결과만 추출합니다.

A	B	C	D	E	F
7	R4-CW03	노트북	창원시	01-15	25%
8	M5-DJ07	건강식품	대전시	07-07	10%
9	H3-BS02	육류가공품	부산시	02-10	20%
10	R2-CW05	농산품	창원시	05-20	10%
11					
12					
13					
14	판매 지점	정상가			
15	부산				
16		>=1000000			
17					
18	상품명	정상가	판매량 (단위:개)		
19	노트북	1,250천원	202개		
20	화장품	350천원	502개		
21	노트북	1,850천원	1,265개		
22	육류가공품	170천원	605개		
23					

01 고급 필터로 추출된 데이터 ❶[B18:H22] 셀까지 범위를 설정하고, [홈] 탭의 [글꼴] 그룹에서
❷'채우기'의 목록 단추를 클릭하여 ❸[채우기 없음]을 선택합니다.

02 범위가 설정된 상태에서 [홈] 탭의 [스타일] 그룹에서 ❶[표 서식]을 클릭하고, 목록에서 ❷'표
스타일 보통 6'을 선택합니다. ❸[표 서식] 대화상자의 범위 지정을 확인하고 ❹[확인]을 클릭합
니다.

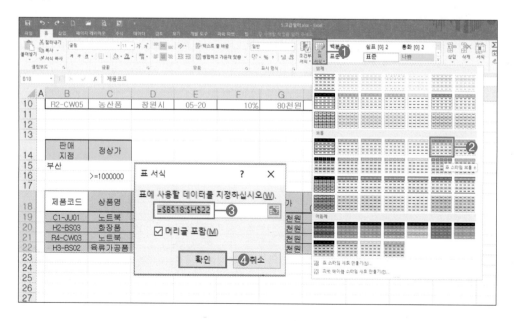

03 ❶범위가 설정된 상태에서 [표 도구]–[디자인] 탭의 [표 스타일 옵션] 그룹에서 ❷'머리글 행'과 '줄무늬 행'을 적용하여 완성합니다.

Level UP!

○ 고급 필터의 와일드카드 문자와 관계식 조건

관계식 표현

>=	<=	⟨	⟩	=	⟨⟩
이상	이하	미만	초과	같다	아니다

❶ 와일드 카드 문자(*, ?)

- 하나 또는 많은 문자를 대신하여 사용되는 문자
- * : 모든 문자를 대신   ? : 한 문자를 대신

A로 시작하는 코드 출력	A가 들어있는 문자열 추출	A로 끝나는 문자열 추출
A*	*A*	*A

❷ AND조건 (두 조건 만족, ~이고, ~이면서)

접수번호가 'A'로 시작하고, 매출이 '500'이상		수강 구분이 '전공'을 포함하면서 출석이 '3'이하	
접수번호	매출	수강	출석
A*	>=500	*전공*	⟨=3

❸ OR조건 (하나의 조건 만족, ~이거나, ~또는)

수강 구분이 '교양'이 아니거나 출석률이 '3'미만		가입일이 '2012–02–01'이후(해당일 포함)이거나 접수일이 '당일'인 자료	
수강 구분	출석률	가입일	접수일
⟨⟩교양		>=2012–02–01	
	⟨3		당일

■ ■ 예제 : 실력팡팡₩고급필터1.xlsx / 완성 : 실력팡팡₩고급필터1완성.xlsx

01 ☞ "제1작업" 시트의 「B4:H12」 영역을 복사하여 "제2작업" 시트의 「B2」 셀에 모두 붙여넣기를 한 후 다음의 조건과 같이 작업하시오.

조건 (1) 고급필터 – 교육구분이 '취미반'이거나, 전년도지원현황이 '70'이상인 자료의 데이터만 추출하시오.
　　　　 – 조건 위치 : 「B14」 셀부터 입력하시오.
　　　　 – 복사 위치 : 「B18」 셀부터 나타나도록 하시오.

　　　 (2) 표 서식 – 고급필터의 결과셀을 채우기 없음으로 설정한 후, '표 스타일 보통 7'의 서식을 적용하시오.
　　　　 – 머리글 행, 줄무늬 행을 적용하시오.

출력형태

	A	B	C	D	E	F	G	H	I
1									
2		강사코드	담당강사	교육구분	프로그램명	전년도 지원현황	금년도 지원현황	재수강율 (단위:%)	
3		SS003	우주원	자격증과정	SNS마케팅	98명	85명	30%	
4		SS005	이예슬	취미반	프랑스자수	80명	55명	15%	
5		SA012	최민아	창업교육	닥종이인형	50명	55명	35%	
6		TS030	서인정	취미반	우쿨렐레	40명	40명	75%	
7		TA100	정서연	창업교육	한식조리사	50명	35명	120%	
8		AS101	민지혜	창업교육	창업떡만들기	30명	37명	55%	
9		AS102	유나희	자격증과정	숲해설사	70명	113명	32%	
10		TA200	표민수	취미반	생활도예	60명	100명	26%	
11									
12									
13									
14		교육구분	전년도 지원현황						
15		취미반							
16			>=70						
17									
18		강사코드	담당강사	교육구분	프로그램명	전년도 지원현황	금년도 지원현황	재수강율 (단위:%)	
19		SS003	우주원	자격증과정	SNS마케팅	98명	85명	30%	
20		SS005	이예슬	취미반	프랑스자수	80명	55명	15%	
21		TS030	서인정	취미반	우쿨렐레	40명	40명	75%	
22		AS102	유나희	자격증과정	숲해설사	70명	113명	32%	
23		TA200	표민수	취미반	생활도예	60명	100명	26%	
24									

02 ☞ "제1작업" 시트의 「B4:H12」 영역을 복사하여 "제2작업" 시트의 「B2」 셀에 모두 붙여넣기를 한 후 다음의 조건과 같이 작업하시오.

조건 (1) 고급필터 – 지원 종목이 '카푸치노'이고, 총점(200점 만점)이 '280'이상인 자료의 '지원자, 태도, 맛과 향, 총점(200점 만점)'의 데이터만 추출하시오.
　　　　 – 조건 위치 : 「B14」 셀부터 입력하시오.
　　　　 – 복사 위치 : 「B18」 셀부터 나타나도록 하시오.

　　 (2) 표 서식 – 고급필터의 결과셀을 채우기 없음으로 설정한 후, '표 스타일 보통 4'의 서식을 적용하시오.
　　　　 – 머리글 행, 줄무늬 행을 적용하시오.

출력형태

	A	B	C	D	E	F	G	H	I	J	K
1											
2		수험번호	지원자	지원 종목	태도	맛과 향	총점(200점 만점)	평가			
3		C3-0706	노형일	카푸치노	98.6	92.5	총281.2	2차선발			
4		E1-S078	두리안	에소프레소	87.7	89.1	총265.5				
5		R3-A094	최미숙	카푸치노	91.7	91.6	총275.8	2차선발			
6		B3-U098	김순옥	블랜딩	89.9	92.3	총272.1				
7		C3-A119	정은유	카푸치노	94.5	92.4	총284.1	2차선발			
8		R4-U073	강나연	로스팅	88.4	88.5	총270.4				
9		C3-A040	이유리	블랜딩	93.1	90.5	총276.1	2차선발			
10		E1-A079	나나무	에소프레소	100	87.2	총262.3				
11											
12											
13											
14		지원 종목	총점(200점 만점)								
15		카푸치노	>=280								
16											
17											
18		지원자	태도	맛과 향	총점(200점 만점)						
19		노형일	98.6	92.5	총281.2						
20		정은유	94.5	92.4	총284.1						
21											

■ ■ 예제 : 실력팡팡\고급필터3.xlsx / 완성 : 실력팡팡\고급필터3완성.xlsx

03 ☞ "제1작업" 시트의 「B4:H12」 영역을 복사하여 "제2작업" 시트의 「B2」 셀에 모두 붙여넣기를 한 후 다음의 조건과 같이 작업하시오.

조건 (1) 고급필터 − 지원분야가 '문화예술'이 아니거나, 교육시간이 '3'이하인 자료의 데이터만 추출하시오.

− 조건 위치 : 「B14」 셀부터 입력하시오.

− 복사 위치 : 「B18」 셀부터 나타나도록 하시오.

(2) 표 서식 − 고급필터의 결과셀을 채우기 없음으로 설정한 후, '표 스타일 밝게 13'의 서식을 적용하시오.

− 머리글 행, 줄무늬 행을 적용하시오.

출력형태

	B	C	D	E	F	G	H
2	지원코드	사업자	사업장주소	사업개업연도	지원분야	교육시간	지원총액(단위:천원)
3	C19-0706	장미희	소대배기로 18-13	2019년	정보화교육	1	50천원
4	E18-S078	이은나	문학로 11-8	2018년	문화예술	3	45천원
5	R21-A094	최대정	백제로 25-3	2021년	문화예술	3	65천원
6	B19-U098	이민정	서곡로 19-1	2019년	환경개선	2	100천원
7	C20-A119	김희정	와룡로 12-5	2020년	정보화교육	4	35천원
8	R21-U073	정은유	효자로 6-5	2021년	문화예술	5	40천원
9	C17-A040	정서연	기린로 55-8	2017년	정보화교육	2	60천원
10	E20-A079	노형원	한벽로 12-9	2020년	전통문화	2	55천원
14	지원분야	교육시간					
15	<>문화예술	<=3					
18	지원코드	사업자	사업장주소	사업개업연도	지원분야	교육시간	지원총액(단위:천원)
19	C19-0706	장미희	소대배기로 18-13	2019년	정보화교육	1	50천원
20	B19-U098	이민정	서곡로 19-1	2019년	환경개선	2	100천원
21	C17-A040	정서연	기린로 55-8	2017년	정보화교육	2	60천원
22	E20-A079	노형원	한벽로 12-9	2020년	전통문화	2	55천원

04 ☞ "제1작업" 시트의 「B4:H12」 영역을 복사하여 "제2작업" 시트의 「B2」 셀에 모두 붙여넣기를 한 후 다음의 조건과 같이 작업하시오.

조건 (1) 고급필터 – 입사일이 '2009년1월 1일' 이후이고, 5월매출이 '90'이상인 자료의 사원, 부서, 입사일, 5월매출 데이터만 추출하시오.

– 조건 위치 : 「B14」 셀부터 입력하시오.

– 복사 위치 : 「B18」 셀부터 나타나도록 하시오.

(2) 표 서식 – 고급필터의 결과셀을 채우기 없음으로 설정한 후, '표 스타일 보통 5'의 서식을 적용하시오.

– 머리글 행, 줄무늬 행을 적용하시오.

출력형태

▲	A	B	C	D	E	F	G	H
1								
2		사원코드	사원	부서	입사일	5월 매출	6월 매출	7월 매출
3		1-030P2	노형일	영업부	2012-03-02	80	150	80GOAL
4		2-060D4	노형원	홍보부	2009-06-04	90	85	75GOAL
5		1-090A3	김신우	영업부	2008-09-01	85	100	100GOAL
6		3-060S1	최민아	기획부	2011-06-01	100	95	95GOAL
7		2-090P2	박종철	홍보부	2007-09-01	95	75	75GOAL
8		4-060B2	이민영	관리부	2012-06-01	80	80	80GOAL
9		3-030T1	정신정	기획부	2007-03-01	85	75	90GOAL
10		2-030F3	윤지안	영업부	2006-03-02	100	90	85GOAL
11								
12								
13								
14		입사일	5월 매출					
15		>=2009-1-1	>=90					
16								
17								
18		사원 ▼	부서 ▼	입사일 ▼	5월 매출 ▼			
19		노형원	홍보부	2009-06-04	90			
20		최민아	기획부	2011-06-01	100			
21								

정렬 및 부분합

특정 기준으로 데이터를 정렬하고 그룹별로 합계, 평균, 개수 등을 구하는 부분합을 지정하는 방법을 학습합니다.

정렬

- 데이터를 순서대로 정렬해서 재배치하는 기능으로 오름차순 또는 내림차순 정렬, 사용자 지정 순으로 정렬할 수 있습니다.
- [데이터] 탭의 [정렬 및 필터] 그룹에서 [정렬]을 클릭합니다.
- 정렬할 대상이 하나일 경우에는 필드를 선택하고 오름차순 또는 내림차순 단추를 누릅니다.

- 하나 이상의 정렬은 정렬될 데이터를 범위 설정 후 [데이터] 탭의 [정렬 및 필터] 그룹에서 [정렬]을 클릭합니다.
- [기준 추가]를 눌러 정렬 대상을 추가할 수 있으며, 오름차순 또는 내림차순, 사용자 지정을 선택합니다.

- 사용자 지정 정렬은 [사용자 지정 목록]을 선택하고, [사용자 지정 목록]에서 [목록 항목]에 목록을 추가한 후 정렬합니다.

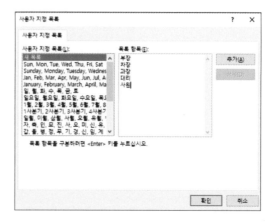

🔵 부분합

- 데이터 범위의 열 방향의 특정 항목을 기준으로 데이터별로 그룹화하고, 합계, 평균, 개수, 최댓값, 최솟값, 표준 편차, 분산 등을 그룹별로 계산합니다.
- [데이터] 탭의 [윤곽선] 그룹에서 [부분합]을 클릭합니다.
- 부분합은 정렬을 먼저 실행한 후 부분합을 합니다.

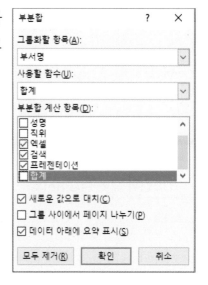

- 부분합을 여러 번 할 경우에는 [부분합] 대화상자에서 '새로운 값으로 대치'에 체크를 해제해야 합니다.
- 부분합 제거는 [부분합] 대화상자에서 '모두 제거'를 클릭합니다.

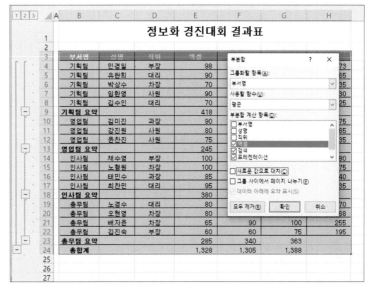

🔵 부분합

- 부분합의 그룹의 단계를 표시하는 기능으로 데이터의 윤곽 기호를 없애려면 [데이터] 탭의 [윤곽선] 그룹에서 [그룹 해제]를 클릭하여 [윤곽선 지우기]를 클릭합니다.

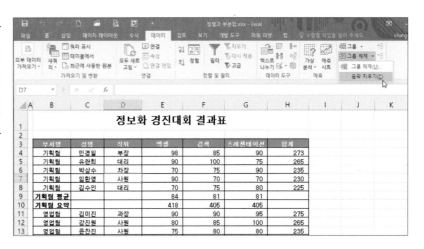

예제 : 기출유형\6.부분합.xlsx / 완성 : 기출유형\6.부분합완성.xlsx

정렬 및 부분합 따라하기

데이터를 조건에 맞추어 자료를 정렬하고, 정렬된 데이터에 부분합을 이용해 그룹 계산식을 만드는 기능을 평가하는 문제입니다.

[제3작업] 정렬 및 부분합   (80점)

☞ **"제1작업" 시트의 「B4:H12」 영역을 복사하여 "제3작업" 시트의 「B2」 셀에 모두 붙여넣기를 한 후 다음의 조건과 같이 작업하시오.**

조건
- (1) 부분합 – ≪출력형태≫처럼 정렬하고, 정상가의 합계와 판매량(단위:개)의 평균을 구하시오.
- (2) 윤곽 – 지우시오.
- (3) 나머지 사항은 ≪출력형태≫에 맞게 작성하시오

출력형태

	B	C	D	E	F	G	H
2	제품코드	상품명	판매지점	판매개시일	할인율(%)	정상가	판매량(단위:개)
3	M5-DJ07	건강식품	대전시	07-07	10%	275천원	551개
4			대전시 평균				551개
5			대전시 요약			275천원	
6	H2-BS03	화장품	부산시	04-09	5%	350천원	502개
7	H3-BS02	육류가공품	부산시	02-10	20%	170천원	605개
8			부산시 평균				554개
9			부산시 요약			520천원	
10	M2-SU05	화장품	서울시	03-24	6%	270천원	652개
11			서울시 평균				652개
12			서울시 요약			270천원	
13	C1-JU01	노트북	전주시	06-01	10%	1,250천원	202개
14	C2-JU03	건강식품	전주시	01-17	15%	750천원	375개
15			전주시 평균				289개
16			전주시 요약			2,000천원	
17	R4-CW03	노트북	창원시	01-15	25%	1,850천원	1,265개
18	R2-CW05	농산품	창원시	05-20	10%	80천원	1,545개
19			창원시 평균				1,405개
20			창원시 요약			1,930천원	
21			전체 평균				712개
22			총합계			4,995천원	

제1작업   제2작업   제3작업   ⊕

KEY POINT
- 부분합 작성시 반드시 정렬을 먼저 합니다.
- [데이터]–[데이터 도구]–[정렬]
- [데이터] 탭의 [윤곽선] 그룹의 [부분합]
- [데이터] 탭의 [윤곽선] 그룹의 [그룹 해제]–[윤곽선 지우기]

01 '제1작업' 시트의 ❶[B4:H12] 셀 영역을 범위를 설정한 후 `Ctrl` + `C` 를 눌러 복사합니다.

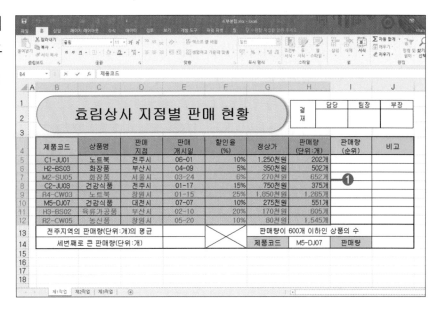

02 '제3작업' 시트의 [B2] 셀을 클릭한 후 `Ctrl` + `V` 를 누릅니다. 열 너비 또는 행 높이를 조절합니다. 부분합은 정렬을 먼저 해야합니다. ❶ '판매지점(D2)'을 클릭한 후 [데이터] 탭의 [정렬 및 필터] 그룹에서 ❷'텍스트 오름차순 정렬'을 클릭합니다.

Tip

≪출력형태≫의 그룹화된 필드가 정렬 대상이고 오름차순인지 내림차순인지 확인합니다.

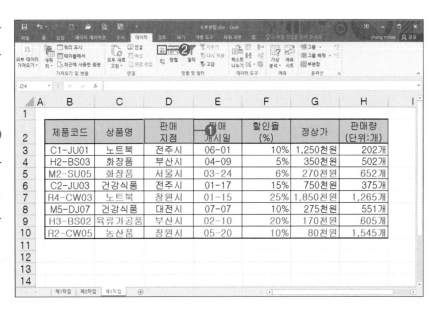

03 판매지점이 오름차순으로 정렬됩니다.

01 첫 번째 '정상가'의 합계를 구하기 위해 데이터 안에 ❶임의의 셀을 클릭한 후 [데이터] 탭의 [윤곽선] 그룹에서 ❷[부분합]을 클릭합니다.

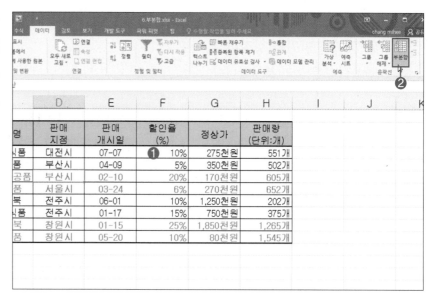

02 [부분합] 대화상자에서 '그룹화할 항목'에는 정렬이 되었던 필드 ❶'판매지점'이 되며, '사용할 함수'에는 첫 번째 계산될 ❷ '합계', '부분합 계산 항목'에는 ❸'정상가'를 선택한 후 ❹[확인]을 클릭합니다.

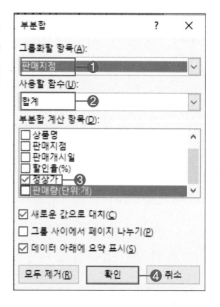

03 두 번째 '판매량'의 평균을 구하기 위해 부분합 안에 ❶임의의 셀을 클릭한 후 [데이터] 탭의 [윤곽선] 그룹에서 ❷[부분합]을 클릭합니다.

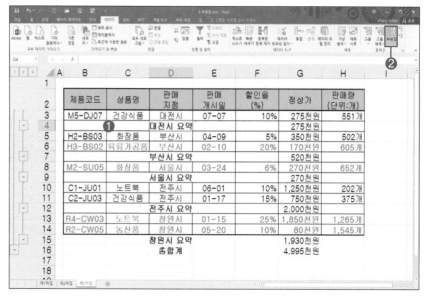

04 [부분합] 대화상자에서 '그룹화할 항목'에는 정렬이 되었던 필드 ❶'판매지점'이 되며, ❷'사용할 함수'에는 두 번째 계산될 '평균', ❸'부분합 계산 항목'에는 '판매량(단위:개)'를 선택합니다. 이전에 계산과 함께 표시하기 위해 ❹'새로운 값으로 대치'의 체크 표시를 없애고 ❺[확인]을 누릅니다.

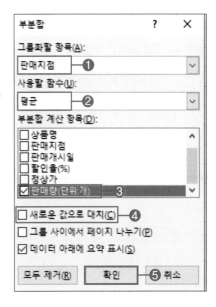

05 부분합의 윤곽을 지우기 위해 ❶임의의 부분합 영역에 클릭하고, [데이터] 탭의 [윤곽선] 그룹에서 ❷[그룹 해제]의 목록 단추를 클릭하여 ❸[윤곽 지우기]를 클릭합니다.

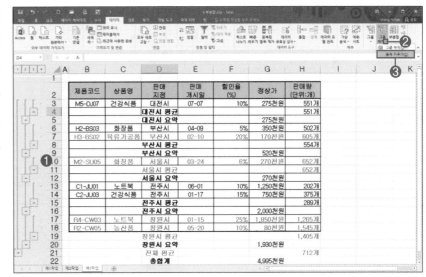

06 부분합을 완성합니다.

Tip

부분합을 잘못한 경우 [부분합] 대화상자에서 '모두 제거'를 클릭하여 부분합을 제거한 후 다시 계산합니다.

제품코드	상품명	판매지점	판매개시일	할인율(%)	정상가	판매량(단위:개)
M5-DJ07	건강식품	대전시	07-07	10%	275천원	551개
		대전시 평균				551개
		대전시 요약			275천원	
H2-BS03	화장품	부산시	04-09	5%	350천원	502개
H3-BS02	육류가공품	부산시	02-10	20%	170천원	605개
		부산시 평균				554개
		부산시 요약			520천원	
M2-SU05	화장품	서울시	03-24	6%	270천원	652개
		서울시 평균				652개
		서울시 요약			270천원	
C1-JU01	노트북	전주시	06-01	10%	1,250천원	202개
C2-JU03	건강식품	전주시	01-17	15%	750천원	375개
		전주시 평균				289개
		전주시 요약			2,000천원	
R4-CW03	노트북	창원시	01-15	25%	1,850천원	1,265개
R2-CW05	농산품	창원시	05-20	10%	80천원	1,545개
		창원시 평균				1,405개
		창원시 요약			1,930천원	
		전체 평균				712개
		총합계			4,995천원	

■ ■ 예제 : 실력팡팡₩부분합1.xlsx / 완성 : 실력팡팡₩부분합1완성.xlsx

01 ☞ "제1작업" 시트의 「B4:H12」 영역을 복사하여 "제2작업" 시트의 「B2」 셀에 모두 붙여넣기를 한 후 다음의 조건과 같이 작업하시오.

조건 (1) 부분합 – ≪출력형태≫처럼 정렬하고, 전년도 지원현황의 합계와 금년도 지원현황의 평균을 구하시오.

　(2) 윤곽 – 지우시오.

　(3) 나머지 사항은 ≪출력형태≫에 맞게 작성하시오.

출력형태

	B	C	D	E	F	G	H
2	강사코드	담당강사	교육구분	프로그램명	전년도 지원현황	금년도 지원현황	재수강율 (단위:%)
3	SS003	우주원	자격증과정	SNS마케팅	98명	85명	30%
4	AS102	유나희	자격증과정	숲해설사	70명	113명	32%
5			자격증과정 평균			99명	
6			자격증과정 요약		168명		
7	SA012	최민아	창업교육	닥종이인형	50명	55명	35%
8	TA100	정서연	창업교육	한식조리사	50명	35명	120%
9	AS101	민지혜	창업교육	창업떡만들기	30명	37명	55%
10			창업교육 평균			42.333명	
11			창업교육 요약		130명		
12	SS005	이예슬	취미반	프랑스자수	80명	55명	15%
13	TS030	서인정	취미반	우쿨렐레	40명	40명	75%
14	TA200	표민수	취미반	생활도예	60명	100명	26%
15			취미반 평균			65명	
16			취미반 요약		180명		
17			전체 평균			65명	
18			총합계		478명		

02 ☞ "제1작업" 시트의 「B4:H12」 영역을 복사하여 "제2작업" 시트의 「B2」 셀에 모두 붙여넣기를 한 후 다음의 조건과 같이 작업하시오.

조건 (1) 부분합 – ≪출력형태≫처럼 정렬하고, 태도의 개수와 총점(200점 만점)의 최대값을 구하시오.
(2) 윤곽 – 지우시오.
(3) 나머지 사항은 ≪출력형태≫에 맞게 작성하시오.

출력형태

수험번호	지원자	지원 종목	태도	맛과 향	총점 (200점 만점)	평가
C3-0706	노형일	카푸치노	98.6	92.5	총281.2	2차선발
R3-A094	최미숙	카푸치노	91.7	91.6	총275.8	2차선발
C3-A119	정은유	카푸치노	94.5	92.4	총284.1	2차선발
		카푸치노 최대값			총284.1	
		카푸치노 개수	3			
E1-S078	두리안	에소프레소	87.7	89.1	총265.5	
E1-A079	나나무	에소프레소	100	87.2	총262.3	
		에소프레소 최대값			총265.5	
		에소프레소 개수	2			
B3-U098	김순옥	블랜딩	89.9	92.3	총272.1	
C3-A040	이유리	블랜딩	93.1	90.5	총276.1	2차선발
		블랜딩 최대값			총276.1	
		블랜딩 개수	2			
R4-U073	강나연	로스팅	88.4	88.5	총270.4	
		로스팅 최대값			총270.4	
		로스팅 개수	1			
		전체 최대값			총284.1	
		전체 개수	8			

제1작업 | 제2작업 | 제3작업

■ ■ 예제 : 실력팡팡₩부분합3.xlsx / 완성 : 실력팡팡₩부분합3완성.xlsx

03 ☞ "제1작업" 시트의 「B4:H12」 영역을 복사하여 "제2작업" 시트의 「B2」 셀에 모두 붙여넣기를 한 후 다음의
조건과 같이 작업하시오.

조건 (1) 부분합 – ≪출력형태≫처럼 정렬하고, 교육시간의 개수와 지원총액(단위:천원)의 평균을 구하시오.
(2) 윤곽 – 지우시오.
(3) 나머지 사항은 ≪출력형태≫에 맞게 작성하시오.

출력형태

	A	B	C	D	E	F	G	H	I
1									
2		지원코드	사업자	사업장주소	사업개업 연도	지원 분야	교육 시간	지원총액 (단위:천원)	
3		B19-U098	이민정	서곡로 19-1	2019년	환경개선	2	100천원	
4						환경개선 평균		100천원	
5						환경개선 개수	1		
6		C19-0706	장미희	소대배기로 18-13	2019년	정보화교육	1	50천원	
7		C20-A119	김희정	와룡로 12-5	2020년	정보화교육	4	35천원	
8		C17-A040	정서연	기린로 55-8	2017년	정보화교육	2	60천원	
9						정보화교육 평균		48천원	
10						정보화교육 개수	3		
11		E20-A079	노형원	한벽로 12-9	2020년	전통문화	2	55천원	
12						전통문화 평균		55천원	
13						전통문화 개수	1		
14		E18-S078	이은나	문학로 11-8	2018년	문화예술	3	45천원	
15		R21-A094	최대정	백제로 25-3	2021년	문화예술	3	65천원	
16		R21-U073	정은유	효자로 6-5	2021년	문화예술	5	40천원	
17						문화예술 평균		50천원	
18						문화예술 개수	3		
19						전체 평균		56천원	
20						전체 개수	8		
21									

04 ☞ **"제1작업"** 시트의 「B4:H12」 영역을 복사하여 **"제2작업"** 시트의 「B2」 셀에 모두 붙여넣기를 한 후 다음의 조건과 같이 작업하시오.

조건 (1) 부분합 – ≪출력형태≫처럼 정렬하고, 사원의 개수와 7월매출의 합계를 구하시오.

(2) 윤곽 – 지우시오.

(3) 나머지 사항은 ≪출력형태≫에 맞게 작성하시오.

출력형태

▲	A	B	C	D	E	F	G	H	I
1									
2		사원코드	사원	부서	입사일	5월 매출	6월 매출	7월 매출	
3		4-060B2	이민영	관리부	2012-06-01	80	80	80GOAL	
4				관리부 요약부				80GOAL	
5			1	관리부 개수부					
6		3-060S1	최민아	기획부	2011-06-01	100	95	95GOAL	
7		3-030T1	정신정	기획부	2007-03-01	85	75	90GOAL	
8				기획부 요약부				185GOAL	
9			2	기획부 개수부					
10		1-030P2	노형일	영업부	2012-03-02	80	100	80GOAL	
11		1-090A3	김신우	영업부	2008-09-01	85	100	100GOAL	
12		2-030F3	윤지안	영업부	2006-03-02	100	90	85GOAL	
13				영업부 요약부				265GOAL	
14			3	영업부 개수부					
15		2-060D4	노형원	홍보부	2009-06-04	90	85	75GOAL	
16		2-090P2	박종철	홍보부	2007-09-01	95	75	75GOAL	
17				홍보부 요약부				150GOAL	
18			2	홍보부 개수부					
19				총합계부				680GOAL	
20			8	전체 개수부					
21									

피벗 테이블

Section 07

많은 데이터를 효율적으로 분석하고 요약하는 방법을 학습합니다.

피벗 테이블

- 복잡하고 많은 데이터를 쉽게 요약하는 기능으로 행 또는 열을 중심으로 다양한 형태로 요약하여 분석할 수 있으며 대화형 테이블이라고도 합니다.
- 데이터 수준을 확장하거나 축소하여 원하는 결과를 볼 수 있습니다.
- 피벗 테이블을 생성할 범위를 설정하고 [삽입] 탭의 [표] 그룹에서 [피벗 테이블]을 클릭합니다.
- [피벗 테이블] 대화상자에서 '대상 범위'와 '보고서 위치'를 선택합니다.

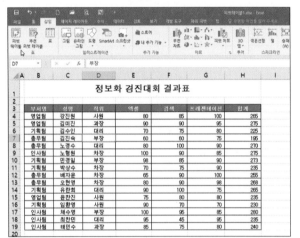

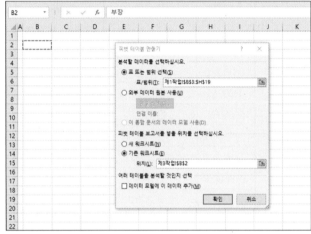

- [피벗 테이블 필드 목록]에서 '행 레이블', '열 레이블', '값' 목록에 해당하는 필드를 드래그하여 항목에 추가합니다.

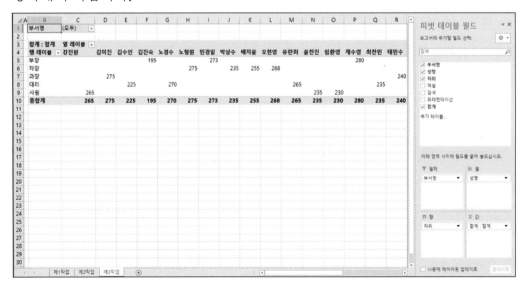

- 필드를 잘못 넣었을 때는 필드를 워크시트 위로 드래그하면 삭제되며, 필드 목록에서 삭제할 필드를 체크 해제합니다.

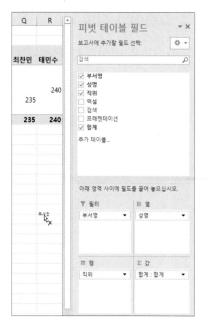

값 필드 설정과 정렬

- 값을 클릭하면 [값 필드 설정] 대화상자가 열리고 [사용할 함수]에서 계산 유형을 선택합니다. [사용자 지정 이름]에서 필드명을 수정할 수 있습니다.

- 정렬할 때는 정렬할 행이나 열 필드를 클릭한 후 마우스 오른쪽 버튼을 눌러 [정렬]을 클릭하고, 사용자 지정 정렬일 경우에는 [기타 정렬 옵션] 대화상자에서 '수동(항목을 끌어 다시 정렬)'을 선택한 후 필드를 드래그하여 정렬할 수 있습니다.

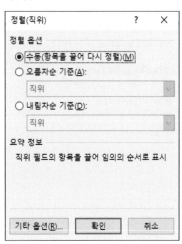

그룹화와 피벗 테이블 옵션

- 피벗 테이블에 있는 숫자나 날짜 부분에서 마우스 오른쪽 버튼을 클릭하여 [그룹]을 누르면 '시작 값, 끝 값, 단위'를 입력하여 그룹화할 수 있습니다.

- 피벗 테이블 안을 클릭한 후 [피벗 테이블 도구]-[분석] 탭에서 [피벗 테이블] 그룹의 [옵션]을 클릭합니다.

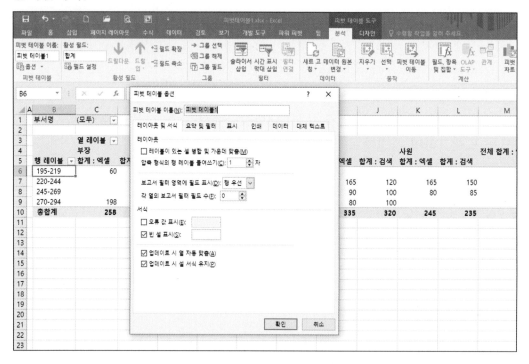

126 ·

- [레이아웃 및 서식] 탭에서는 '레이블 병합', '빈 셀 표시' 등을 할 수 있으며, [요약 및 필터] 탭에서는 '행 총합계' 또는 '열 총합계 표시'를 선택할 수 있습니다.

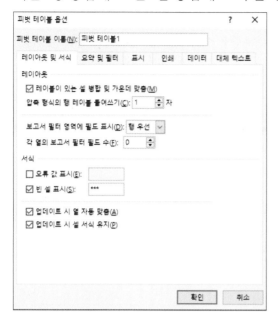 

- [디자인] 탭의 [레이아웃] 그룹에서 [보고서 레이아웃]을 클릭하여 '개요 형식으로 표시'를 클릭하여 레이아웃을 변경할 수 있습니다.

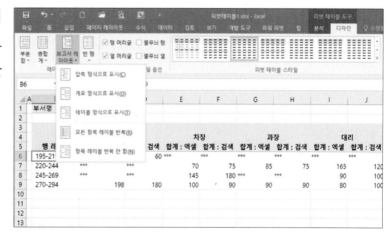

- 숫자 데이터 영역을 블록 설정하여 [홈] 탭의 [표시 형식] 그룹에서 '회계 표시', '쉼표 스타일' 등과 '소수 자릿수'를 설정할 수 있다. [맞춤] 탭을 이용하여 정렬 방법을 설정할 수 있습니다.

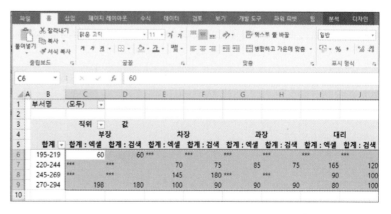

■ ■ 예제 : 기출유형₩7.피벗.xlsx / 완성 : 기출유형₩7.피벗완성.xlsx

피벗 테이블 따라하기

데이터를 조건에 맞추어 자료를 정렬하고, 정렬된 데이터에 부분합을 이용해 그룹 계산식을 만드는 기능을 평가하는 문제입니다.

[제3작업] 피벗 테이블 (80점)

☞ **"제1작업" 시트를 이용하여 "제3작업" 시트에 조건에 따라 ≪출력형태≫와 같이 작업하시오.**

조건

(1) 판매개시일 및 판매지점별 제품코드의 개수와 판매량(단위:개)의 평균을 구하시오.

(2) 판매개시일을 그룹화하고, 판매지점을 ≪출력형태≫와 같이 정렬하시오.

(3) 레이블이 있는 셀 병합 및 가운데 맞춤 적용 및 빈 셀은 '**'로 표시하시오.

(4) 행의 총합계는 지우고, 나머지 사항은 ≪출력형태≫에 맞게 작성하시오.

출력형태

판매개시일	창원		전주		서울		부산		대전	
	개수:제품코드	평균:판매량	개수:제품코드	평균:판매량	개수:제품코드	평균:판매량	개수:제품코드	평균:판매량	개수:제품코드	평균:판매량
1월	1	1,265	1	375	**	**	**	**	**	**
2월	**	**	**	**	**	**	1	605	**	**
3월	**	**	**	**	1	652	**	**	**	**
4월	**	**	**	**	**	**	1	502	**	**
5월	1	1,545	**	**	**	**	**	**	**	**
6월	**	**	1	202	**	**	**	**	**	**
7월	**	**	**	**	**	**	**	**	1	551
총합계	2	1,405	2	289	1	652	2	554	1	551

KEY POINT

- 피벗 테이블에 삽입될 영역 지정
- [삽입]-[피벗 테이블]
- 피벗 테이블 옵션 설정 – 빈 셀 표시 및 행/열 총합계 표시 여부
- [피벗 테이블]-[디자인]-[보고서 레이아웃]-[개요 형식으로]
- 피벗 테이블 정렬 / 셀 서식 지정

01 ❶'제1작업' 시트의 [B4:J12] 영역을 범위로 지정한 후 [삽입] 탭의 [표] 그룹에서 ❷[피벗 테이블]을 클릭합니다.

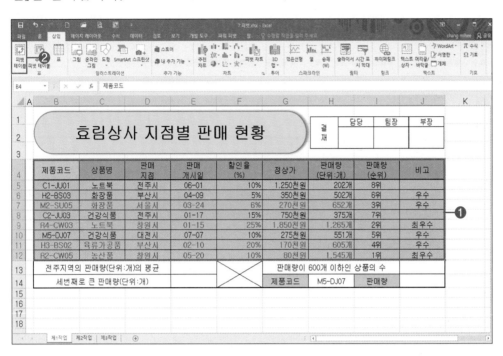

02 [피벗 테이블 만들기] 대화상자의 ❶'표 또는 범위 선택'에서 표/범위가 맞는지 확인하고 [피벗 테이블 보고서를 넣을 위치에서 ❷'기존 워크시트'를 선택한 후 입력란을 클릭하여 '제3작업' 시트의 [B2] 셀을 클릭한 후 ❸[확인]을 누릅니다.

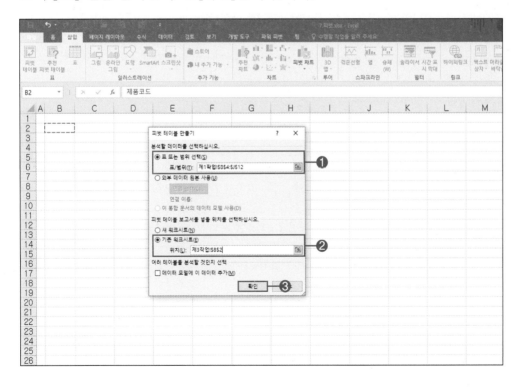

03 오른쪽의 [피벗 테이블 필드 목록]에서 필드명을 해당하는 영역으로 드래그합니다. '판매개시일'은 [행] 레이블로 드래그하고 '판매지점'은 [열] 레이블로 드래그합니다. 각 값을 구할 '제품코드'와 '판매량(단위:개)'는 [값] 영역으로 드래그합니다.

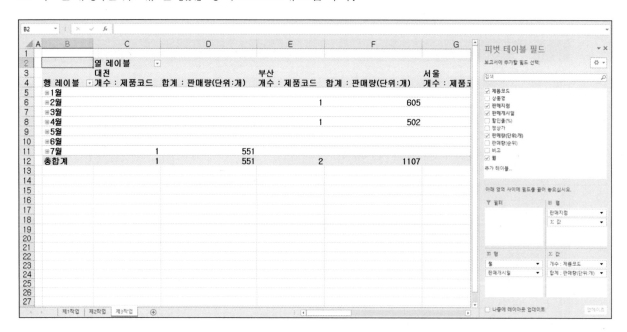

Level UP!

◯ 제시된 조건의 피벗 테이블의 각 영역 지정하기

(1) 판매개시일 및 판매지점별 제품코드의 개수와 판매량(단위:개)의 평균을 구하시오.

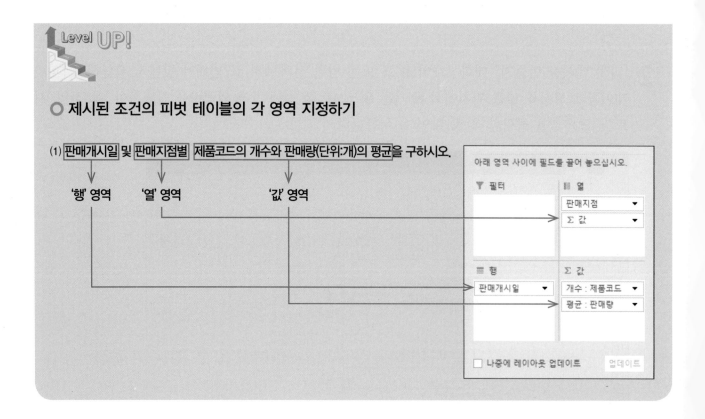

01 필드의 값을 수정하기 위해 ❶'합계 : 판매량(단위:개)' 필드를 클릭하여 ❷[값 필드 설정]을 클릭합니다. [값 필드 설정] 대화상자의 [값 요약 기준] 탭에서 ❸'평균'을 선택한 후 ❹[확인]을 클릭합니다.

Tip

필드명을 수정할 경우에는 [값 필드 설정] 대화상자의 [사용자 지정 이름]에서 수정합니다.

02 '판매개시일'을 그룹화하기 위해 ❶'판매개시일'이 있는 임의의 행 레이블을 클릭한 후 ❷마우스 오른쪽 버튼을 눌러 바로가기 메뉴에서 [그룹(G)]을 선택합니다. ❸[그룹화] 대화상자의 '월'을 클릭하고 ❹[확인]을 누릅니다.

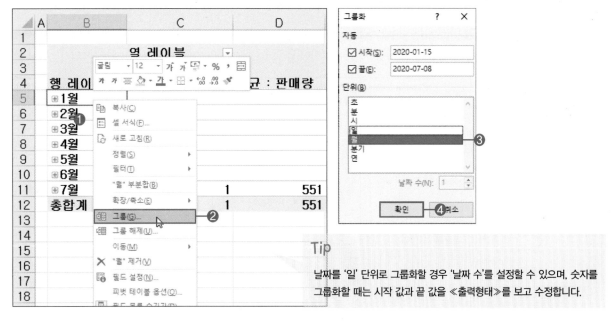

Tip

날짜를 '일' 단위로 그룹화할 경우 '날짜 수'를 설정할 수 있으며, 숫자를 그룹화할 때는 시작 값과 끝 값을 ≪출력형태≫를 보고 수정합니다.

03 레이블을 정렬하기 위해 ❶ 임의의 열 레이블의 필드명을 클릭하고 ❷마우스 오른쪽 버튼의 바로가기 메뉴에서 [정렬]의 ❸'텍스트 내림차순 정렬'을 선택합니다.

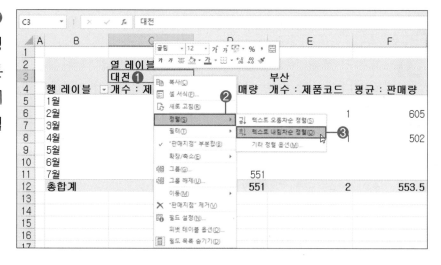

04 정렬을 완성합니다.

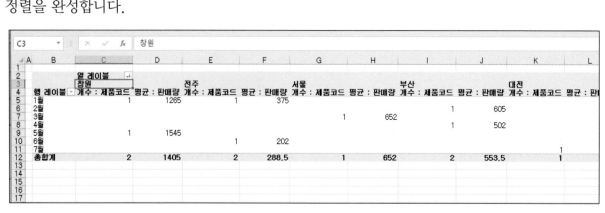

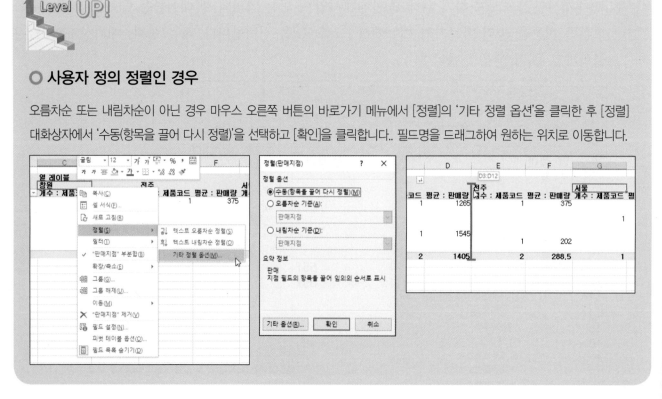

Level UP!

○ 사용자 정의 정렬인 경우

오름차순 또는 내림차순이 아닌 경우 마우스 오른쪽 버튼의 바로가기 메뉴에서 [정렬]의 '기타 정렬 옵션'을 클릭한 후 [정렬] 대화상자에서 '수동(항목을 끌어 다시 정렬)'을 선택하고 [확인]을 클릭합니다.. 필드명을 드래그하여 원하는 위치로 이동합니다.

01 ❶피벗 테이블의 임의의 셀에 클릭하고 [피벗 테이블 도구]–[분석] 탭의 [피벗 테이블] 그룹에서 ❷'옵션'을 클릭합니다.

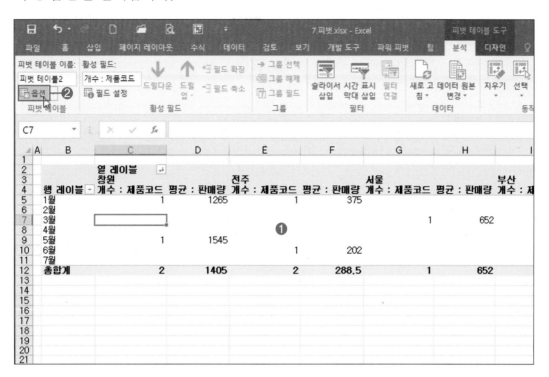

02 [피벗 테이블 옵션] 대화상자에서 [레이아웃 및 서식] 탭의 [레이아웃]에서 ❶'레이블이 있는 셀 병합 및 가운데 맞춤'에 체크하고, ❷[서식]의 '빈 셀 표시'에 '**'를 입력합니다. [요약 및 필터] 탭의 [총합계]에서 ❸'행 총합계 표시'에 체크를 해제한 후 ❹[확인]을 누릅니다.

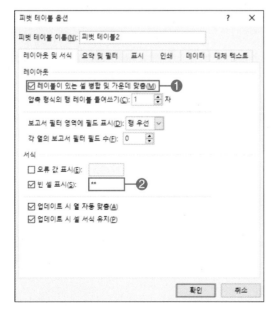

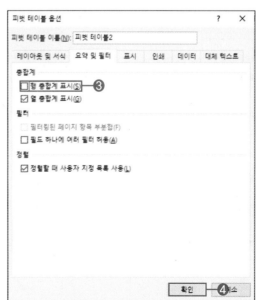

03 ❶행 레이블 영역을 블록 설정한 후 [홈] 탭의 [표시 형식] 그룹의 ❷'쉼표 스타일'을 클릭합니다. 숫자는 오른쪽 정렬되어 있고, 텍스트나 기호는 가운데 정렬이 되어 있습니다. 소수점은 ≪출력 형태≫에 맞춰 조절합니다. [홈] 탭의 [맞춤] 그룹에서 ❸'가운데 정렬'을 합니다. 정렬은 ≪출력 형태≫에 따라 정렬합니다.

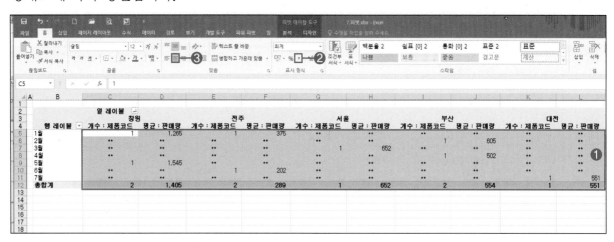

04 열 필드와 행 필드의 필드명을 표시하기 위해 ❶피벗 테이블 영역 안에 클릭하고 [피벗 테이블 도구]-[디자인] 탭의 [레이아웃] 그룹에서 ❷'보고서 레이아웃'의 목록 단추를 클릭하여 ❸'개요 형식으로 표시'를 선택합니다.

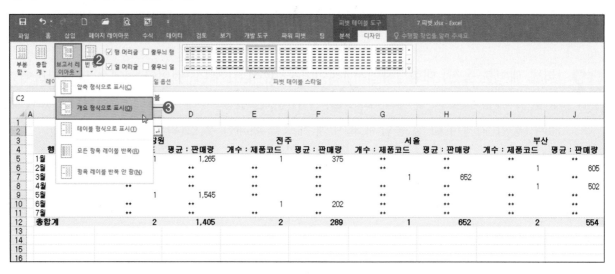

05 피벗 테이블을 완성합니다.

A	B	판매지점	값										
			창원		전주		서울		부산		대전	
	판매개시일	개수:제품코드	평균:판매량	개수:제품코드	평균:판매량	개수:제품코드	평균:판매량	개수:제품코드	평균:판매량	개수:제품코드	평균:판매량
	1월	1	1,265	1	375	**	**	**	**	**	**
	2월	**	**	**	**	**	**	1	605	**	**
	3월	**	**	**	**	1	652	**	**	**	**
	4월	**	**	**	**	**	**	1	502	**	**
	5월	1	1,545	**	**	**	**	**	**	**	**
	6월	**	**	1	202	**	**	**	**	**	**
	7월	**	**	**	**	**	**	**	**	1	551
	총합계	2	1,405	2	289	1	652	2	554	1	551

○ 피벗 테이블 원본 영역을 수정하려면?

피벗 테이블의 원본 영역을 수정할 수 있습니다. 피벗 테이블의 임의의 셀에 클릭한 후 [피벗 테이블 도구]-[분석] 탭의 [데이터] 그룹에서 [데이터 원본 변경]-[데이터 원본 변경]을 클릭합니다. [피벗 테이블 데이터 원본 변경] 대화상자에서 '표/범위'의 입력란을 클릭하여 영역을 설정합니다.

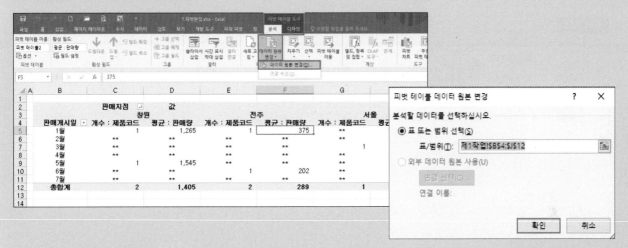

○ 피벗 테이블의 원본 내용이 수정되면?

원본 내용이 수정되면 피벗 테이블은 자동으로 반영되지 않습니다. 피벗 테이블의 임의의 셀에 클릭한 후 [피벗 테이블 도구]-[분석] 탭의 [데이터] 그룹에서 [새로 고침]-[모두 새로 고침]을 클릭해 변경된 원본의 내용을 피벗 테이블에 반영합니다.

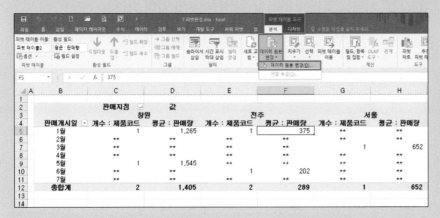

▶ 새로 고침 : 활성화된 셀에 연결된 원본에서 최신 데이터를 가져옵니다.

▶ 모두 새로 고침 : 통합 문서의 모든 원본을 새로 고쳐 최신 데이터를 가져옵니다.

■ ■ 예제 : 실력팡팡₩피벗1.xlsx / 완성 : 실력팡팡₩피벗1완성.xlsx

01 ☞ "제1작업" 시트를 이용하여 "제3작업" 시트에 조건에 따라 ≪출력형태≫와 같이 작업하시오.

조건 (1) 교육구분 및 전년도지원현황별 담당강사의 개수와 금년도지원현황의 평균을 구하시오.

(2) 전년도지원현황을 그룹화하고, 교육구분을 ≪출력형태≫와 같이 정렬하시오.

(3) 레이블이 있는 셀 병합 및 가운데 맞춤 적용 및 빈 셀은 '***'로 표시하시오.

(4) 행의 총합계는 지우고, 나머지 사항은 ≪출력형태≫에 맞게 작성하시오.

출력형태

교육구분	전년도지원현황 값 20-39 개수:담당강사	평균:금년도	40-59 개수:담당강사	평균:금년도	60-79 개수:담당강사	평균:금년도	80-100 개수:담당강사	평균:금년도
취미반	***	***	1	40	1	100	1	55
창업교육	1	37	2	45	***	***	***	***
자격증과정	***	***	***	***	1	113	1	85
총합계	1	37	3	43.3	2	106.5	2	70

■ ■ 예제 : 실력팡팡₩피벗2.xlsx / 완성 : 실력팡팡₩피벗2완성.xlsx

02 ☞ "제1작업" 시트를 이용하여 "제3작업" 시트에 조건에 따라 ≪출력형태≫와 같이 작업하시오.

조건 (1) 총점(200점 만점) 및 지원 종목별 태도의 합계와 맛과 향의 평균을 구하시오.

(2) 총점(200점 만점)을 그룹화하고, 지원종목을 ≪출력형태≫와 같이 정렬하시오.

(3) 레이블이 있는 셀 병합 및 가운데 맞춤 적용 및 빈 셀은 '**'로 표시하시오.

(4) 행의 총합계는 지우고, 나머지 사항은 ≪출력형태≫에 맞게 작성하시오.

출력형태

총점(200점 만점)	지원 종목 값 에소프레소 합계:태도	평균:맛과 향	블랜딩 합계:태도	평균:맛과 향	로스팅 합계:태도	평균:맛과 향	카푸치노 합계:태도	평균:맛과 향
260-270	187.7	88.15	**	**	**	**	**	**
270-280	**	**	183	91.4	88.4	88.5	91.7	91.6
280-290	**	**	**	**	**	**	193.1	92.45
총합계	187.7	88.2	183.0	91.4	88.4	88.5	284.8	92.2

■ ■ 예제 : 실력팡팡₩피벗3.xlsx / 완성 : 실력팡팡₩피벗3완성.xlsx

03 ☞ "제1작업" 시트를 이용하여 "제3작업" 시트에 조건에 따라 ≪출력형태≫와 같이 작업하시오.

조건 (1) 지원총액(단위:천원) 및 지원분야별 사업자의 개수와 교육시간의 평균을 구하시오.

(2) 지원총액(단위:천원)을 그룹화하고, 지원분야를 ≪출력형태≫와 같이 정렬하시오.

(3) 레이블이 있는 셀 병합 및 가운데 맞춤 적용 및 빈 셀은 '***'로 표시하시오.

(4) 행의 총합계는 지우고, 나머지 사항은 ≪출력형태≫에 맞게 작성하시오.

출력형태

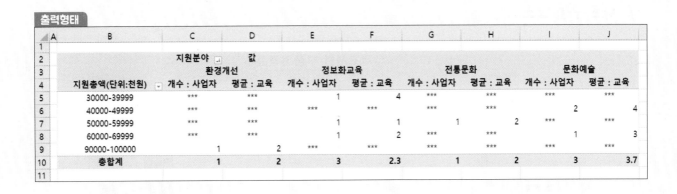

지원총액(단위:천원)	환경개선 개수 : 사업자	환경개선 평균 : 교육	정보화교육 개수 : 사업자	정보화교육 평균 : 교육	전통문화 개수 : 사업자	전통문화 평균 : 교육	문화예술 개수 : 사업자	문화예술 평균 : 교육
30000-39999	***	***	1	4	***	***	***	***
40000-49999	***	***	***	***	***	***	2	4
50000-59999	***	***	1	1	1	2	***	***
60000-69999	***	***	1	2	***	***	1	3
90000-100000	1	2	***	***	***	***	***	***
총합계	1	2	3	2.3	1	2	3	3.7

■ ■ 예제 : 실력팡팡₩피벗4.xlsx / 완성 : 실력팡팡₩피벗4완성.xlsx

04 ☞ "제1작업" 시트를 이용하여 "제3작업" 시트에 조건에 따라 ≪출력형태≫와 같이 작업하시오.

조건 (1) 총입사일 및 부서별 5월 매출의 합계와 7월 매출의 평균을 구하시오.

(2) 입사일을 그룹화하고, 부서를 ≪출력형태≫와 같이 정렬하시오.

(3) 레이블이 있는 셀 병합 및 가운데 맞춤 적용 및 빈 셀은 '**'로 표시하시오.

(4) 행의 총합계는 지우고, 나머지 사항은 ≪출력형태≫에 맞게 작성하시오.

출력형태

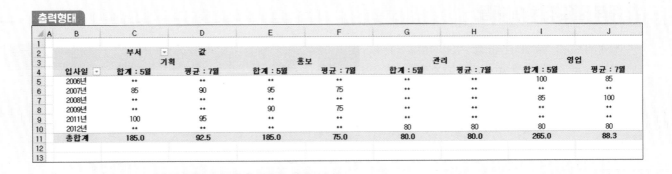

입사일	기획 합계 : 5월	기획 평균 : 7월	홍보 합계 : 5월	홍보 평균 : 7월	관리 합계 : 5월	관리 평균 : 7월	영업 합계 : 5월	영업 평균 : 7월
2006년	**	**	**	**	**	**	100	85
2007년	85	90	95	75	**	**	**	**
2008년	**	**	**	**	**	**	85	100
2009년	**	**	90	75	**	**	**	**
2011년	100	95	**	**	**	**	**	**
2012년	**	**	**	**	80	80	80	80
총합계	185.0	92.5	185.0	75.0	80.0	80.0	265.0	88.3

그래프

데이터를 구체적으로 명확하게 보기 위해 시각적으로 표현하여 효과적으로 분석하고 한 눈에 파악할 수 있도록 작성하는 차트 작성방법을 학습합니다.

차트 구성 요소

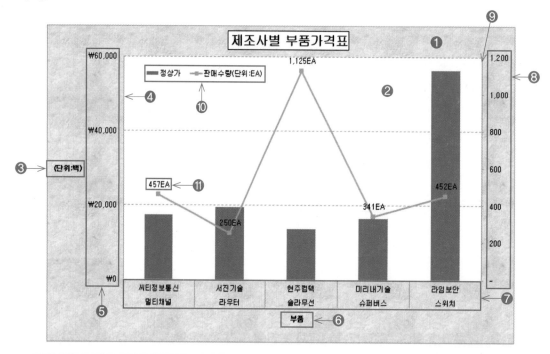

① 차트 영역	⑤ 값 축 이름	⑨ 보조 세로 값 축
② 그림 영역	⑥ 항목 축(X축) 제목	⑩ 범례
③ 값 축(Y축) 제목	⑦ 항목 축(X축) 이름	⑪ 데이터 레이블
④ 세로 값 축(Y축)	⑧ 값 축(Z축)	

차트 삽입과 차트 이동

- 데이터의 특정 부분을 명확하게 시각적으로 표현하고자 할 때 사용합니다.
- 자료를 분석하여 데이터 변화의 추이, 상관 관계를 알 수 있습니다.
- 데이터 범위를 설정한 후 [삽입] 탭의 [차트] 그룹에서 선택합니다.

- 차트의 위치 이동을 하려면 차트를 선택하고 [차트 도구]-[디자인] 탭의 [위치] 그룹에서 '차트 이동'을 클릭합니다.
- 차트는 '새 시트'와 '워크시트에 삽입'을 할 수 있습니다.

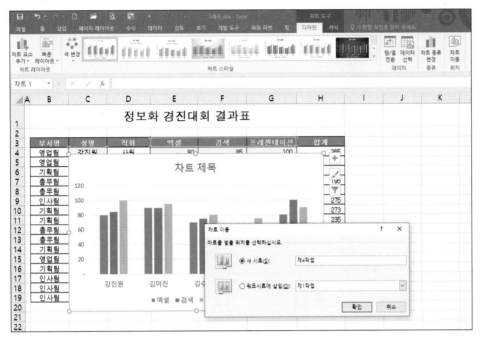

차트 디자인

- 차트를 클릭하면 [차트 도구]가 생성되고 [디자인], [서식] 탭이 생성됩니다.
- [차트 도구]-[디자인] 탭에서 차트 요소 추가, 빠른 레이아웃, 차트 스타일, 행/열 전환, 차트 종류 변경, 차트 이동을 수정할 수 있습니다.
- [서식] 탭에서는 도형 스타일, WordArt 스타일, 정렬과 크기 등을 수정할 수 있습니다.

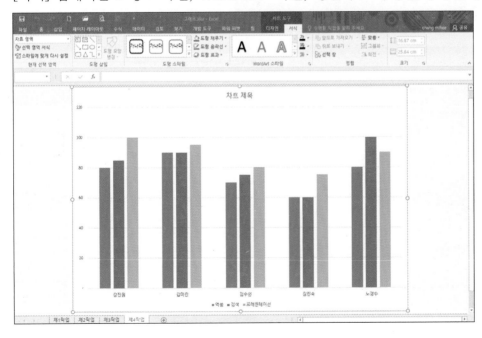

차트 데이터 수정

- 차트의 범위를 수정하려면 [디자인] 탭의 [데이터] 그룹에서 [데이터 선택]을 클릭합니다.
- [데이터 원본 선택]의 [차트 데이터 범위]에서 범위를 수정할 수 있습니다.
- [데이터 원본 선택]의 [범례 항목 계열]에서 필드명을 선택하고 '편집'을 클릭합니다.
- [계열 편집] 대화상자의 '계열 이름'은 필드명을 수정할 수 있습니다. 범례명을 수정할 때 사용합니다.
- [계열 편집] 대화상자의 '계열 값'을 수정하여 차트 데이터 범위를 설정할 수 있습니다.

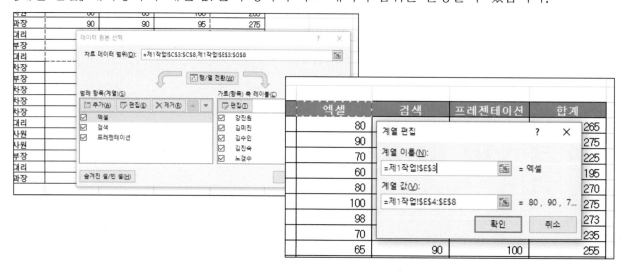

차트 레이블 수정

- 항목 축을 수정하려면 [디자인] 탭의 [데이터] 그룹에서 [데이터 선택]을 클릭합니다.
- [데이터 원본 선택] 대화상자에서 [가로(항목)축 레이블]에서 '편집'을 클릭합니다.
- [축 레이블] 대화상자의 '축 레이블 범위'를 수정하여 항목 축 데이터 범위를 설정할 수 있습니다.

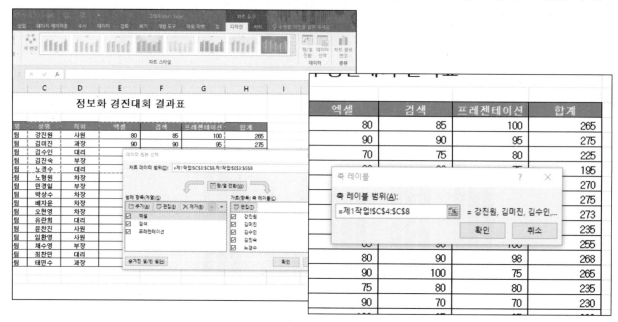

차트 영역 서식과 그림 영역 서식

- 차트 영역 서식과 그림 영역 서식을 더블클릭하여 오른쪽 창에서 수정할 수 있으며, 채우기 또는 그림자 스타일, 3차원 서식 등을 설정할 수 있습니다.
- [차트 도구]-[서식] 탭에서 [도형 스타일] 그룹의 도형 채우기, 도형 윤곽선, 도형 효과 등을 설정할 수 있습니다.

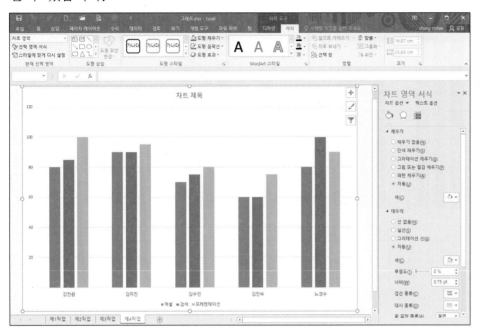

차트 축 서식

- 값 축(Y축)을 클릭하여 '축 서식'을 이용해 단위 조정과 표시 단위 등의 설정이 가능하며, 표시 형식의 서식 코드를 추가할 수 있습니다.
- 서식 코드는 서식을 지정한 후 [추가]를 하고 사용해야 합니다.

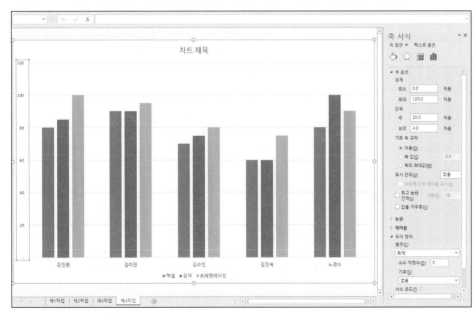

🔵 범례 서식

- 범례 서식에서는 범례의 위치, 채우기, 테두리 색, 테두리 스타일과 그림자를 설정할 수 있습니다.

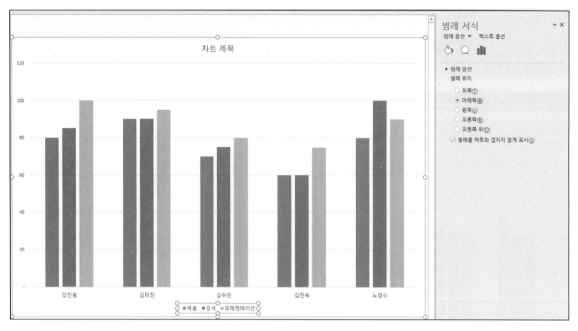

🔵 축 제목과 레이블 추가

- [차트 도구]-[디자인] 탭의 [차트 레이아웃] 그룹에서 [차트 요소 추가]에서 추가할 수 있습니다.

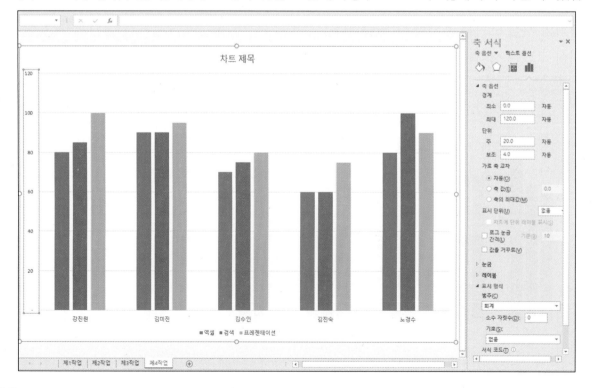

■ ■ 예제 : 기출유형₩그래프.xlsx / 완성 : 기출유형₩그래프완성.xlsx

그래프 따라하기

엑셀의 데이터를 이용하여 차트를 삽입하고 차트를 편집하는 기능을 평가하는 문제입니다.

[제4작업] 그래프   (100점)

☞ "제1작업" 시트를 이용하여 조건에 따라 ≪출력형태≫와 같이 작업하시오.

조건
(1) 차트 종류 ⇒ 〈묶은 세로 막대형〉으로 작업하시오.

(2) 데이터 범위 ⇒ "제1작업"시트의 내용을 이용하여 작업하시오.

(3) 위치 ⇒ "새 시트"로 이동하고, "제4작업"으로 시트 이름을 바꾸시오.

(4) 차트 디자인 도구 ⇒ 레이아웃3, 스타일 1을 선택하여 ≪출력형태≫에 맞게 작업하시오.

(5) 영역 서식 ⇒ 차트 : 글꼴(굴림, 11pt), 채우기 효과(질감 – 파랑 박엽지)

　　　　　　　　그림 : 채우기(흰색, 배경 1)

(6) 제목 서식 ⇒ 차트 제목 : 글꼴(굴림, 굵게, 20pt), 채우기(흰색, 배경 1), 테두리

(7) 서식 ⇒ 판매량 계열의 차트 종류를 〈표식이 있는 꺾은선형〉으로 변경한 후 보조 축으로 지정하시오.

　　　계열 : ≪출력형태≫를 참조하여 표식(네모, 크기 10)과 레이블 값을 표시하시오.

　　　눈금선 : 선 스타일 – 파선

　　　축 : ≪출력형태≫를 참조하시오.

(8) 범례 ⇒ 범례명을 변경하고 ≪출력형태≫를 참조하시오.

(9) 도형 ⇒ '모서리가 둥근 사각형 설명선'을 삽입한 후 ≪출력형태≫와 같이 내용을 입력하시오.

(10) 나머지 사항은 ≪출력형태≫에 맞게 작성하시오.

출력형태

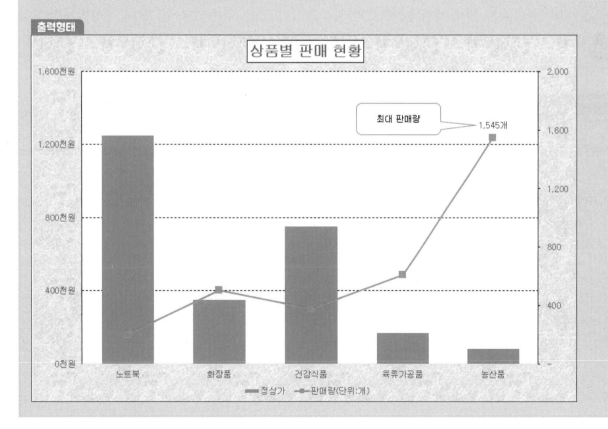

01 차트를 작성하기 위해 먼저 차트의 영역을 설정합니다. ≪출력형태≫의 X축을 참고하여 ❶'제1 작업' 시트의 [C4:C6] 셀을 드래그합니다. **Ctrl** 을 누르고 [C8] 셀과 [C11:C12] 셀을 범위를 설 정합니다. ≪출력형태≫의 범례를 참고하여 ❷[G4:G6] 셀, [G8] 셀, [G11:G12] 셀을 범위 설정 하고 ❸[H4:H6] 셀, [H8] 셀, [H11:H12] 셀 영역을 범위를 설정합니다.

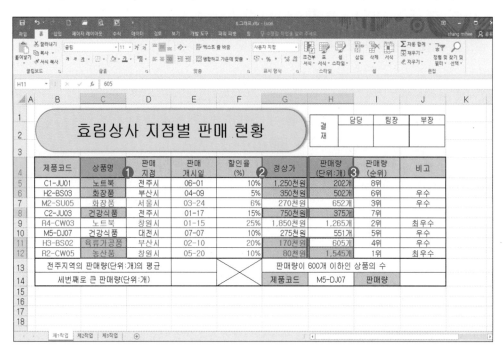

02 [조건] (1)번의 〈묶은 세로 막대형〉과 (7)번의 〈표식이 있는 꺾은선형〉을 함께 작성합니다. [삽 입] 탭의 [차트]그룹에서 ❶'콤보 차트 삽입'을 클릭합니다. ❷'사용자 지정 콤보 차트 만들기'를 클릭하면 [차트 삽입] 대화상자가 열리며 [콤보]차트가 표시됩니다.

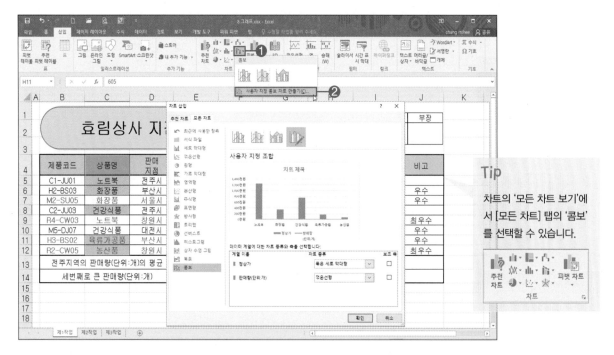

Tip

차트의 '모든 차트 보기'에 서 [모든 차트] 탭의 '콤보' 를 선택할 수 있습니다.

03 [차트 삽입] 대화상자에서 ❶'판매량(단위:개)'의 목록 단추를 누르고 ❷'표식이 있는 꺾은선형'을 선택합니다.

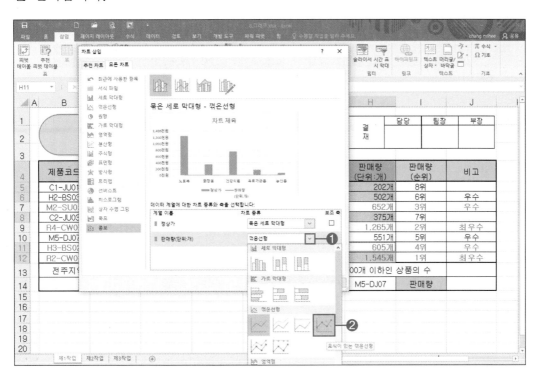

04 ❶'판매량(단위:개)'의 '보조 축'에 체크한 후 ❷[확인]을 클릭합니다.

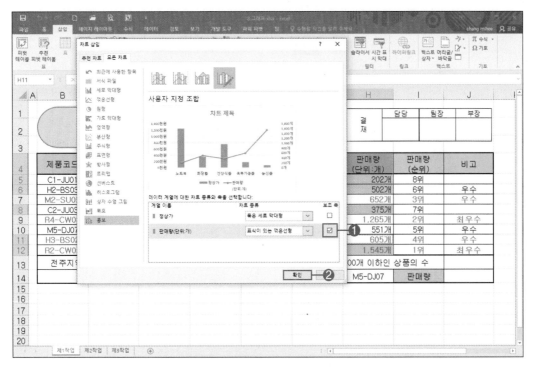

05 ❶삽입된 차트를 선택한 후 [차트 도구]-[디자인] 탭의 [위치] 그룹에서 ❷[차트 이동]을 클릭합니다. [차트 이동] 대화상자에서 ❸'새 시트'를 선택하고 입력란에 ❹'제4작업'을 입력한 후 ❺[확인]을 클릭합니다.

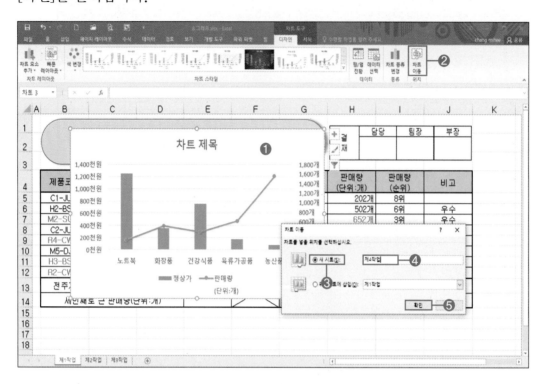

06 '제4작업' 시트가 생성되면 워크시트를 드래그하여 '제3작업' 시트 뒤로 이동합니다.

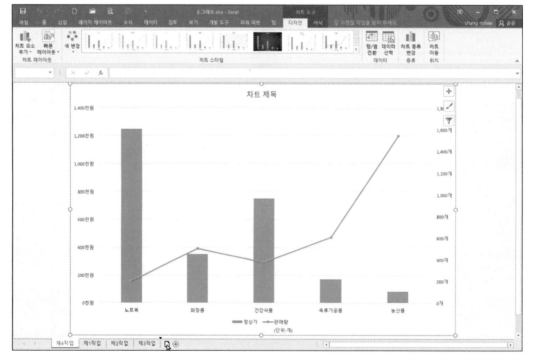

01 차트 디자인을 설정하기 위해 먼저 ❶차트의 영역을 선택한 후 [차트 도구]–[디자인] 탭의 [차트 레이아웃] 그룹에서 ❷[빠른 레이아웃]을 클릭한 후 ❸'레이아웃3'을 선택합니다.

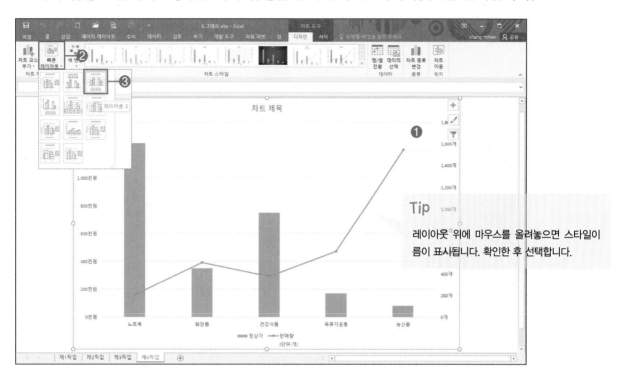

02 차트 스타일을 변경하기 위해 [차트 도구]–[디자인] 탭의 [차트 스타일] 그룹에서 ❶'스타일1'을 선택합니다.

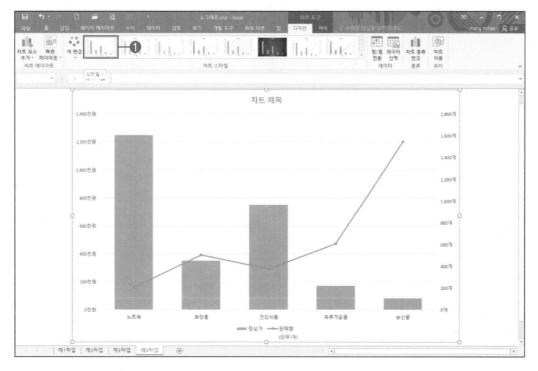

03 차트 전체의 글꼴을 변경합니다. ❶차트 전체가 선택된 상태에서 [홈] 탭의 [글꼴] 그룹에서 ❷ '굴림, 11pt'를 선택합니다.

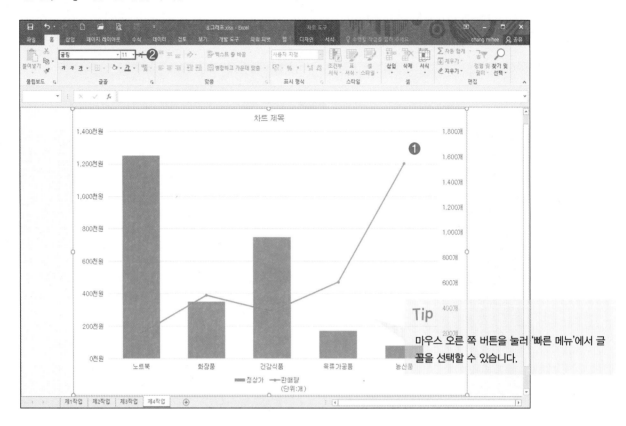

> **Tip**
> 마우스 오른쪽 버튼을 눌러 '빠른 메뉴'에서 글꼴을 선택할 수 있습니다.

04 ❶차트 전체를 선택하고 [차트 도구]-[서식] 탭의 [도형 스타일] 그룹에서 ❷[도형 채우기]의 ❸ [질감]에서 ❹'파랑 박엽지'를 선택합니다.

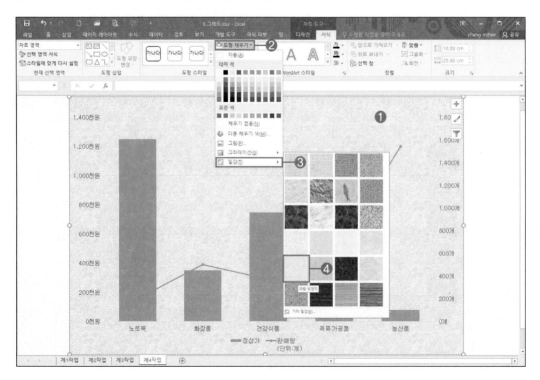

05 차트 안쪽의 ❶그림 영역을 선택한 후 [차트 도구]–[서식] 탭의 [도형 스타일] 그룹에서 ❷[도형 채우기]의 ❸'흰색, 배경 1'을 선택합니다.

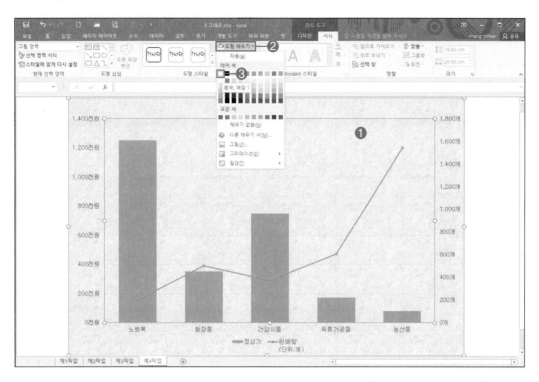

06 차트 디자인과 영역 서식이 변경되었습니다.

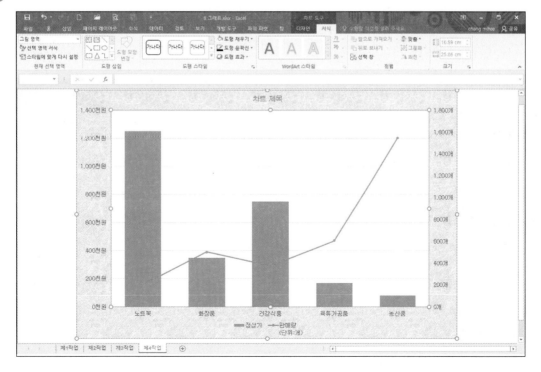

01 차트 제목은 ❶제목란에 입력한 후 차트 제목 전체를 선택합니다. [홈] 탭의 [글꼴] 그룹에서 ❷'굴림, 20pt, 굵게'를 설정합니다.

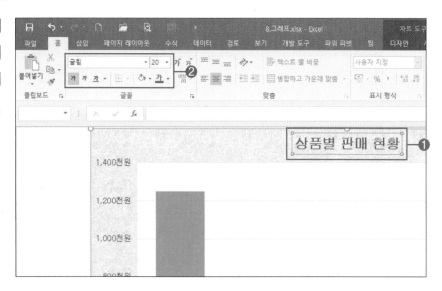

02 차트 제목에 채우기 색을 설정하기 위해 ❶차트 제목을 선택하고 [차트 도구] – [서식] 탭에서 [도형 스타일] 그룹의 ❷[도형 채우기] 에서 ❸'흰색, 배경 1'을 선택합니다.

Tip

마우스 오른쪽 버튼의 빠른 메뉴에서 선택할 수도 있습니다.

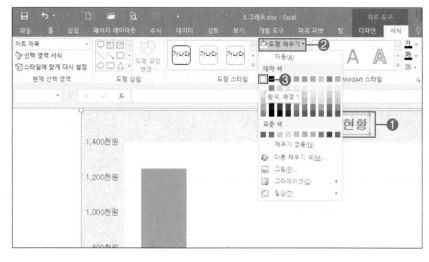

03 차트 제목에 테두리 색을 설정하기 위해 ❶차트 제목을 선택하고 [차트 도구] – [서식] 탭에서 [도형 스타일] 그룹의 ❷[도형 윤곽선] 에서 ❸'검정, 텍스트1'을 선택합니다.

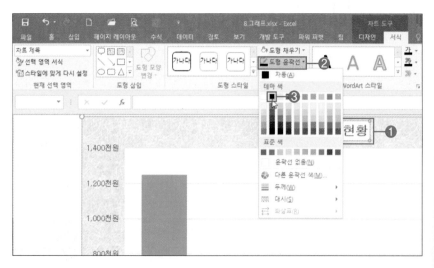

01 ≪조건≫의 (7)번의 서식 설정입니다. 표식이 있는 꺾은선형은 처음 차트를 만들 때 작성했습니다. 표식이 있는 꺾은선형의 표식만 변경합니다. ❶〈표식이 있는 꺾은선형〉을 클릭합니다. [차트 도구]–[서식] 탭에서 [현재 선택 영역] 그룹의 ❷'계열 "판매량"'을 확인하고 ❸'선택 영역 서식'을 클릭합니다.

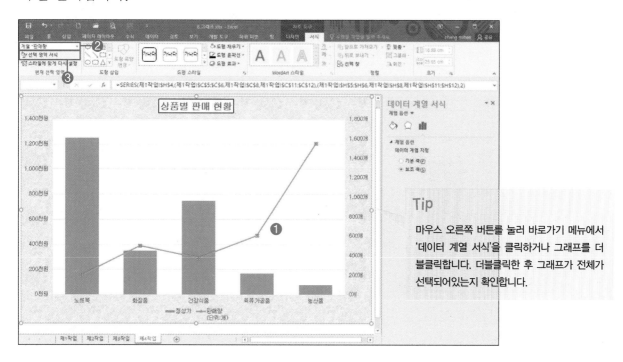

02 ❶그래프 전체가 선택된 상태에서 ❷'채우기 및 선'을 클릭한 후 ❸'표식'을 선택합니다. '표식 옵션'의 ❹'기본 제공'을 선택한 후 '형식'을 '네모'로 변경하고 크기는 '10'으로 변경합니다.

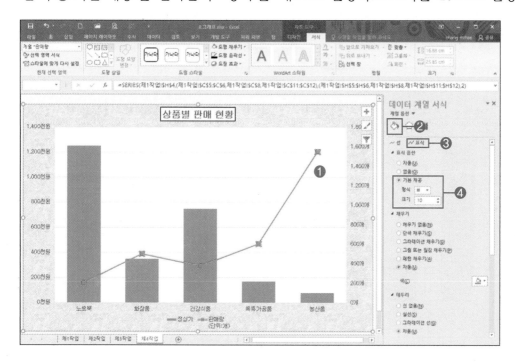

03 레이블값을 표시합니다. 꺾은선을 선택하면 전체가 선택됩니다. 전체가 선택된 상태에서 ❶레이블을 표시할 표식을 한 번 클릭합니다. [차트 도구]의 [디자인] 탭에서 [차트 레이아웃] 그룹의 ❷[차트 요소 추가]의 목록 단추를 누른 후 ❸'데이터 레이블'에서 ❹'위쪽'을 선택합니다.

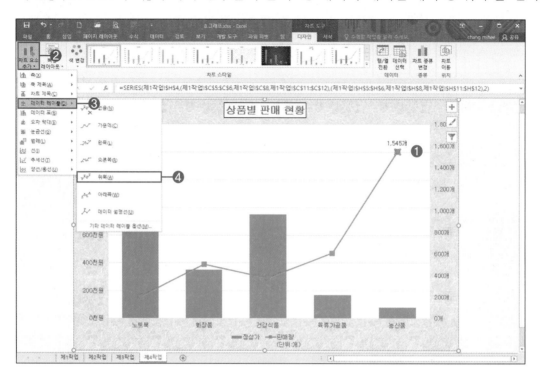

04 눈금선을 수정합니다. 그림 영역의 ❶눈금선에 마우스를 올려놓고 흰색 화살표가 나오면 눈금선을 선택합니다. 눈금선이 선택된 상태에서 [차트 도구] – [서식] 탭의 [도형 스타일] 그룹에서 ❷[도형 윤곽선]에서 ❸윤곽선 색을 '검정'으로 하고 ❹[대시]의 ❺'파선'을 선택합니다.

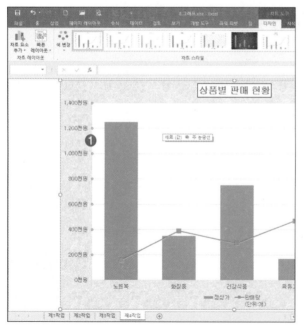
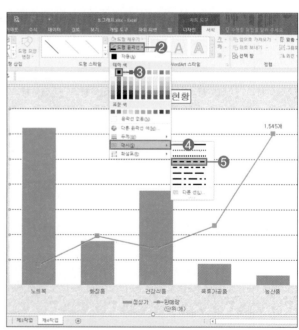

01 축 서식을 설정하기 위해 ❶'세로(값) 축'을 더블클릭합니다. 오른쪽 서식 설정 창에서 ❷[축 옵션]의 ❸[축 옵션]을 클릭합니다.

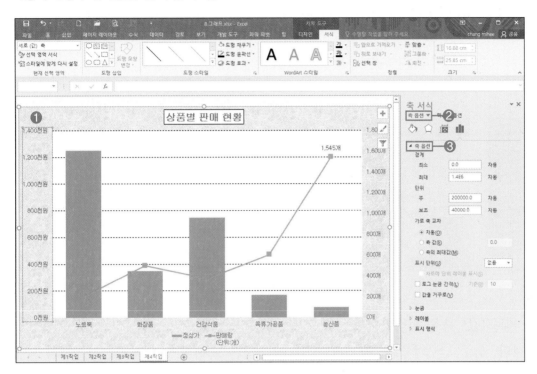

02 ≪출력형태≫를 보고 최소/최대값과 주 단위를 확인합니다. ❷'최소 : 0', '최대 : 1600000'을 입력하고 ❸단위에서 주 단위를 '400000'을 입력합니다.

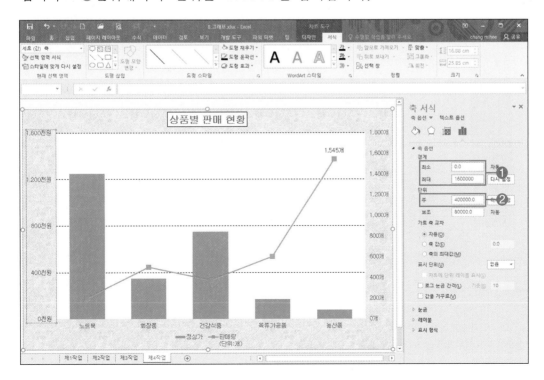

03 ❶세로 (값) 축이 선택된 상태에서 [축 서식]의 ❷[채우기 및 선]을 클릭합니다. ❸'선'의 '실선'에 체크하고 ❹색은 '검정'을 선택합니다.

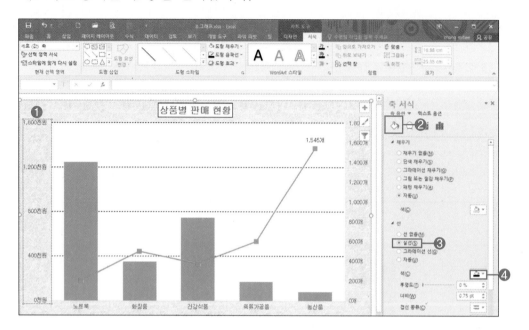

04 ❶보조 세로 (값) 축을 선택합니다. [축 옵션]의 ❷[축 옵션]에서 ❸'최소 : 0', '최대 : 2000'을 입력합니다. ❹주 단위에 '400'을 입력한 후 눈금자를 표시하기 위해 ❺[눈금자]의 '주 눈금'을 '바깥쪽'으로 선택합니다. 최소값의 형태가 '–'인 경우 ❻범주는 '회계', 기호는 ' 없음', 소수 자릿수는 '0'을 입력합니다. ❼창을 닫습니다.

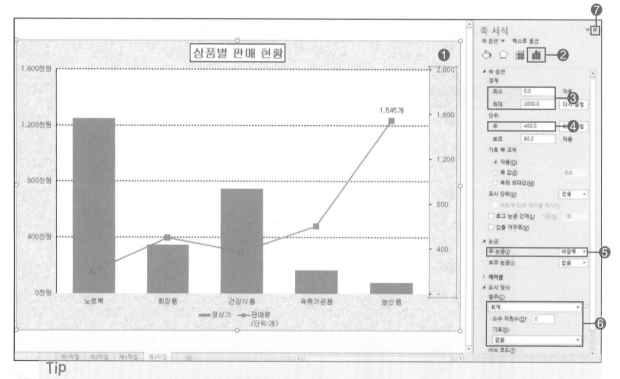

Tip

최소값의 자리가 0이 아닌 '–'인 경우 범주를 회계로 하고 '0'인 경우는 출력형태에 따라 '통화 또는 숫자'로 선택합니다. 소수 자리수 도 정해야 하는 경우가 있습니다. ≪출력형태≫를 확인합니다.

05 두 줄로 입력된 범례를 수정하기 위해 ❶범례를 선택한 후 [차트 도구]−[디자인] 탭의 [데이터] 그룹에서 ❷[데이터 선택]을 클릭합니다. [데이터 원본 선택]대화상자에서 '범례 항목(계열)'의 ❸'판매량(단위:개)'를 선택한 후 ❹[편집]을 클릭합니다.

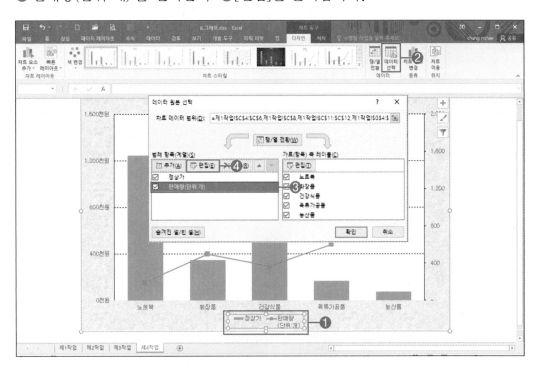

06 [계열 편집] 대화상자가 열리면 ❶'계열 이름' 입력란에 '="판매량(단위:개)"'를 입력하고 ❷[확인]을 클릭하고 [데이터 원본 선택] 대화상자로 이동되면 ❸[확인]을 클릭합니다.

01 차트에 도형을 삽입합니다. ❶차트를 선택하고 [삽입] 탭의 [일러스트레이션] 그룹에서 ❷[도형]을 클릭한 후 ❸'설명선'의 '모서리가 둥근 사각형 설명선'을 클릭합니다.

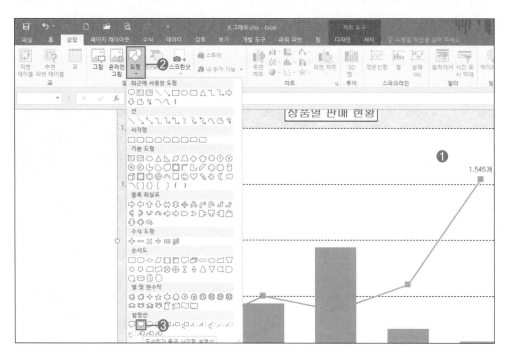

02 ≪출력형태≫와 같은 위치에 마우스로 드래그하여 도형을 삽입합니다. ❶도형이 선택된 상태에서 '최대 판매량'을 입력한 후 [홈] 탭의 [글꼴] 그룹에서 글꼴은 ❷'굴림, 11pt'과 글자 색은 '검정'을 선택합니다. ❸[맞춤] 그룹의 '가로 가운데 맞춤'과 '세로 가운데 맞춤'으로 설정합니다.

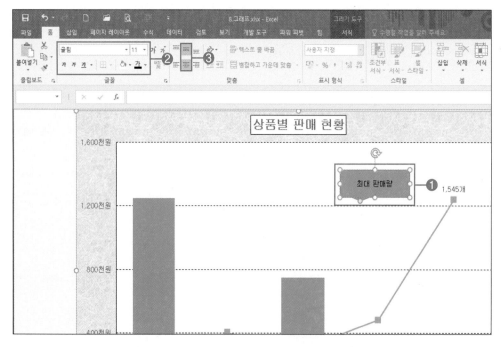

03 ❶도형을 선택한 후 [그리기 도구]–[서식] 탭의 [도형 스타일] 그룹에서 ❷[도형 채우기]를 클릭하여 ❸'흰색, 배경 1'을 선택합니다.

04 도형의 노란 조절점을 드래그하여 ≪출력형태≫에 맞춰 모양을 변형하고 위치를 조절합니다.

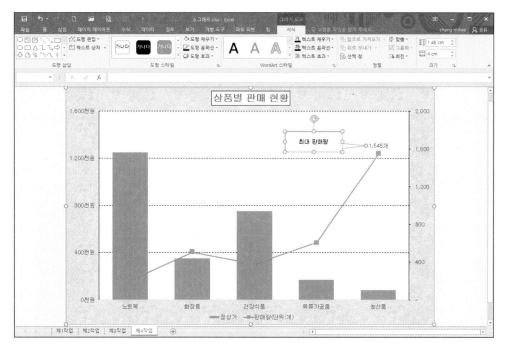

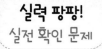
■ ■ 예제 : 실력팡팡₩그래프1.xlsx / 완성 : 실력팡팡₩그래프1완성.xlsx

01 "제1작업" 시트를 이용하여 조건에 따라 ≪출력형태≫와 같이 작업하시오.

조건

(1) 차트 종류 ⇒ 〈묶은 세로 막대형〉으로 작업하시오.

(2) 데이터 범위 ⇒ "제1작업"시트의 내용을 이용하여 작업하시오.

(3) 위치 ⇒ "새 시트"로 이동하고, "제4작업"으로 시트 이름을 바꾸시오.

(4) 차트 디자인 도구 ⇒ 레이아웃3, 스타일 1을 선택하여 ≪출력형태≫에 맞게 작업하시오.

(5) 영역 서식 ⇒ 차트 : 글꼴(굴림, 11pt), 채우기 효과(질감 - 파랑 박엽지)

그림 : 채우기(흰색, 배경 1)

(6) 제목 서식 ⇒ 차트 제목 : 글꼴(굴림, 굵게, 20pt), 채우기(흰색, 배경 1), 테두리

(7) 서식 ⇒ 재수강율(단위:%) 계열의 차트 종류를 〈표식이 있는 꺾은선형〉으로 변경한 후 보조 축으로 지정하시오.

계열 : ≪출력형태≫를 참조하여 표식(다이아몬드, 크기 10)과 레이블 값을 표시하시오.

눈금선 : 선 스타일 - 파선

축 : ≪출력형태≫를 참조하시오.

(8) 범례 ⇒ 범례명을 변경하고 ≪출력형태≫를 참조하시오.

(9) 도형 ⇒ '모서리가 둥근 사각형 설명선'을 삽입한 후 ≪출력형태≫와 같이 내용을 입력하시오.

(10) 나머지 사항은 ≪출력형태≫에 맞게 작성하시오.

출력형태

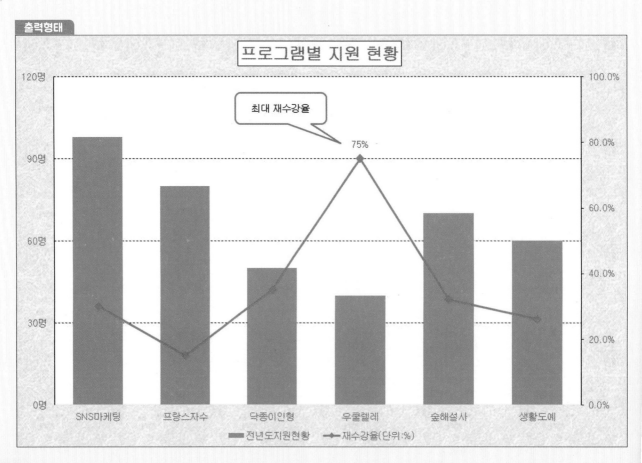

02 "제1작업" 시트를 이용하여 조건에 따라 ≪출력형태≫와 같이 작업하시오.

조건

(1) 차트 종류 ⇒ 〈묶은 세로 막대형〉으로 작업하시오.

(2) 데이터 범위 ⇒ "제1작업"시트의 내용을 이용하여 작업하시오.

(3) 위치 ⇒ "새 시트"로 이동하고, "제4작업"으로 시트 이름을 바꾸시오.

(4) 차트 디자인 도구 ⇒ 레이아웃3, 스타일 3을 선택하여 ≪출력형태≫에 맞게 작업하시오.

(5) 영역 서식 ⇒ 차트 : 글꼴(돋움, 11pt), 채우기 효과(질감 – 편지지)

　　　　　　　　그림 : 채우기(흰색, 배경 1)

(6) 제목 서식 ⇒ 차트 제목 : 글꼴(돋움, 굵게, 20pt), 채우기(흰색, 배경 1), 테두리

(7) 서식 ⇒ 총점(200점만점) 계열의 차트 종류를 〈표식이 있는 꺾은선형〉으로 변경한 후 보조 축으로 지정하시오.

　　　　계열 : ≪출력형태≫를 참조하여 표식(삼각형, 크기 10)과 레이블 값을 표시하시오.

　　　　눈금선 : 선 스타일 – 파선

　　　　축 : ≪출력형태≫를 참조하시오.

(8) 범례 ⇒ 범례명을 변경하고 ≪출력형태≫를 참조하시오.

(9) 도형 ⇒ '위쪽 리본'을 삽입한 후 ≪출력형태≫와 같이 내용을 입력하시오.

(10) 나머지 사항은 ≪출력형태≫에 맞게 작성하시오.

출력형태

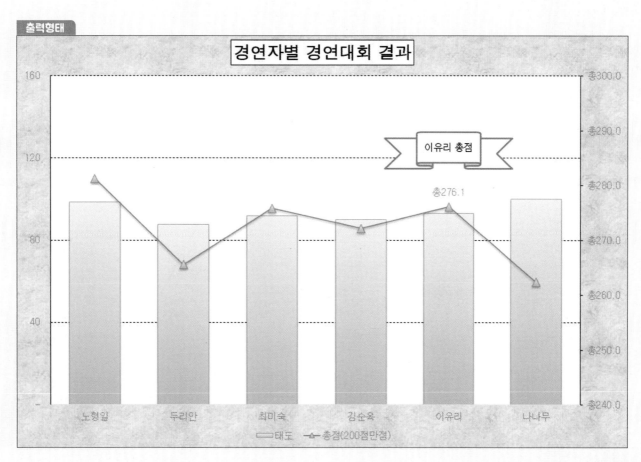

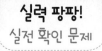

■ ■ ● 예제 : 실력팡팡₩그래프3.xlsx / 완성 : 실력팡팡₩그래프3완성.xlsx

03 "제1작업" 시트를 이용하여 조건에 따라 ≪출력형태≫와 같이 작업하시오.

조건 (1) 차트 종류 ⇒ 〈묶은 세로 막대형〉으로 작업하시오.

(2) 데이터 범위 ⇒ "제1작업"시트의 내용을 이용하여 작업하시오.

(3) 위치 ⇒ "새 시트"로 이동하고, "제4작업"으로 시트 이름을 바꾸시오.

(4) 차트 디자인 도구 ⇒ 레이아웃3, 스타일 1을 선택하여 ≪출력형태≫에 맞게 작업하시오.

(5) 영역 서식 ⇒ 차트 : 글꼴(굴림, 11pt), 채우기 효과(질감 – 분홍 박엽지)

그림 : 채우기(흰색, 배경 1)

(6) 제목 서식 ⇒ 차트 제목 : 글꼴(굴림, 굵게, 20pt), 채우기(흰색, 배경 1), 테두리

(7) 서식 ⇒ 지원비율(단위:%) 계열의 차트 종류를 〈표식이 있는 꺾은선형〉으로 변경한 후 보조 축으로 지정하시오.

계열 : ≪출력형태≫를 참조하여 표식(네모, 크기 10)과 레이블 값을 표시하시오.

눈금선 : 선 스타일 – 파선

축 : ≪출력형태≫를 참조하시오.

(8) 범례 ⇒ 범례명을 변경하고 ≪출력형태≫를 참조하시오.

(9) 도형 ⇒ '사각형 설명선'을 삽입한 후 ≪출력형태≫와 같이 내용을 입력하시오.

(10) 나머지 사항은 ≪출력형태≫에 맞게 작성하시오.

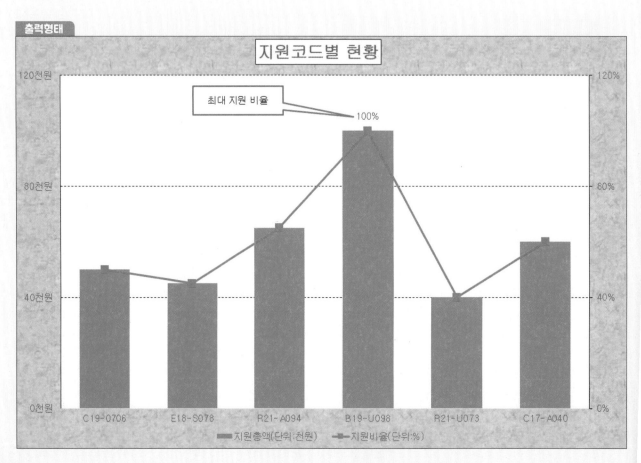

04 "제1작업" 시트를 이용하여 조건에 따라 ≪출력형태≫와 같이 작업하시오.

조건 (1) 차트 종류 ⇒ 〈묶은 세로 막대형〉으로 작업하시오.

(2) 데이터 범위 ⇒ "제1작업"시트의 내용을 이용하여 작업하시오.

(3) 위치 ⇒ "새 시트"로 이동하고, "제4작업"으로 시트 이름을 바꾸시오.

(4) 차트 디자인 도구 ⇒ 레이아웃3, 스타일 8을 선택하여 ≪출력형태≫에 맞게 작업하시오.

(5) 영역 서식 ⇒ 차트 : 글꼴(굴림, 11pt), 채우기 효과(질감 – 파피루스)

　　　　　　　 그림 : 채우기(흰색, 배경 1)

(6) 제목 서식 ⇒ 차트 제목 : 글꼴(굴림, 굵게, 20pt), 채우기(흰색, 배경 1), 테두리

(7) 서식 ⇒ 7월매출 계열의 차트 종류를 〈표식이 있는 꺾은선형〉으로 변경한 후 보조 축으로 지정하시오.

　　　　　 계열 : ≪출력형태≫를 참조하여 표식(원형, 크기 10)과 레이블 값을 표시하시오.

　　　　　 눈금선 : 선 스타일 – 파선

　　　　　 축 : ≪출력형태≫를 참조하시오.

(8) 범례 ⇒ 범례명을 변경하고 ≪출력형태≫를 참조하시오.

(9) 도형 ⇒ '구름 모양 설명선'을 삽입한 후 ≪출력형태≫와 같이 내용을 입력하시오.

(10) 나머지 사항은 ≪출력형태≫에 맞게 작성하시오.

출력형태

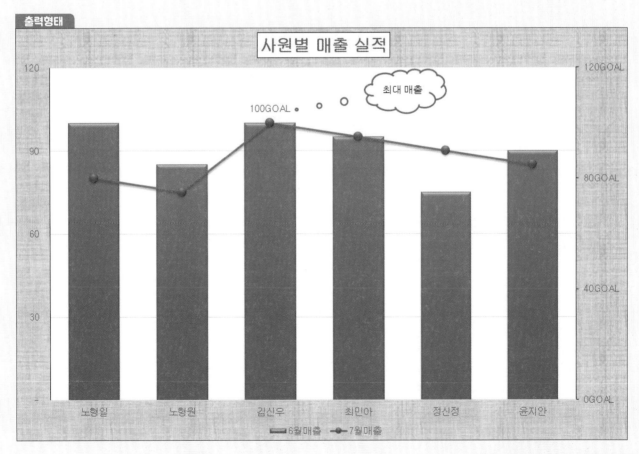

ITQ Excel

기출 · 예상 문제 15회

EXCEL

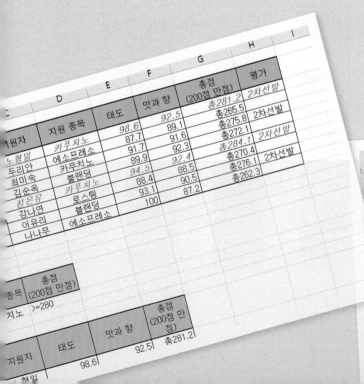

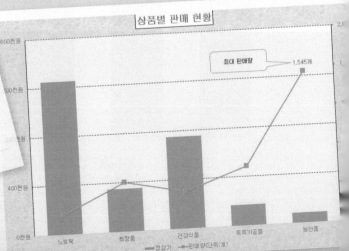

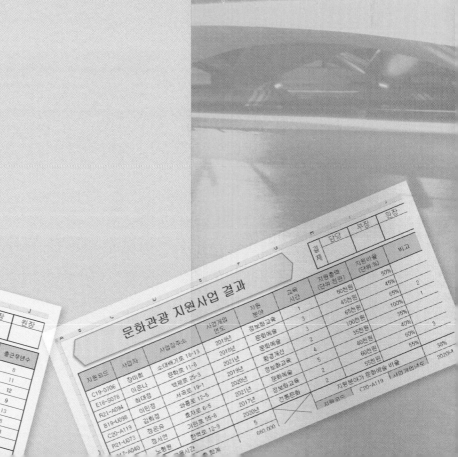

2016

교육공간 이룸 매출 실적

C	D	E	F	G	H	I	J
사원	부서	입사일	5월 매출	6월 매출	7월 매출	근무지	총근무년수
원	영업부	2012-03-02	80		80GOAL	마포	
	영업부	2009-06-04	90	85	75GOAL	마포	8
	기획부	2008-09-01	85	100	100GOAL	강남	11
	홍보부	2011-06-01	100	95	95GOAL	마포	12
	관리부	2007-09-01	95	75	75GOAL	종로	9
	기획부	2012-06-01	80	80	80GOAL	강남	13
★★★★★	영업부	2007-03-01	85	75	90GOAL	종로	8
		2006-03-02	100	75	85GOAL	강남	14
4				영업부서의 7월매출의 합계			
				사원코드	2-060D4	입사일	265

결재 담당 부장 원장

문화관광 지원사업 결과

지원코드	사업자	사업장주소	사업개업연도	지원분야	교육시간	지원총액 (단위:천원)	지원비율 (단위:%)	비고
C19-0706	장미형	소대배기로 18-13	2019년	정보화교육	3	50천원	50%	
E18-S078	이운나	문학로 11-8	2018년	문화예술	3	45천원	45%	2
R21-A094	최대장	백제로 26-3	2021년	환경개선	3	65천원	65%	1
B19-U096	이민정	서목로 19-1	2019년	정보화교육	4	100천원	100%	
C20-A119	김희정	와룡로 12-5	2020년	문화예술	2	35천원	35%	3
R21-U073	장은유	효자로 6-5	2021년	정보화교육	5	40천원	40%	
R17-A040	장서연	기란로 55-8	2017년	전통문화	2	55천원	60%	
	노형원	한벽로 12-9	2020년		5	60천원	55%	55%
		교육시간				660,000		
				지원분야가 문화예술 비율		지원코드	C20-A119	사업개업연도	2020년

결재 담당 부장 원장

제1회 정보기술자격(ITQ) 시험

과 목	코 드	문제유형	시험시간	수험번호	성 명
한글엑셀	1122	A	60분		

The Insight KPC
kpc 한국생산성본부

☞ **다음은 '실버상품 쇼핑몰 판매 현황'에 대한 자료이다. 자료를 입력하고 조건에 맞도록 작업하시오.**

≪출력형태≫

상품코드	상품명	카테고리	구매자수	판매금액 (단위:원)	재고량 (단위:EA)	입고일	재고순위	비고
						확인	담당	대리	과장
HE-0012	욕창예방매트리스	복지용구	989	139,000	815	2019-05-12	(1)	(2)
BO-2101	경량알루미늄 휠체어	보장구	887	320,000	1,232	2019-01-20	(1)	(2)
PE-1005	당뇨환자용 양파효소	환자식	1,700	53,000	2,983	2019-10-11	(1)	(2)
HE-0305	성인용보행기	복지용구	1,480	198,000	1,141	2019-03-25	(1)	(2)
BO-2043	스틸통타이어 휠체어	보장구	980	197,000	1,024	2019-04-08	(1)	(2)
BO-2316	거상형 휠체어	보장구	316	380,000	684	2019-03-13	(1)	(2)
PE-1138	고단백 영양푸딩	환자식	1,605	99,000	827	2019-09-20	(1)	(2)
PE-1927	고농축 영양식	환자식	912	12,000	3,028	2019-10-04	(1)	(2)
환자식 판매금액(단위:원) 평균			(3)			두 번째로 많은 구매자수		(5)
복지용구 구매자수 합계			(4)			상품명	욕창예방매트리스	구매자수	(6)

≪조건≫

○ 모든 데이터의 서식에는 글꼴(굴림, 11pt), 정렬은 숫자 및 회계 서식은 오른쪽 정렬, 나머지 서식은 가운데 정렬로 작성하며 예외적인 것은 ≪출력형태≫를 참조하시오.

○ 제 목 ⇒ 육각형 도형과 바깥쪽 그림자(오프셋 오른쪽)를 이용하여 작성하고 "실버상품 쇼핑몰 판매 현황"을 입력한 후 다음 서식을 적용하시오(글꼴-굴림, 24pt, 검정, 굵게, 채우기-노랑).

○ 임의의 셀에 결재란을 작성하여 그림으로 복사 기능을 이용하여 붙이기 하시오(단, 원본 삭제).

○ 「B4:J4, G14, I14」 영역은 '주황'으로 채우기 하시오.

○ 유효성 검사를 이용하여 「H14」 셀에 상품명(「C5:C12」 영역)이 선택 표시되도록 하시오.

○ 셀 서식 ⇒ 「E5:E12」 영역에 셀 서식을 이용하여 숫자 뒤에 '명'을 표시하시오(예 : 1,700명).

○ 「E5:E12」 영역에 대해 '구매자수'로 이름정의를 하시오.

⊙ (1)~(6) 셀은 반드시 **주어진 함수를 이용**하여 값을 구하시오(결과값을 직접 입력하면 해당 셀은 0점 처리됨).

(1) 재고순위 ⇒ 재고량(단위:EA)의 내림차순 순위를 1~3까지 구한 결과값에 '위'를 붙이고 그 외에는 공백으로 구하시오(IF, RANK.EQ 함수, & 연산자)(예 : 1위).

(2) 비고 ⇒ 「구매자수÷300」의 정수의 크기만큼 '★'을 반복 표시되도록 구하시오(REPT 함수).

(3) 환자식 판매금액(단위:원) 평균 ⇒ (SUMIF, COUNTIF 함수)

(4) 복지용구 구매자수 합계 ⇒ 조건은 입력데이터를 이용하시오(DSUM 함수).

(5) 두 번째로 많은 구매자수 ⇒ 정의된 이름(구매자수)을 이용하여 구하시오(LARGE 함수).

(6) 구매자수 ⇒ 「H14」셀에서 선택한 상품명에 대한 구매자수를 구하시오(VLOOKUP 함수).

(7) 조건부 서식의 수식을 이용하여 구매자수가 '1,000' 이상인 행 전체에 다음의 서식을 적용하시오 (글꼴 : 파랑, 굵게).

제 2 작업　**목표값 찾기 및 필터**　　　　　　　　　　　　　　　　　　80점

☞ **"제1작업" 시트의 「B4:H12」 영역을 복사하여 "제2작업" 시트의 「B2」 셀부터 모두 붙여넣기를 한 후 다음의 조건과 같이 작업하시오.**

　《조건》

(1) 목표값 찾기 – 「B11:G11」 셀을 병합하여 "판매금액(단위:원)의 전체 평균"을 입력한 후 「H11」 셀에 판매금액
　　　　　　　　(단위:원)의 전체 평균을 구하시오(AVERAGE 함수, 테두리, 가운데 맞춤).
　　　　　　　　– '판매금액(단위:원)의 전체 평균'이 '175,000'이 되려면 욕창예방매트리스의 판매금액(단위:
　　　　　　　　원)이 얼마가 되어야 하는지 목표값을 구하시오.

(2) 고급필터 – 카테고리가 '복지용구'이거나, 구매자수가 '1,000' 이상인 자료의 상품코드, 상품명, 판매금액
　　　　　　　(단위:원), 재고량(단위:EA)의 데이터만 추출하시오.
　　　　　　　– 조건 위치 : 「B14」 셀부터 입력하시오.
　　　　　　　– 복사 위치 : 「B18」 셀부터 나타나도록 하시오.

제 3 작업　**정렬 및 부분합**　　　　　　　　　　　　　　　　　　　　80점

☞ **"제1작업" 시트의 「B4:H12」 영역을 복사하여 "제3작업" 시트의 「B2」 셀부터 모두 붙여넣기를 한 후 다음의 조건과 같이 작업하시오.**

　《조건》

(1) 부분합 – 《출력형태》처럼 정렬하고, 상품명의 개수와 판매금액(단위:원)의 평균을 구하시오.

(2) 윤 곽 – 지우시오.

(3) 나머지 사항은 《출력형태》에 맞게 작성하시오.

　《출력형태》

	A	B	C	D	E	F	G	H
1								
2		상품코드	상품명	카테고리	구매자수	판매금액 (단위:원)	재고량 (단위:EA)	입고일
3		PE-1005	당뇨환자용 양파효소	환자식	1,700명	53,000	2,983	2019-10-11
4		PE-1138	고단백 영양푸딩	환자식	1,605명	99,000	827	2019-09-20
5		PE-1927	고농축 영양식	환자식	912명	12,000	3,028	2019-10-04
6				환자식 평균		54,667		
7			3	환자식 개수				
8		HE-0012	욕창예방매트리스	복지용구	989명	139,000	815	2019-05-12
9		HE-0305	성인용보행기	복지용구	1,480명	198,000	1,141	2019-03-25
10				복지용구 평균		168,500		
11			2	복지용구 개수				
12		BO-2101	경량알루미늄 휠체어	보장구	887명	320,000	1,232	2019-01-20
13		BO-2043	스틸통타이어 휠체어	보장구	980명	197,000	1,024	2019-04-08
14		BO-2316	거상형 휠체어	보장구	316명	380,000	684	2019-03-13
15				보장구 평균		299,000		
16			3	보장구 개수				
17				전체 평균		174,750		
18			8	전체 개수				
19								

☞ **"제1작업" 시트를 이용하여 조건에 따라 ≪출력형태≫와 같이 작업하시오.**

　≪조건≫

(1) 차트 종류 ⇒ 〈묶은 세로 막대형〉으로 작업하시오.

(2) 데이터 범위 ⇒ "제1작업" 시트의 내용을 이용하여 작업하시오.

(3) 위치 ⇒ "새 시트"로 이동하고, "제4작업"으로 시트 이름을 바꾸시오.

(4) 차트 디자인 도구 ⇒ 레이아웃 3, 스타일 1을 선택하여 ≪출력형태≫에 맞게 작업하시오.

(5) 영역 서식 ⇒ 차트 : 글꼴(굴림, 11pt), 채우기 효과(질감-분홍 박엽지)

　　　　　　　　그림 : 채우기(흰색, 배경 1)

(6) 제목 서식 ⇒ 차트 제목 : 글꼴(굴림, 굵게, 20pt), 채우기(흰색, 배경 1), 테두리

(7) 서식 ⇒ 구매자수 계열의 차트 종류를 〈표식이 있는 꺾은선형〉으로 변경한 후 보조 축으로 지정하시오.

　　　　계열 : ≪출력형태≫를 참조하여 표식(다이아몬드, 크기 10)과 레이블 값을 표시하시오.

　　　　눈금선 : 선 스타일-파선

　　　　축 : ≪출력형태≫를 참조하시오.

(8) 범례 ⇒ 범례명을 변경하고 ≪출력형태≫를 참조하시오.

(9) 도형 ⇒ '모서리가 둥근 사각형 설명선'을 삽입한 후 ≪출력형태≫와 같이 내용을 입력하시오.

(10) 나머지 사항은 ≪출력형태≫에 맞게 작성하시오.

　≪출력형태≫

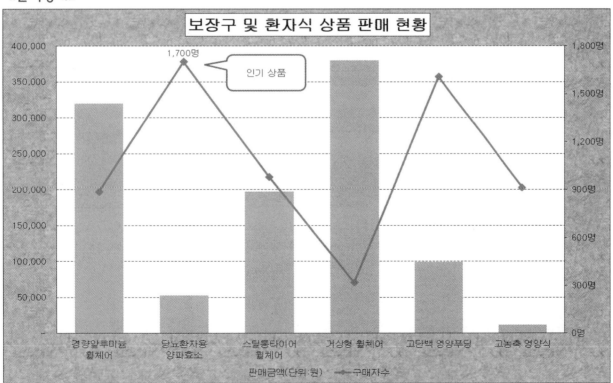

주의 ☞ 시트명 순서가 차례대로 "제1작업", "제2작업", "제3작업", "제4작업"이 되도록 할 것.

제2회 정보기술자격(ITQ) 시험

과 목	코 드	문제유형	시험시간	수험번호	성 명
한글엑셀	1122	A	60분		

수험자 유의사항

- 수험자는 문제지를 받는 즉시 문제지와 **수험표상의 시험과목(프로그램)이 동일한지 반드시 확인**하여야 합니다.

- 파일명은 본인의 "수험번호-성명"으로 입력하여 답안폴더(내 PC\문서\ITQ)에 하나의 파일로 저장해야하며, 답안문서 파일명이 "수험번호-성명"과 일치하지 않거나, 답안파일을 전송하지 않아 미제출로 처리될 경우 실격 처리합니다 (예:12345678-홍길동.xlsx).

- 답안 작성을 마치면 파일을 저장하고, '답안 전송' 버튼을 선택하여 감독위원 PC로 답안을 전송하십시오. 수험생 정보와 저장한 파일명이 다를 경우 전송되지 않으므로 주의하시기 바랍니다.

- 답안 작성 중에도 **주기적으로 저장하고, '답안 전송'**하여야 문제 발생을 줄일 수 있습니다. 작업한 내용을 저장하지 않고 전송할 경우 이전에 저장된 내용이 전송되오니 이점 유의하시기 바랍니다.

- 답안문서는 지정된 경로 외의 다른 보조기억장치에 저장하는 경우, 지정된 시험 시간 외에 작성된 파일을 활용할 경우, 기타 통신수단(이메일, 메신저, 네트워크 등)을 이용하여 타인에게 전달 또는 외부 반출하는 경우는 부정 처리합니다.

- 시험 중 부주의 또는 고의로 시스템을 파손한 경우는 수험자가 변상해야 하며, 〈수험자 유의사항〉에 기재된 방법대로 이행하지 않아 생기는 불이익은 수험생 당사자의 책임임을 알려 드립니다.

- 문제의 조건은 MS오피스 2016 버전으로 설정되어 있으니 유의하시기 바랍니다.

- 시험을 완료한 수험자는 답안파일이 전송되었는지 확인한 후 감독위원의 지시에 따라 문제지를 제출하고 퇴실합니다.

답안 작성요령

- 온라인 답안 작성 절차

  수험자 등록 ⇒ 시험 시작 ⇒ 답안파일 저장 ⇒ 답안 전송 ⇒ 시험 종료

- 문제는 총 4단계, 즉 제1작업부터 제4작업까지 구성되어 있으며 반드시 제1작업부터 순서대로 작성하고 조건대로 작업하시오.

- 모든 작업시트의 A열은 열 너비 '1'로, 나머지 열은 적당하게 조절하시오.

- 모든 작업시트의 테두리는 《출력형태》와 같이 작업하시오.

- 해당 작업란에서는 각각 제시된 조건에 따라 《출력형태》와 같이 작업하시오.

- 답안 시트 이름은 "제1작업", "제2작업", "제3작업", "제4작업"이어야 하며 답안 시트 이외의 것은 감점 처리됩니다.

- 시트를 파일로 나누어 작업해서 저장할 경우 실격 처리됩니다.

The Insight KPC
kpc 한국생산성본부

168 ·

☞ 다음은 '수입 원두커피 판매 현황'에 대한 자료이다. 자료를 입력하고 조건에 맞도록 작업하시오.

≪출력형태≫

A	B	C	D	E	F	G	H	I	J
							결재	담당	팀장	부장

상품코드	상품명	커피 원산지	제조날짜	커피 원가 (단위:원)	판매수량	판매가 (단위:원)	유통기한	판매순위
BR-344	산토스 NY2	브라질	2019-10-20	8,500	339	18,000	(1)	(2)
CE-233	산타로사	콜롬비아	2019-10-02	7,000	1,035	15,200	(1)	(2)
CE-156	후일라 수프리모	콜롬비아	2019-11-04	6,300	326	11,000	(1)	(2)
ET-245	모모라 G1	에티오피아	2019-12-08	12,300	864	33,900	(1)	(2)
BR-332	모지아나 NY2	브라질	2019-12-23	9,800	1,532	14,500	(1)	(2)
CE-295	카우카 수프리모	콜롬비아	2019-11-04	6,800	248	12,300	(1)	(2)
BR-157	씨에라 옐로우버본	브라질	2019-12-15	6,900	567	15,000	(1)	(2)
ET-148	아리차 예가체프G1	에티오피아	2019-11-29	10,500	954	29,500	(1)	(2)
브라질 원산지 판매가(단위:원)의 평균			(3)			최대 커피 원가(단위:원)		(5)
11월 15일 이후 제조한 커피 판매수량의 합			(4)			상품명	산토스 NY2	제조날짜	(6)

≪조건≫

○ 모든 데이터의 서식에는 글꼴(굴림, 11pt), 정렬은 숫자 및 회계 서식은 오른쪽 정렬, 나머지 서식은 가운데 정렬로 작성하며 예외적인 것은 ≪출력형태≫를 참조하시오.

○ 제 목 ⇒ 사다리꼴 도형과 바깥쪽 그림자(오프셋 대각선 오른쪽 아래)를 이용하여 작성하고 "수입 원두커피 판매 현황"을 입력한 후 다음 서식을 적용하시오(글꼴−굴림, 24pt, 검정, 굵게, 채우기−노랑).

○ 임의의 셀에 결재란을 작성하여 그림으로 복사 기능을 이용하여 붙이기 하시오(단, 원본 삭제).

○ 「B4:J4, G14, I14」 영역은 '주황'으로 채우기 하시오.

○ 유효성 검사를 이용하여 「H14」 셀에 직영점(「C5:C12」 영역)이 선택 표시되도록 하시오.

○ 셀 서식 ⇒ 「G5:G12」 영역에 셀 서식을 이용하여 숫자 뒤에 '개'를 표시하시오(예 : 1,035개).

○ 「F5:F12」 영역에 대해 '원가'로 이름정의를 하시오.

◉ (1)~(6) 셀은 반드시 **주어진 함수를 이용**하여 값을 구하시오(결과값을 직접 입력하면 해당 셀은 0점 처리됨).

(1) 유통기한 ⇒ 「제조날짜+기간」으로 구하되 기간은 상품코드 네 번째 값이 1이면 365일, 2이면 500일, 3이면 730일로 지정하여 구하시오(CHOOSE, MID 함수)(예 : 2022-03-10).

(2) 판매순위 ⇒ 판매수량의 내림차순 순위를 1~3까지 구한 결과값에 '위'를 붙이고, 그 외에는 공백으로 구하시오(IF, RANK.EQ 함수, & 연산자)(예: 1위).

(3) 브라질 원산지 판매가(단위:원)의 평균 ⇒ 조건은 입력데이터를 이용하시오(DAVERAGE 함수).

(4) 11월 15일 이후 제조한 커피 판매수량의 합 ⇒ 11월 15일 이후(해당일 포함) 제조한 상품의 판매수량 합을 구하시오(SUMIF 함수).

(5) 최대 커피 원가(단위:원) ⇒ 정의된 이름(원가)을 이용하여 구하시오(LARGE 함수).

(6) 제조날짜 ⇒ 「H14」 셀에서 선택한 상품명에 대한 제조날짜를 구하시오(VLOOKUP 함수)(예 : 2019-01-01).

(7) 조건부 서식을 이용하여 판매가(단위:원) 셀에 데이터 막대 스타일(녹색)을 최소값 및 최대값으로 적용하시오.

☞ **"제1작업" 시트의 「B4:H12」 영역을 복사하여 "제2작업" 시트의 「B2」 셀부터 모두 붙여넣기를 한 후 다음의 조건과 같이 작업하시오.**

≪조건≫

(1) 고급필터 - 커피 원산지가 '에티오피아'가 아니면서, 커피 원가(단위:원)이 '7,000' 이상인 자료의 데이터 만 추출하시오.

　　　　　- 조건 범위 : 「B13」 셀부터 입력하시오.

　　　　　- 복사 위치 : 「B18」 셀부터 나타나도록 하시오.

(2) 표 서식 - 고급필터의 결과셀을 채우기 없음으로 설정한 후 '표 스타일 보통 6'의 서식을 적용하시오.

　　　　　- 머리글 행, 줄무늬 행을 적용하시오.

☞ **"제1작업" 시트를 이용하여 "제3작업" 시트의 조건에 따라 ≪출력형태≫와 같이 작업하시오.**

≪조건≫

(1) 제조날짜 및 커피 원산지별 상품명의 개수와 판매가(단위:원)의 평균을 구하시오.

(2) 제조날짜를 그룹화하고, 커피 원산지를 ≪출력형태≫와 같이 정렬하시오.

(3) 레이블이 있는 셀 병합 및 가운데 맞춤 적용 및 빈 셀은 '***'로 표시하시오.

(4) 행의 총합계는 지우고, 나머지 사항은 ≪출력형태≫에 맞게 작성하시오.

≪출력형태≫

제조날짜	커피 원산지 ↓						
	콜롬비아		에티오피아		브라질		
제조날짜 ▼	개수 : 상품명	평균 : 판매가(단위:원)	개수 : 상품명	평균 : 판매가(단위:원)	개수 : 상품명	평균 : 판매가(단위:원)
10월	1	15,200	***	***	1	18,000
11월	2	11,650	1	29,500	***	***
12월	***	***	1	33,900	2	14,750
총합계	3	12,833	2	31,700	3	15,833

☞ **"제1작업" 시트를 이용하여 조건에 따라 ≪출력형태≫와 같이 작업하시오.**

　≪조건≫

(1) 차트 종류 ⇒ 〈묶은 세로 막대형〉으로 작업하시오.

(2) 데이터 범위 ⇒ "제1작업" 시트의 내용을 이용하여 작업하시오.

(3) 위치 ⇒ "새 시트"로 이동하고, "제4작업"으로 시트 이름을 바꾸시오.

(4) 차트 디자인 도구 ⇒ 레이아웃 3, 스타일 1을 선택하여 ≪출력형태≫에 맞게 작업하시오.

(5) 영역 서식 ⇒ 차트 : 글꼴(굴림, 11pt), 채우기 효과(질감-파랑 박엽지)

　　　　　　　　 그림 : 채우기(흰색, 배경 1)

(6) 제목 서식 ⇒ 차트 제목 : 글꼴(굴림, 굵게, 20pt), 채우기(흰색, 배경 1), 테두리

(7) 서식 ⇒ 판매수량 계열의 차트 종류를 〈표식이 있는 꺾은선형〉으로 변경한 후 보조 축으로 지정하시오.

　　　　 계열 : ≪출력형태≫를 참조하여 표식(네모, 크기 10)과 레이블 값을 표시하시오.

　　　　 눈금선 : 선 스타일-파선

　　　　 축 : ≪출력형태≫를 참조하시오.

(8) 범례 ⇒ 범례명을 변경하고 ≪출력형태≫를 참조하시오.

(9) 도형 ⇒ '사각형 설명선'을 삽입하고 ≪출력형태≫와 같이 내용을 입력하시오.

(10) 나머지 사항은 ≪출력형태≫에 맞게 작성하시오.

　≪출력형태≫

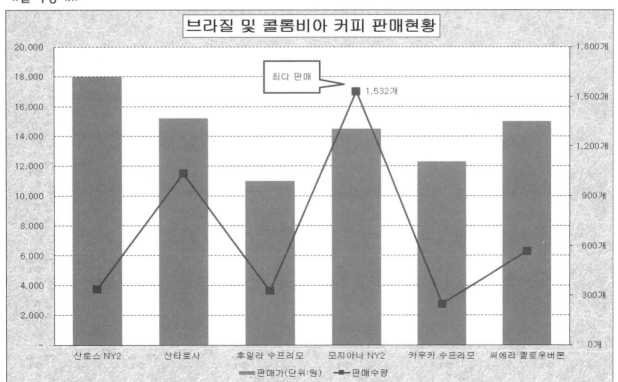

주의 ☞ 시트명 순서가 차례대로 "제1작업", "제2작업", "제3작업", "제4작업"이 되도록 할 것.

제3회 정보기술자격(ITQ) 시험

과 목	코 드	문제유형	시험시간	수험번호	성 명
한글엑셀	1122	A	60분		

☞ **다음은 '꽃집청년들 매출 현황'에 대한 자료이다. 자료를 입력하고 조건에 맞도록 작업하시오.**

≪출력형태≫

상품코드	상품명	구분	판매가 (단위:원)	주문수량	매출금액 (단위:원)	증감률	사이즈	순위
T2578-M	수국	꽃다발	67,000	94	5,700,000	5.3%	(1)	(2)
B2324-L	진백	분재	200,000	79	7,500,000	-12.0%	(1)	(2)
F2354-S	생일축하	꽃바구니	50,000	105	4,250,000	8.2%	(1)	(2)
B2384-M	소사	분재	150,000	69	4,000,000	-16.0%	(1)	(2)
F4322-L	프로포즈	꽃바구니	125,000	86	9,625,000	2.6%	(1)	(2)
T3284-L	분홍장미	꽃다발	59,000	64	5,600,000	-33.9%	(1)	(2)
F3255-S	결혼기념일	꽃바구니	50,000	91	3,650,000	-8.2%	(1)	(2)
T2698-L	안개	꽃다발	61,000	114	6,500,000	15.4%	(1)	(2)
꽃바구니 상품 개수			(3)		꽃다발의 주문수량 평균			(5)
최대 판매가(단위:원)			(4)		상품명	수국	주문수량	(6)

(확인: 담당 / 과장 / 차장)

≪조건≫

○ 모든 데이터의 서식에는 글꼴(굴림, 11pt), 정렬은 숫자 및 회계 서식은 오른쪽 정렬, 나머지 서식은 가운데 정렬로 작성하며 예외적인 것은 ≪출력형태≫를 참조하시오.

○ 제 목 ⇒ 갈매기형 수장 도형과 바깥쪽 그림자(오프셋 오른쪽)를 이용하여 작성하고 "꽃집청년들 매출 현황"을 입력한 후 다음 서식을 적용하시오(글꼴-굴림, 24pt, 검정, 굵게, 채우기-노랑).

○ 임의의 셀에 결재란을 작성하여 그림으로 복사 기능을 이용하여 붙이기 하시오(단, 원본 삭제).

○ 「B4:J4, G14, I14」 영역은 '주황'으로 채우기 하시오.

○ 유효성 검사를 이용하여 「H14」 셀에 상품명(「C5:C12」 영역)이 선택 표시되도록 하시오.

○ 셀 서식 ⇒ 「F5:F12」 영역에 셀 서식을 이용하여 숫자 뒤에 '개'를 표시하시오(예 : 94개).

○ 「E5:E12」 영역에 대해 '판매가'로 이름정의를 하시오.

⊙ (1)~(6) 셀은 반드시 **주어진 함수를 이용**하여 값을 구하시오(결과값을 직접 입력하면 해당 셀은 0점 처리됨).

(1) 사이즈 ⇒ 상품코드의 마지막 한 글자가 L이면 '대', M이면 '중', 그 외에는 '소'로 구하시오 (IF, RIGHT 함수).

(2) 순위 ⇒ 주문수량의 내림차순 순위를 구한 결과값에 '위'를 붙이시오(RANK.EQ 함수, & 연산자)(예 : 1위).

(3) 꽃바구니 상품 개수 ⇒ (COUNTIF 함수)

(4) 최대 판매가(단위:원) ⇒ 정의된 이름(판매가)을 이용하여 구하시오(MAX 함수).

(5) 꽃다발의 주문수량 평균 ⇒ 반올림하여 정수로 구하시오. 단, 조건은 입력데이터를 이용하시오 (ROUND, DAVERAGE 함수)(예 : 12.3 → 12).

(6) 주문수량 ⇒ 「H14」 셀에서 선택한 상품명에 대한 주문수량을 구하시오(VLOOKUP 함수).

(7) 조건부 서식의 수식을 이용하여 주문수량이 '100' 이상인 행 전체에 다음의 서식을 적용하시오 (글꼴 : 파랑, 굵게).

☞ **"제1작업" 시트의 「B4:H12」 영역을 복사하여 "제2작업" 시트의 「B2」 셀부터 모두 붙여넣기를 한 후 다음의 조건과 같이 작업하시오.**

≪조건≫

(1) 목표값 찾기 – 「B11:G11」 셀을 병합하여 "꽃다발의 매출금액(단위:원)의 평균"을 입력한 후 「H11」 셀에 꽃다발의 매출금액(단위:원)의 평균을 구하시오. 단, 조건은 입력데이터를 이용하시오. (DAVERAGE 함수, 테두리, 가운데 맞춤)

    – '매출금액(단위:원)의 평균'이 '6,500,000'이 되려면 수국의 매출금액(단위:원)이 얼마가 되어야 하는지 목표값을 구하시오.

(2) 고급필터 – 구분이 '분재'이거나, 주문수량이 '100' 이상인 자료의 상품코드, 상품명, 판매가(단위:원), 매출금액(단위:원)의 데이터만 추출하시오.

    – 조건 범위 : 「B14」 셀부터 입력하시오.

    – 복사 위치 : 「B18」 셀부터 나타나도록 하시오.

☞ **"제1작업" 시트의 「B4:H12」 영역을 복사하여 "제3작업" 시트의 「B2」 셀부터 모두 붙여넣기를 한 후 다음의 조건과 같이 작업하시오.**

≪조건≫

(1) 부분합 – ≪출력형태≫처럼 정렬하고, 상품명의 개수와 매출금액(단위:원)의 평균을 구하시오.

(2) 윤 곽 – 지우시오.

(3) 나머지 사항은 ≪출력형태≫에 맞게 작성하시오.

≪출력형태≫

A	B	C	D	E	F	G	H
1							
2	상품코드	상품명	구분	판매가 (단위:원)	주문수량	매출금액 (단위:원)	증감률
3	B2324-L	진백	분재	200,000	79개	7,500,000	-12.0%
4	B2384-M	소사	분재	150,000	69개	4,000,000	-16.0%
5			분재 평균			5,750,000	
6		2	분재 개수				
7	F2354-S	생일축하	꽃바구니	50,000	105개	4,250,000	8.2%
8	F4322-L	프로포즈	꽃바구니	125,000	86개	9,625,000	2.6%
9	F3255-S	결혼기념일	꽃바구니	50,000	91개	3,650,000	-8.2%
10			꽃바구니 평균			5,841,667	
11		3	꽃바구니 개수				
12	T2578-M	수국	꽃다발	67,000	94개	5,700,000	5.3%
13	T3284-L	분홍장미	꽃다발	59,000	64개	5,600,000	-33.9%
14	T2698-L	안개	꽃다발	61,000	114개	6,500,000	15.4%
15			꽃다발 평균			5,933,333	
16		3	꽃다발 개수				
17			전체 평균			5,853,125	
18		8	전체 개수				

☞ **"제1작업" 시트를 이용하여 조건에 따라 ≪출력형태≫와 같이 작업하시오.**

≪조건≫

(1) 차트 종류 ⇒ 〈묶은 세로 막대형〉으로 작업하시오.

(2) 데이터 범위 ⇒ "제1작업" 시트의 내용을 이용하여 작업하시오.

(3) 위치 ⇒ "새 시트"로 이동하고, "제4작업"으로 시트 이름을 바꾸시오.

(4) 차트 디자인 도구 ⇒ 레이아웃 3, 스타일 3을 선택하여 ≪출력형태≫에 맞게 작업하시오.

(5) 영역 서식 ⇒ 차트 : 글꼴(굴림, 11pt), 채우기 효과(질감-파피루스)

　　　　　　　그림 : 채우기(흰색, 배경 1)

(6) 제목 서식 ⇒ 차트 제목 : 글꼴(굴림, 굵게, 20pt), 채우기(흰색, 배경 1), 테두리

(7) 서식 ⇒ 판매가(단위:원) 계열의 차트 종류를 〈표식이 있는 꺾은선형〉으로 변경한 후 보조 축으로 지정하시오.

　　　　계열 : ≪출력형태≫를 참조하여 표식(세모, 크기 10)과 레이블 값을 표시하시오.

　　　　눈금선 : 선 스타일-파선

　　　　축 : ≪출력형태≫를 참조하시오.

(8) 범례 ⇒ 범례명을 변경하고 ≪출력형태≫를 참조하시오.

(9) 도형 ⇒ '모서리가 둥근 사각형 설명선'을 삽입하고 ≪출력형태≫와 같이 내용을 입력하시오.

(10) 나머지 사항은 ≪출력형태≫에 맞게 작성하시오.

≪출력형태≫

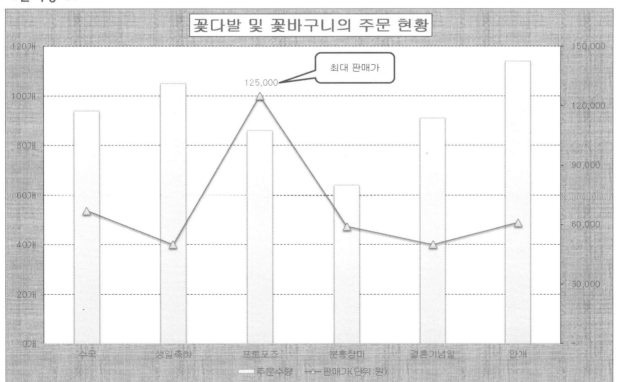

주의 ☞ 시트명 순서가 차례대로 "제1작업", "제2작업", "제3작업", "제4작업"이 되도록 할 것.

제4회 정보기술자격(ITQ) 시험

과 목	코 드	문제유형	시험시간	수험번호	성 명
한글엑셀	1122	A	60분		

The Insight KPC
kpc 한국생산성본부

☞ **다음은 '일반의약품 판매가격 현황'에 대한 자료이다. 자료를 입력하고 조건에 맞도록 작업하시오.**

≪출력형태≫

코드	제품명	제조사	구분	규격 (ml/캅셀/g)	평균가격 (원)	최저가격	순위	제품이력
						결재	담당	대리	팀장

일반의약품 판매가격 현황

코드	제품명	제조사	구분	규격 (ml/캅셀/g)	평균가격 (원)	최저가격	순위	제품이력
DH1897	위생천	광동제약	소화제	75	580	500	(1)	(2)
HY1955	챔프	동아제약	해열진통제	10	2,000	1,600	(1)	(2)
DA1956	판피린큐	동아제약	해열진통제	20	400	350	(1)	(2)
DG1985	애시논액	동아제약	소화제	10	4,800	4,150	(1)	(2)
GY1958	포타디연고	삼일제약	외용연고제	75	500	400	(1)	(2)
SE1987	부루펜시럽	삼일제약	해열진통제	90	4,300	3,900	(1)	(2)
HD1957	생록천	광동제약	소화제	75	500	420	(1)	(2)
DH1980	후시딘	동화약품	외용연고제	10	5,200	4,500	(1)	(2)
광동제약 제품 평균가격(원)의 평균			(3)			최저가격의 중간값		(5)
소화제 최저가격의 평균			(4)			제품명	위생천	최저가격	(6)

≪조건≫

○ 모든 데이터의 서식에는 글꼴(굴림, 11pt), 정렬은 숫자 및 회계 서식은 오른쪽 정렬, 나머지 서식은 가운데 정렬로 작성하며 예외적인 것은 ≪출력형태≫를 참조하시오.

○ 제 목 ⇒ 오각형 도형과 바깥쪽 그림자(오프셋 오른쪽)를 이용하여 작성하고 "일반의약품 판매가격 현황"을 입력한 후 다음 서식을 적용하시오(글꼴-굴림, 24pt, 검정, 굵게, 채우기-노랑).

○ 임의의 셀에 결재란을 작성하여 그림으로 복사 기능을 이용하여 붙이기 하시오(단, 원본 삭제).

○ 「B4:J4, G14, I14」 영역은 '주황'으로 채우기 하시오.

○ 유효성 검사를 이용하여 「H14」 셀에 제품명(「C5:C12」 영역)이 선택 표시되도록 하시오.

○ 셀 서식 ⇒ 「H5:H12」 영역에 셀 서식을 이용하여 숫자 뒤에 '원'을 표시하시오(예 : 1,600원).

○ 「H5:H12」 영역에 대해 '최저가격'으로 이름정의를 하시오.

◉ (1)~(6) 셀은 반드시 **주어진 함수를 이용**하여 값을 구하시오(결과값을 직접 입력하면 해당 셀은 0점 처리됨).

(1) 순위 ⇒ 평균가격(원)의 내림차순 순위를 1~3까지 구하고, 그 외에는 공백으로 표시하시오 (IF, RANK.EQ 함수).

(2) 제품이력 ⇒ 「2020-제품출시연도」로 계산한 결과값 뒤에 '년'을 붙이시오. 단, 제품출시연도는 코드의 마지막 네 글자를 이용하시오(RIGHT 함수, & 연산자)(예 : 11년).

(3) 광동제약 제품 평균가격(원)의 평균 ⇒ (SUMIF, COUNTIF 함수).

(4) 소화제 최저가격의 평균 ⇒ 조건은 입력데이터를 이용하시오(DAVERAGE 함수).

(5) 최저가격의 중간값 ⇒ 정의된 이름(최저가격)을 이용하여 구하시오(MEDIAN 함수).

(6) 최저가격 ⇒ 「H14」 셀에서 선택한 제품명에 대한 최저가격을 표시하시오(VLOOKUP 함수).

(7) 조건부 서식을 이용하여 평균가격(원) 셀에 데이터 막대 스타일(빨강)을 최소값 및 최대값으로 적용하시오.

☞ **"제1작업" 시트의 「B4:H12」 영역을 복사하여 "제2작업" 시트의 「B2」 셀부터 모두 붙여넣기를 한 후 다음의 조건과 같이 작업하시오.**

≪조건≫

(1) 고급필터 – 구분이 '소화제'가 아니면서, 평균가격(원)이 '1,000' 이상인 자료의 데이터만 추출하시오.
　　　　　　 – 조건 범위 : 「B13」 셀부터 입력하시오.
　　　　　　 – 복사 위치 : 「B18」 셀부터 나타나도록 하시오.

(2) 표 서식 – 고급필터의 결과셀을 채우기 없음으로 설정한 후 '표 스타일 보통 6'의 서식을 적용하시오.
　　　　　 – 머리글 행, 줄무늬 행을 적용하시오.

☞ **"제1작업" 시트를 이용하여 "제3작업" 시트의 조건에 따라 ≪출력형태≫와 같이 작업하시오.**

≪조건≫

(1) 최저가격 및 구분별 제품명의 개수와 평균가격(원)의 최소값을 구하시오.
(2) 최저가격을 그룹화하고, 구분을 ≪출력형태≫와 같이 정렬하시오.
(3) 레이블이 있는 셀 병합 및 가운데 맞춤 적용 및 빈 셀은 '***'로 표시하시오.
(4) 행의 총합계는를 지우고, 나머지 사항은 ≪출력형태≫에 맞게 작성하시오.

≪출력형태≫

최저가격	해열진통제		외용연고제		소화제	
	개수 : 제품명	최소값 : 평균가격(원)	개수 : 제품명	최소값 : 평균가격(원)	개수 : 제품명	최소값 : 평균가격(원)
1-1000	1	400	1	500	2	500
1001-2000	1	2,000	***	***	***	***
3001-4000	1	4,300	***	***	***	***
4001-5000	***	***	1	5,200	1	4,800
총합계	3	400	2	500	3	500

☞ "제1작업" 시트를 이용하여 조건에 따라 ≪출력형태≫와 같이 작업하시오.

　　≪조건≫

(1) 차트 종류 ⇒ 〈묶은 세로 막대형〉으로 작업하시오.

(2) 데이터 범위 ⇒ "제1작업" 시트의 내용을 이용하여 작업하시오.

(3) 위치 ⇒ "새 시트"로 이동하고, "제4작업"으로 시트 이름을 바꾸시오.

(4) 차트 디자인 도구 ⇒ 레이아웃 3, 스타일 4를 선택하여 ≪출력형태≫에 맞게 작업하시오.

(5) 영역 서식 ⇒ 차트 : 글꼴(굴림, 11pt), 채우기 효과(질감-파랑 박엽지)

　　　　　　　 그림 : 채우기(흰색, 배경 1)

(6) 제목 서식 ⇒ 차트 제목 : 글꼴(굴림, 굵게, 20pt), 채우기(흰색, 배경 1), 테두리

(7) 서식 ⇒ 평균가격(원) 계열의 차트 종류를 〈표식이 있는 꺾은선형〉으로 변경한 후 보조 축으로 지정하시오.

　　　　 계열 : ≪출력형태≫를 참조하여 표식(원형, 크기 10)과 레이블 값을 표시하시오.

　　　　 눈금선 : 선 스타일-파선

　　　　 축 : ≪출력형태≫를 참조하시오.

(8) 범례 ⇒ 범례명을 변경하고 ≪출력형태≫를 참조하시오.

(9) 도형 ⇒ '위쪽 리본'을 삽입하고 ≪출력형태≫와 같이 내용을 입력하시오.

(10) 나머지 사항은 ≪출력형태≫에 맞게 작성하시오.

　　≪출력형태≫

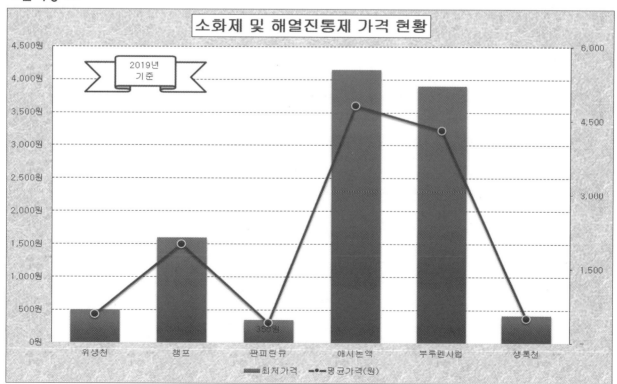

주의 ☞ 시트명 순서가 차례대로 "제1작업", "제2작업", "제3작업", "제4작업"이 되도록 할 것.

제5회 정보기술자격(ITQ) 시험

과 목	코 드	문제유형	시험시간	수험번호	성 명
한글엑셀	1122	A	60분		

수험자 유의사항

- 수험자는 문제지를 받는 즉시 문제지와 **수험표상의 시험과목(프로그램)이 동일한지 반드시 확인**하여야 합니다.

- 파일명은 본인의 "수험번호-성명"으로 입력하여 답안폴더(내 PC₩문서₩ITQ)에 하나의 파일로 저장해야하며, 답안문서 파일명이 "수험번호-성명"과 일치하지 않거나, 답안파일을 전송하지 않아 미제출로 처리될 경우 실격 처리합니다 (예:12345678-홍길동.xlsx).

- 답안 작성을 마치면 파일을 저장하고, '답안 전송' 버튼을 선택하여 감독위원 PC로 답안을 전송하십시오. 수험생 정보와 저장한 파일명이 다를 경우 전송되지 않으므로 주의하시기 바랍니다.

- 답안 작성 중에도 **주기적으로 저장하고, '답안 전송'**하여야 문제 발생을 줄일 수 있습니다. 작업한 내용을 저장하지 않고 전송할 경우 이전에 저장된 내용이 전송되오니 이점 유의하시기 바랍니다.

- 답안문서는 지정된 경로 외의 다른 보조기억장치에 저장하는 경우, 지정된 시험 시간 외에 작성된 파일을 활용할 경우, 기타 통신수단(이메일, 메신저, 네트워크 등)을 이용하여 타인에게 전달 또는 외부 반출하는 경우는 부정 처리합니다.

- 시험 중 부주의 또는 고의로 시스템을 파손한 경우는 수험자가 변상해야 하며, 〈수험자 유의사항〉에 기재된 방법대로 이행하지 않아 생기는 불이익은 수험생 당사자의 책임임을 알려 드립니다.

- 문제의 조건은 MS오피스 2016 버전으로 설정되어 있으니 유의하시기 바랍니다.

- 시험을 완료한 수험자는 답안파일이 전송되었는지 확인한 후 감독위원의 지시에 따라 문제지를 제출하고 퇴실합니다.

답안 작성요령

- 온라인 답안 작성 절차

  수험자 등록 ⇒ 시험 시작 ⇒ 답안파일 저장 ⇒ 답안 전송 ⇒ 시험 종료

- 문제는 총 4단계, 즉 제1작업부터 제4작업까지 구성되어 있으며 반드시 제1작업부터 순서대로 작성하고 조건대로 작업하시오.

- 모든 작업시트의 A열은 열 너비 '1'로, 나머지 열은 적당하게 조절하시오.

- 모든 작업시트의 테두리는 《출력형태》와 같이 작업하시오.

- 해당 작업란에서는 각각 제시된 조건에 따라 《출력형태》와 같이 작업하시오.

- 답안 시트 이름은 "제1작업", "제2작업", "제3작업", "제4작업"이어야 하며 답안 시트 이외의 것은 감점 처리됩니다.

- 시트를 파일로 나누어 작업해서 저장할 경우 실격 처리됩니다.

The Insight KPC
kpc 한국생산성본부

☞ 다음은 '인터넷 외국어 강좌 현황'에 대한 자료이다. 자료를 입력하고 조건에 맞도록 작업하시오.

≪출력형태≫

관리코드	강좌명	구분	수강료	수강기간	학습자수 (단위:명)	진행강사수 (단위:명)	수업일수	순위
확인			사원		팀장		본부장	
HB-2272	왕초보	스페인어	79,000	4개월	215	3	(1)	(2)
AC-7543	발음클리닉	중국어	50,000	2개월	249	2	(1)	(2)
HR-2843	원어민처럼 말하기	스페인어	90,000	3개월	105	1	(1)	(2)
PB-2433	어법/어휘 마스터	영어	203,000	8개월	248	2	(1)	(2)
PW-3462	실전 비즈니스	영어	214,000	8개월	194	3	(1)	(2)
CB-3642	즐거운 스페인어	스페인어	189,000	5개월	384	3	(1)	(2)
PC-2361	맛있는 중국어	중국어	153,000	12개월	348	2	(1)	(2)
EB-4342	중국어 첫걸음	중국어	80,000	2개월	127	2	(1)	(2)
수강료가 10만원 이하인 강좌 비율			(3)		최다 학습자수(단위:명)			(5)
중국어 학습자수(단위:명) 합계			(4)		강좌명	왕초보	수강료	(6)

≪조건≫

○ 모든 데이터의 서식에는 글꼴(굴림, 11pt), 정렬은 숫자 및 회계 서식은 오른쪽 정렬, 나머지 서식은 가운데 정렬로 작성하며 예외적인 것은 ≪출력형태≫를 참조하시오.

○ 제 목 ⇒ 평행 사변형 도형과 바깥쪽 그림자(오프셋 오른쪽)를 이용하여 작성하고 "인터넷 외국어 강좌 현황"을 입력한 후 다음 서식을 적용하시오(글꼴-굴림, 24pt, 검정, 굵게, 채우기-노랑).

○ 임의의 셀에 결재란을 작성하여 그림으로 복사 기능을 이용하여 붙이기 하시오(단, 원본 삭제).

○ 「B4:J4, G14, I14」 영역은 '주황'으로 채우기 하시오.

○ 유효성 검사를 이용하여 「H14」 셀에 강좌명(「C5:C12」 영역)이 선택 표시되도록 하시오.

○ 셀 서식 ⇒ 「E5:E12」 영역에 셀 서식을 이용하여 숫자 뒤에 '원'을 표시하시오(예 : 79,000원).

○ 「D5:D12」 영역에 대해 '구분'으로 이름정의를 하시오.

◉ (1)~(6) 셀은 반드시 **주어진 함수를 이용**하여 값을 구하시오(결과값을 직접 입력하면 해당 셀은 0점 처리됨).

(1) 수업일수 ⇒ 관리코드의 마지막 한 글자가 1이면 '주1회', 2이면 '주2회', 3이면 '주3회'로 구하시오 (CHOOSE, RIGHT 함수).

(2) 순위 ⇒ 학습자수(단위:명)의 내림차순 순위를 구한 결과값에 '위'를 붙이시오 (RANK. EQ 함수, & 연산자)(예 : 1위).

(3) 수강료가 10만원 이하인 강좌 비율 ⇒ 전체 강좌에 대한 수강료가 100,000 이하인 강좌의 비율을 구하고, 백분율로 표시하시오(COUNTIF, COUNTA 함수)(예 : 12%).

(4) 중국어 학습자수(단위:명) 합계 ⇒ 정의된 이름(구분)을 이용하여 구하시오(SUMIF 함수).

(5) 최다 학습자수(단위:명) ⇒ (MAX 함수)

(6) 수강료 ⇒ 「H14」 셀에서 선택한 강좌명에 대한 수강료를 구하시오(VLOOKUP 함수).

(7) 조건부 서식의 수식을 이용하여 학습자수(단위:명)가 '300' 이상인 행 전체에 다음의 서식을 적용하시오 (글꼴 : 파랑, 굵게).

☞ **"제1작업" 시트의 「B4:H12」 영역을 복사하여 "제2작업" 시트의 「B2」 셀부터 모두 붙여넣기를 한 후 다음의 조건과 같이 작업하시오.**

≪조건≫

(1) 목표값 찾기 – 「B11:G11」 셀을 병합하여 "스페인어의 학습자수(단위:명)의 평균"을 입력한 후 「H11」 셀에 스페인어의 학습자수(단위:명)의 평균을 구하시오. 단, 조건은 입력데이터를 이용하시오. (DAVERAGE 함수, 테두리, 가운데 맞춤)

     – '스페인어의 학습자수(단위:명)'의 평균이 '300'이 되려면 왕초보의 학습자수(단위:명)가 얼마가 되어야 하는지 목표값을 구하시오.

(2) 고급필터 – 구분이 '영어'이거나, 수강료가 '50,000' 이하인 자료의 관리코드, 강좌명, 수강료, 학습자수 (단위:명)의 데이터만 추출하시오.

     – 조건 범위 : 「B14」 셀부터 입력하시오.

     – 복사 위치 : 「B18」 셀부터 나타나도록 하시오.

☞ **"제1작업" 시트의 「B4:H12」 영역을 복사하여 "제3작업" 시트의 「B2」 셀부터 모두 붙여넣기를 한 후 다음의 조건과 같이 작업하시오.**

≪조건≫

(1) 부분합 – ≪출력형태≫처럼 정렬하고, 강좌명의 개수와 학습자수(단위:명)의 평균을 구하시오.

(2) 윤 곽 – 지우시오.

(3) 나머지 사항은 ≪출력형태≫에 맞게 작성하시오.

≪출력형태≫

	B	C	D	E	F	G 학습자수 (단위:명)	H 진행강사수 (단위:명)
2	관리코드	강좌명	구분	수강료	수강기간	학습자수 (단위:명)	진행강사수 (단위:명)
3	AC-7543	발음클리닉	중국어	50,000원	2개월	249	2
4	PC-2361	맛있는 중국어	중국어	153,000원	12개월	348	2
5	EB-4342	중국어 첫걸음	중국어	80,000원	2개월	127	2
6			중국어 평균			241	
7		3	중국어 개수				
8	PB-2433	어법/어휘 마스터	영어	203,000원	8개월	248	2
9	PW-3462	실전 비즈니스	영어	214,000원	8개월	194	3
10			영어 평균			221	
11		2	영어 개수				
12	HB-2272	왕초보	스페인어	79,000원	4개월	215	3
13	HR-2843	원어민처럼 말하기	스페인어	90,000원	3개월	105	1
14	CB-3642	즐거운 스페인어	스페인어	189,000원	5개월	384	3
15			스페인어 평균			235	
16		3	스페인어 개수				
17			전체 평균			234	
18		8	전체 개수				

☞ **"제1작업" 시트를 이용하여 조건에 따라 ≪출력형태≫와 같이 작업하시오.**

≪조건≫

(1) 차트 종류 ⇒ 〈묶은 세로 막대형〉으로 작업하시오.

(2) 데이터 범위 ⇒ "제1작업" 시트의 내용을 이용하여 작업하시오.

(3) 위치 ⇒ "새 시트"로 이동하고, "제4작업"으로 시트 이름을 바꾸시오.

(4) 차트 디자인 도구 ⇒ 레이아웃 3, 스타일 1을 선택하여 ≪출력형태≫에 맞게 작업하시오.

(5) 영역 서식 ⇒ 차트 : 글꼴(굴림, 11pt), 채우기 효과(질감-양피지)

　　　　　　　그림 : 채우기(흰색, 배경 1)

(6) 제목 서식 ⇒ 차트 제목 : 글꼴(굴림, 굵게, 20pt), 채우기(흰색, 배경 1), 테두리

(7) 서식 ⇒ 수강료 계열의 차트 종류를 〈표식이 있는 꺾은선형〉으로 변경한 후 보조 축으로 지정하시오.

　　　　계열 : ≪출력형태≫를 참조하여 표식(네모, 크기 10)과 레이블 값을 표시하시오.

　　　　눈금선 : 선 스타일-파선

　　　　축 : ≪출력형태≫를 참조하시오.

(8) 범례 ⇒ 범례명을 변경하고 ≪출력형태≫를 참조하시오.

(9) 도형 ⇒ '모서리가 둥근 사각형 설명선'을 삽입하고 ≪출력형태≫와 같이 내용을 입력하시오.

(10) 나머지 사항은 ≪출력형태≫에 맞게 작성하시오.

≪출력형태≫

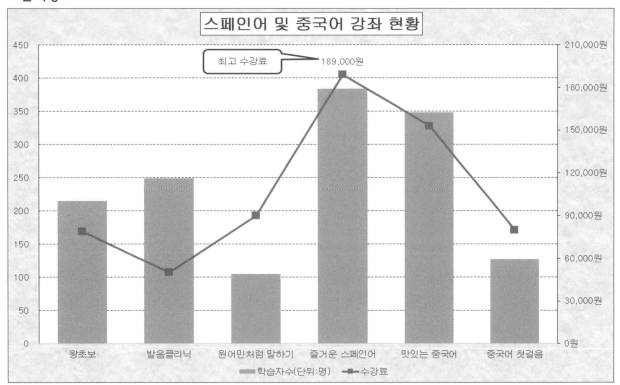

주의 ☞ 시트명 순서가 차례대로 "제1작업", "제2작업", "제3작업", "제4작업"이 되도록 할 것.

제6회 정보기술자격(ITQ) 시험

과 목	코 드	문제유형	시험시간	수험번호	성 명
한글엑셀	1122	A	60분		

수험자 유의사항

- 수험자는 문제지를 받는 즉시 문제지와 **수험표상의 시험과목(프로그램)이 동일한지 반드시 확인**하여야 합니다.

- 파일명은 본인의 "수험번호-성명"으로 입력하여 답안폴더(내 PC\문서\ITQ)에 하나의 파일로 저장해야하며, 답안문서 파일명이 "수험번호-성명"과 일치하지 않거나, 답안파일을 전송하지 않아 미제출로 처리될 경우 실격 처리합니다 (예:12345678-홍길동.xlsx).

- 답안 작성을 마치면 파일을 저장하고, '답안 전송' 버튼을 선택하여 감독위원 PC로 답안을 전송하십시오. 수험생 정보와 저장한 파일명이 다를 경우 전송되지 않으므로 주의하시기 바랍니다.

- 답안 작성 중에도 **주기적으로 저장하고, '답안 전송'**하여야 문제 발생을 줄일 수 있습니다. 작업한 내용을 저장하지 않고 전송할 경우 이전에 저장된 내용이 전송되오니 이점 유의하시기 바랍니다.

- 답안문서는 지정된 경로 외의 다른 보조기억장치에 저장하는 경우, 지정된 시험 시간 외에 작성된 파일을 활용할 경우, 기타 통신수단(이메일, 메신저, 네트워크 등)을 이용하여 타인에게 전달 또는 외부 반출하는 경우는 부정 처리합니다.

- 시험 중 부주의 또는 고의로 시스템을 파손한 경우는 수험자가 변상해야 하며, 〈수험자 유의사항〉에 기재된 방법대로 이행하지 않아 생기는 불이익은 수험생 당사자의 책임임을 알려 드립니다.

- 문제의 조건은 MS오피스 2016 버전으로 설정되어 있으니 유의하시기 바랍니다.

- 시험을 완료한 수험자는 답안파일이 전송되었는지 확인한 후 감독위원의 지시에 따라 문제지를 제출하고 퇴실합니다.

답안 작성요령

- 온라인 답안 작성 절차

  수험자 등록 ⇒ 시험 시작 ⇒ 답안파일 저장 ⇒ 답안 전송 ⇒ 시험 종료

- 문제는 총 4단계, 즉 제1작업부터 제4작업까지 구성되어 있으며 반드시 제1작업부터 순서대로 작성하고 조건대로 작업하시오.

- 모든 작업시트의 A열은 열 너비 '1'로, 나머지 열은 적당하게 조절하시오.

- 모든 작업시트의 테두리는 《출력형태》와 같이 작업하시오.

- 해당 작업란에서는 각각 제시된 조건에 따라 《출력형태》와 같이 작업하시오.

- 답안 시트 이름은 "제1작업", "제2작업", "제3작업", "제4작업"이어야 하며 답안 시트 이외의 것은 감점 처리됩니다.

- 시트를 파일로 나누어 작업해서 저장할 경우 실격 처리됩니다.

The Insight KPC
kpc 한국생산성본부

☞ 다음은 '핑크레인 매출 현황'에 대한 자료이다. 자료를 입력하고 조건에 맞도록 작업하시오.

≪출력형태≫

코드	매입일자	제품명	제품종류	소비자가 (단위:원)	회원가 (단위:원)	판매수량	이벤트	순위
						결재	담당	팀장	본부장
106-DG	2019-12-20	낭만고양이	우비세트	59,000	52,000	84	(1)	(2)
204-DG	2019-12-21	밤에 부엉이	우산	13,000	11,000	97	(1)	(2)
127-AT	2019-12-22	겨울왕국	우비세트	24,500	20,000	415	(1)	(2)
137-CT	2019-12-05	크리스마스	장화	49,000	34,500	354	(1)	(2)
124-AP	2019-12-16	릴리	우비세트	58,700	51,500	45	(1)	(2)
111-DR	2019-12-08	도트레인	장화	24,000	20,000	215	(1)	(2)
119-DR	2019-12-12	정글	우산	18,000	13,600	306	(1)	(2)
422-AP	2019-12-16	엘루	우산	21,700	18,600	201	(1)	(2)
우산제품의 회원가(단위:원) 평균			(3)			최저 판매수량		(5)
우비세트의 판매수량 합계			(4)			제품명	낭만고양이	판매수량	(6)

≪조건≫

○ 모든 데이터의 서식에는 글꼴(굴림, 11pt), 정렬은 숫자 및 회계 서식은 오른쪽 정렬, 나머지 서식은 가운데 정렬로 작성하며 예외적인 것은 ≪출력형태≫를 참조하시오.

○ 제 목 ⇒ 한쪽 모서리가 잘린 사각형도형과 바깥쪽 그림자(오프셋 오른쪽)를 이용하여 작성하고 "핑크레인 매출 현황"을 입력한 후 다음 서식을 적용하시오(글꼴-굴림, 24pt, 검정, 굵게, 채우기-노랑).

○ 임의의 셀에 결재란을 작성하여 그림으로 복사 기능을 이용하여 붙이기 하시오(단, 원본 삭제).

○ 「B4:J4, G14, I14」영역은 '주황'으로 채우기 하시오.

○ 유효성 검사를 이용하여 「H14」셀에 제품명(「D5:D12」영역)이 선택 표시되도록 하시오.

○ 셀 서식 ⇒ 「H5:H12」영역에 셀 서식을 이용하여 숫자 뒤에 '개'를 표시하시오. (예 : 84개).

○ 「G5:G12」영역에 대해 '회원가'로 이름정의를 하시오.

◉ (1)~(6) 셀은 반드시 **주어진 함수를 이용**하여 값을 구하시오(결과값을 직접 입력하면 해당 셀은 0점 처리됨).

(1) 이벤트 ⇒ 코드의 마지막 글자가 T이면 '1월 40% 할인', 그 외에는 공백으로 구하시오(IF, RIGHT 함수).

(2) 순위 ⇒ 판매수량의 내림차순 순위를 구한 결과값에 '위'를 붙이시오(RANK.EQ 함수, & 연산자)(예 : 1위).

(3) 우산제품의 회원가(단위:원) 평균 ⇒ 정의된 이름(회원가)을 이용하여 구하시오(SUMIF, COUNTIF 함수).

(4) 우비세트의 판매수량 합계 ⇒ 조건은 입력데이터를 이용하시오(DSUM 함수).

(5) 최저 판매수량 ⇒ (MIN 함수)

(6) 판매수량 ⇒ 「H14」셀에서 선택한 제품명에 대한 판매수량을 표시하시오(VLOOKUP 함수).

(7) 조건부 서식을 이용하여 판매수량 셀에 데이터 막대 스타일(빨강)을 최소값 및 최대값으로 적용하시오.

☞ **"제1작업" 시트의 「B4:H12」 영역을 복사하여 "제2작업" 시트의 「B2」 셀부터 모두 붙여넣기를 한 후 다음의 조건과 같이 작업하시오.**

≪조건≫

(1) 고급필터 – 제품종류가 '우비세트'가 아니면서, 판매수량이 '100' 이상인 자료의 데이터만 추출하시오.
　　　　　　– 조건 범위 : 「B13」 셀부터 입력하시오.
　　　　　　– 복사 위치 : 「B18」 셀부터 나타나도록 하시오.

(2) 표 서식 – 고급필터의 결과셀을 채우기 없음으로 설정한 후 '표 스타일 보통 6'의 서식을 적용하시오.
　　　　　　– 머리글 행, 줄무늬 행을 적용하시오.

☞ **"제1작업" 시트를 이용하여 "제3작업" 시트의 조건에 따라 ≪출력형태≫와 같이 작업하시오.**

≪조건≫

(1) 매입일자 및 제품종류별 제품명의 개수와 회원가(단위:원)의 평균을 구하시오.
(2) 매입일자를 그룹화하고, 제품종류를 ≪출력형태≫와 같이 정렬하시오.
(3) 레이블이 있는 셀 병합 및 가운데 맞춤 적용 및 빈 셀은 '***'로 표시하시오.
(4) 행의 총합계는 지우고, 나머지 사항은 ≪출력형태≫에 맞게 작성하시오.

≪출력형태≫

⏷A	B	C	D	E	F	G	H
1							
2		제품종류 ⏷					
3			장화		우산		우비세트	
4	매입일자 ⏷	개수 : 제품명	평균 : 회원가(단위:원)	개수 : 제품명	평균 : 회원가(단위:원)	개수 : 제품명	평균 : 회원가(단위:원)
5	2019-12-05 - 2019-12-09	2	27,250	***	***	***	***
6	2019-12-10 - 2019-12-14	***	***	1	13,600	***	***
7	2019-12-15 - 2019-12-19	***	***	1	18,600	1	51,500
8	2019-12-20 - 2019-12-23	***	***	1	11,000	2	36,000
9	총합계	2	27,250	3	14,400	3	41,167

☞ **"제1작업" 시트를 이용하여 조건에 따라 ≪출력형태≫와 같이 작업하시오.**

≪조건≫

(1) 차트 종류 ⇒ 〈묶은 세로 막대형〉으로 작업하시오.

(2) 데이터 범위 ⇒ "제1작업" 시트의 내용을 이용하여 작업하시오.

(3) 위치 ⇒ "새 시트"로 이동하고, "제4작업"으로 시트 이름을 바꾸시오.

(4) 차트 디자인 도구 ⇒ 레이아웃 3, 스타일 4를 선택하여 ≪출력형태≫에 맞게 작업하시오.

(5) 영역 서식 ⇒ 차트 : 글꼴(굴림, 11pt), 채우기 효과(질감-꽃다발)

         그림 : 채우기(흰색, 배경 1)

(6) 제목 서식 ⇒ 차트 제목 : 글꼴(굴림, 굵게, 20pt), 채우기(흰색, 배경 1), 테두리

(7) 서식 ⇒ 회원가(단위:원) 계열의 차트 종류를 〈표식이 있는 꺾은선형〉으로 변경한 후 보조 축으로 지정하시오.

         계열 : ≪출력형태≫를 참조하여 표식(네모, 크기 10)과 레이블 값을 표시하시오.

         눈금선 : 선 스타일-파선

         축 : ≪출력형태≫를 참조하시오.

(8) 범례 ⇒ 범례명을 변경하고 ≪출력형태≫를 참조하시오.

(9) 도형 ⇒ '사각형 설명선'을 삽입하고 ≪출력형태≫와 같이 내용을 입력하시오.

(10) 나머지 사항은 ≪출력형태≫에 맞게 작성하시오.

≪출력형태≫

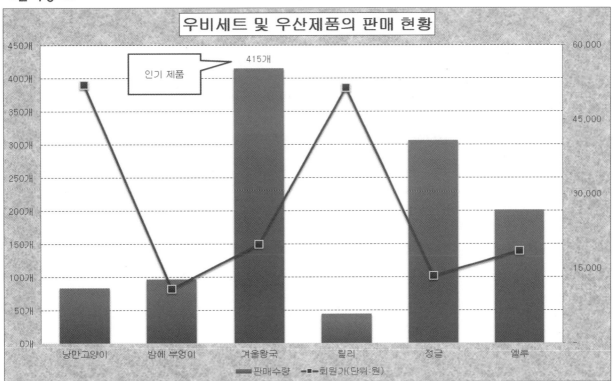

주의 ☞ 시트명 순서가 차례대로 "제1작업", "제2작업", "제3작업", "제4작업"이 되도록 할 것.

제7회 정보기술자격(ITQ) 시험

과 목	코 드	문제유형	시험시간	수험번호	성 명
한글엑셀	1122	A	60분		

수험자 유의사항

- 수험자는 문제지를 받는 즉시 문제지와 **수험표상의 시험과목(프로그램)이 동일한지 반드시 확인**하여야 합니다.

- 파일명은 본인의 "수험번호–성명"으로 입력하여 답안폴더(내 PC\문서\ITQ)에 하나의 파일로 저장해야하며, 답안문 서 파일명이 "수험번호–성명"과 일치하지 않거나, 답안파일을 전송하지 않아 미제출로 처리될 경우 실격 처리합니다 (예:12345678–홍길동.xlsx).

- 답안 작성을 마치면 파일을 저장하고, '답안 전송' 버튼을 선택하여 감독위원 PC로 답안을 전송하십시오. 수험생 정보와 저장한 파일명이 다를 경우 전송되지 않으므로 주의하시기 바랍니다.

- 답안 작성 중에도 **주기적으로 저장하고, '답안 전송'**하여야 문제 발생을 줄일 수 있습니다. 작업한 내용을 저장하지 않 고 전송할 경우 이전에 저장된 내용이 전송되오니 이점 유의하시기 바랍니다.

- 답안문서는 지정된 경로 외의 다른 보조기억장치에 저장하는 경우, 지정된 시험 시간 외에 작성된 파일을 활용할 경우, 기타 통신수단(이메일, 메신저, 네트워크 등)을 이용하여 타인에게 전달 또는 외부 반출하는 경우는 부정 처리합니다.

- 시험 중 부주의 또는 고의로 시스템을 파손한 경우는 수험자가 변상해야 하며, 〈수험자 유의사항〉에 기재된 방법대로 이행하지 않아 생기는 불이익은 수험생 당사자의 책임임을 알려 드립니다.

- 문제의 조건은 MS오피스 2016 버전으로 설정되어 있으니 유의하시기 바랍니다.

- 시험을 완료한 수험자는 답안파일이 전송되었는지 확인한 후 감독위원의 지시에 따라 문제지를 제출하고 퇴실합니다.

답안 작성요령

- 온라인 답안 작성 절차

  수험자 등록 ⇒ 시험 시작 ⇒ 답안파일 저장 ⇒ 답안 전송 ⇒ 시험 종료

- 문제는 총 4단계, 즉 제1작업부터 제4작업까지 구성되어 있으며 반드시 제1작업부터 순서대로 작성하고 조건대로 작업 하시오.

- 모든 작업시트의 A열은 열 너비 '1'로, 나머지 열은 적당하게 조절하시오.

- 모든 작업시트의 테두리는 《출력형태》와 같이 작업하시오.

- 해당 작업란에서는 각각 제시된 조건에 따라 《출력형태》와 같이 작업하시오.

- 답안 시트 이름은 "제1작업", "제2작업", "제3작업", "제4작업"이어야 하며 답안 시트 이외의 것은 감점 처리됩니다.

- 시트를 파일로 나누어 작업해서 저장할 경우 실격 처리됩니다.

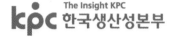

☞ 다음은 '업무 차량 보유 현황'에 대한 자료이다. 자료를 입력하고 조건에 맞도록 작업하시오.

≪출력형태≫

관리코드	관리자	구입일자	유종	구매가	주행거리 (Km)	평균연비 (Km/L)	주행거리 순위	사용년수
M597K	김지현	2018-07-03	하이브리드	3,555	171,833	22.4	(1)	(2)
R374G	안규정	2018-04-02	디젤	9,738	119,912	14.8	(1)	(2)
G839R	이수연	2019-08-27	가솔린	10,129	21,833	10.5	(1)	(2)
Z329F	장동욱	2017-01-19	하이브리드	8,650	47,158	12.5	(1)	(2)
Z325J	정인경	2019-03-30	디젤	9,894	58,075	15.3	(1)	(2)
O356L	최민석	2018-06-24	가솔린	7,402	73,402	8.9	(1)	(2)
C385B	정유진	2019-02-15	하이브리드	14,615	70,161	31.1	(1)	(2)
U594L	박두일	2017-04-04	가솔린	7,339	102,863	9.3	(1)	(2)
최저 구매가			(3)		하이브리드 구매가 합계			(5)
주행거리가 평균 이상인 차량 수			(4)		관리자	김지현	유종	(6)

결재 / 담당 / 과장 / 소장

≪조건≫

○ 모든 데이터의 서식에는 글꼴(굴림, 11pt), 정렬은 숫자 및 회계 서식은 오른쪽 정렬, 나머지 서식은 가운데 정렬로 작성하며 예외적인 것은 ≪출력형태≫를 참조하시오.

○ 제 목 ⇒ 오각형과 바깥쪽 그림자(오프셋 대각선 오른쪽 아래)를 이용하여 작성하고 "업무 차량 보유 현황"을 입력한 후 다음 서식을 적용하시오(글꼴-굴림, 24pt, 검정, 굵게, 채우기-노랑).

○ 임의의 셀에 결재란을 작성하여 그림으로 복사 기능을 이용하여 붙이기 하시오(단, 원본 삭제).

○ 「B4:J4, G14, I14」 영역은 '주황'으로 채우기 하시오.

○ 유효성 검사를 이용하여 「H14」 셀에 관리자(「C5:C12」 영역)를 선택 표시되도록 하시오.

○ 셀 서식 ⇒ 「F5:F12」 영역에 셀 서식을 이용하여 숫자 뒤에 '만원'을 표시하시오(예 : 3,555만원).

○ 「F5:F12」영역에 대해 '구매가'로 이름정의를 하시오.

⊙ (1)~(6) 셀은 반드시 **주어진 함수를 이용**하여 값을 구하시오(결과값을 직접 입력하면 해당 셀은 0점 처리됨).

(1) 주행거리 순위 ⇒ 주행거리(Km)의 내림차순 순위를 1~3까지 구하고, 그 외에는 공백으로 나타내시오(IF, RANK.EQ 함수).

(2) 사용년수 ⇒ 「2019 - 구입일자의 연도+1」로 구한 결과값에 '년'을 붙이시오 (YEAR 함수, & 연산자)(예 : 2년).

(3) 최저 구매가 ⇒ 정의된 이름(구매가)을 이용하여 구하시오(MIN 함수).

(4) 주행거리가 평균 이상인 차량 수 ⇒ (COUNTIF, AVERAGE 함수)

(5) 하이브리드 구매가 합계 ⇒ 조건은 입력데이터를 이용하시오(DSUM 함수).

(6) 유종 ⇒ 「H14」 셀에서 선택한 관리자에 대한 유종을 구하시오(VLOOKUP 함수).

(7) 조건부 서식을 이용하여 평균연비(Km/L) 셀에 데이터 막대 스타일(녹색)을 최소값 및 최대값으로 적용하시오.

☞ **"제1작업"** 시트의 「B4:H12」 영역을 복사하여 **"제2작업"** 시트의 「B2」 셀부터 모두 붙여넣기를 한 후 다음의 조건과 같이 작업하시오.

≪조건≫

(1) 고급필터 – 유종이 '디젤'이거나 평균연비(Km/L)가 '10' 이하인 자료의 데이터만 추출하시오.
　　　　　　 – 조건 범위 : 「B13」 셀부터 입력하시오.
　　　　　　 – 복사 위치 : 「B18」 셀부터 나타나도록 하시오.

(2) 표 서식 – 고급필터의 결과셀을 채우기 없음으로 설정한 후 '표 스타일 보통 2'의 서식을 적용하시오.
　　　　　　 – 머리글 행, 줄무늬 행을 적용하시오.

☞ **"제1작업"** 시트의 「B4:H12」 영역을 복사하여 **"제3작업"** 시트의 「B2」 셀부터 모두 붙여넣기를 한 후 다음의 조건과 같이 작업하시오.

≪조건≫

(1) 부분합 – ≪출력형태≫처럼 정렬하고, 관리코드의 개수와 구매가의 최대값을 구하시오.
(2) 윤 곽 – 지우시오.
(3) 나머지 사항은 ≪출력형태≫에 맞게 작성하시오.

≪출력형태≫

	A	B	C	D	E	F	G	H
1								
2		관리코드	관리자	구입일자	유종	구매가	주행거리 (Km)	평균연비 (Km/L)
3		M597K	김지현	2018-07-03	하이브리드	3,555만원	171,833	22.4
4		Z329F	장동욱	2017-01-19	하이브리드	8,650만원	47,158	12.5
5		C385B	정유진	2019-02-15	하이브리드	14,615만원	70,161	31.1
6					하이브리드 최대값	14,615만원		
7		3			하이브리드 개수			
8		R374G	안규정	2018-04-02	디젤	9,738만원	119,912	14.8
9		Z325J	정인경	2019-03-30	디젤	9,894만원	58,075	15.3
10					디젤 최대값	9,894만원		
11		2			디젤 개수			
12		G839R	이수연	2019-08-27	가솔린	10,129만원	21,833	10.5
13		O356L	최민석	2018-06-24	가솔린	7,402만원	73,402	8.9
14		U594L	박두일	2017-04-04	가솔린	7,339만원	102,863	9.3
15					가솔린 최대값	10,129만원		
16		3			가솔린 개수			
17					전체 최대값	14,615만원		
18		8			전체 개수			

☞ **"제1작업" 시트를 이용하여 조건에 따라 ≪출력형태≫와 같이 작업하시오.**

　　≪조건≫

(1) 차트 종류 ⇒ 〈묶은 세로 막대형〉으로 작업하시오.

(2) 데이터 범위 ⇒ "제1작업" 시트의 내용을 이용하여 작업하시오.

(3) 위치 ⇒ "새 시트"로 이동하고, "제4작업"으로 시트 이름을 바꾸시오.

(4) 차트 디자인 도구 ⇒ 레이아웃 3, 스타일 1을 선택하여 ≪출력형태≫에 맞게 작업하시오.

(5) 영역 서식 ⇒ 차트 : 글꼴(굴림, 11pt), 채우기 효과(질감–분홍 박엽지)

　　　　　　　　그림 : 채우기(흰색, 배경 1)

(6) 제목 서식 ⇒ 차트 제목 : 글꼴(굴림, 굵게, 20pt), 채우기(흰색, 배경 1), 테두리

(7) 서식 ⇒ 구매가 계열의 차트 종류를 〈표식이 있는 꺾은선형〉으로 변경한 후 보조 축으로 지정하시오.

　　　　계열 : ≪출력형태≫를 참조하여 표식(원형, 크기 10)과 레이블 값을 표시하시오.

　　　　눈금선 : 선 스타일–파선

　　　　축 : ≪출력형태≫를 참조하시오.

(8) 범례 ⇒ 범례명을 변경하고 ≪출력형태≫를 참조하시오.

(9) 도형 ⇒ '모서리가 둥근 사각형 설명선'을 삽입하고 ≪출력형태≫와 같이 내용을 입력하시오.

(10) 나머지 사항은 ≪출력형태≫에 맞게 작성하시오.

　　≪출력형태≫

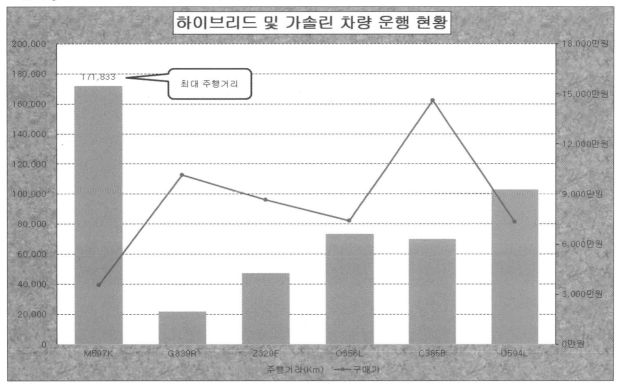

주의 ☞ 시트명 순서가 차례대로 "제1작업", "제2작업", "제3작업", "제4작업"이 되도록 할 것.

제8회 정보기술자격(ITQ) 시험

과 목	코 드	문제유형	시험시간	수험번호	성 명
한글엑셀	1122	A	60분		

☞ **다음은 '멀티 충전기 판매 현황'에 대한 자료이다. 자료를 입력하고 조건에 맞도록 작업하시오.**

≪출력형태≫

	상품코드	상품명	분류	리뷰	사용자 총 평점	가격 (단위:원)	출시일	순위	비고
							결재 MD / 차장 / 이사		
	125-PT	이엠듀 QC30C	퀵차지 3.0	1,128	4.7	18,300	2017-04-01	(1)	(2)
	505-WP	글로벌텐교 TK	초고속	279	4.9	13,900	2018-07-01	(1)	(2)
	602-QC	이지넷 NEXT62	퀵차지 3.0	1,910	4.6	19,330	2017-06-05	(1)	(2)
	665-JC	큐브온 C타입	차량용	60	4.8	23,600	2019-03-01	(1)	(2)
	401-UC	알로멀티 UC401	초고속	1,114	4.5	14,900	2017-08-31	(1)	(2)
	501-QC	대쉬크랩	차량용	1,415	4.3	19,800	2017-08-09	(1)	(2)
	602-PV	파워스테이션 V2	퀵차지 3.0	1,049	3.8	89,900	2017-08-01	(1)	(2)
	301-VR	주파집 CAR3	차량용	59	4.6	13,800	2018-11-26	(1)	(2)
	차량용을 제외한 제품의 평균 리뷰			(3)		퀵차지 3.0 평균 가격(단위:원)			(5)
	두 번째로 높은 사용자 총 평점			(4)		상품명	이엠듀 QC30C	출시일	(6)

제목: **멀티 충전기 판매 현황**

≪조건≫

○ 모든 데이터의 서식에는 글꼴(굴림, 11pt), 정렬은 숫자 및 회계 서식은 오른쪽 정렬, 나머지 서식은 가운데 정렬로 작성하며 예외적인 것은 ≪출력형태≫를 참조하시오.

○ 제 목 ⇒ 평행 사변형 도형과 바깥쪽 그림자(오프셋 오른쪽)를 이용하여 작성하고 "멀티 충전기 판매 현황"을 입력한 후 다음 서식을 적용하시오(글꼴-굴림, 24pt, 검정, 굵게, 채우기-노랑).

○ 임의의 셀에 결재란을 작성하여 그림으로 복사 기능을 이용하여 붙이기 하시오(단, 원본 삭제).

○ 「B4:J4, G14, I14」영역은 '주황'으로 채우기 하시오.

○ 유효성 검사를 이용하여 「H14」셀에 상품명(「C5:C12」영역)이 선택 표시되도록 하시오.

○ 셀 서식 ⇒ 「E5:E12」영역에 셀 서식을 이용하여 숫자 뒤에 '명'을 표시하시오(예 : 1,128명).

○ 「F5:F12」영역에 대해 '평점'으로 이름정의를 하시오.

⊙ (1)~(6) 셀은 반드시 **주어진 함수를 이용**하여 값을 구하시오(결과값을 직접 입력하면 해당 셀은 0점 처리됨).

(1) 순위 ⇒ 가격(단위:원)을 기준으로 오름차순 순위를 구한 값에 '위'를 붙이시오
　　　　　(RANK.EQ 함수, & 연산자)(예 : 1위).

(2) 비고 ⇒ 상품코드의 마지막 글자가 C이면 'C타입', P이면 'P타입', 그 외에는 공백으로 구하시오.
　　　　　(IF, RIGHT 함수).

(3) 차량용을 제외한 제품의 평균 리뷰 ⇒ (SUMIF, COUNTIF 함수)

(4) 두 번째로 높은 사용자 총 평점 ⇒ 정의된 이름(평점)을 이용하여 구하시오(LARGE 함수).

(5) 퀵차지 3.0 평균 가격(단위:원) ⇒ 분류가 퀵차지 3.0인 상품의 가격(단위:원) 평균을 구하시오.
　　　　　　　　　　　　　단, 조건은 입력데이터를 이용하시오(DAVERAGE 함수).

(6) 출시일 ⇒ 「H14」셀에서 선택한 상품명에 대한 출시일을 구하시오(VLOOKUP 함수)(예 : 2019-01-01).

(7) 조건부 서식의 수식을 이용하여 사용자 총 평점이 '4.8' 이상인 행 전체에 다음의 서식을 적용하시오
　　(글꼴 : 파랑, 굵게).

제 2 작업 **목표값 찾기 및 필터** （80점）

☞ **"제1작업"** 시트의 「B4:H12」 영역을 복사하여 **"제2작업"** 시트의 「B2」 셀부터 모두 붙여넣기를 한 후 다음의 조건과 같이 작업하시오.

≪조건≫

(1) 목표값 찾기 – 「B11:G11」 셀을 병합하여 "퀵차지 3.0의 가격(단위:원)의 평균"을 입력한 후 「H11」 셀에 퀵차지 3.0의 가격(단위:원)의 평균을 구하시오. 단, 조건은 입력데이터를 이용하시오 (DAVERAGE 함수, 테두리, 가운데 맞춤).

– '퀵차지 3.0의 가격(단위:원)의 평균'이 '18,000'이 되려면 이엠듀 QC30C의 가격(단위:원이 얼마가 되어야 하는지 목표값을 구하시오.

(2) 고급필터 – 리뷰가 '1,500' 이상이거나 출시일이 '2018-01-01' 이후(해당일 포함)인 자료의 상품코드, 상품명, 리뷰, 사용자 총 평점 데이터만 추출하시오.

– 조건 범위 : 「B14」 셀부터 입력하시오.

– 복사 위치 : 「B18」 셀부터 나타나도록 하시오.

제 3 작업 **정렬 및 부분합** （80점）

☞ **"제1작업"** 시트의 「B4:H12」 영역을 복사하여 **"제3작업"** 시트의 「B2」 셀부터 모두 붙여넣기를 한 후 다음의 조건과 같이 작업하시오.

≪조건≫

(1) 부분합 – ≪출력형태≫처럼 정렬하고, 상품명의 개수와 사용자 총 평점의 최대값을 구하시오.

(2) 윤 곽 – 지우시오.

(3) 나머지 사항은 ≪출력형태≫에 맞게 작성하시오.

≪출력형태≫

A	B	C	D	E	F	G	H
1							
2	상품코드	상품명	분류	리뷰	사용자 총 평점	가격 (단위:원)	출시일
3	125-PT	이엠듀 QC30C	퀵차지 3.0	1,128명	4.7	18,300	2017-04-01
4	602-QC	이지넷 NEXT62	퀵차지 3.0	1,910명	4.6	19,330	2017-06-05
5	602-PV	파워스테이션 V2	퀵차지 3.0	1,049명	3.8	89,900	2017-08-01
6			퀵차지 3.0 최대값		4.7		
7		3	퀵차지 3.0 개수				
8	505-WP	글로벌텐교 TK	초고속	279명	4.9	13,900	2018-07-01
9	401-UC	알로멀티 UC401	초고속	1,114명	4.5	14,900	2017-08-31
10			초고속 최대값		4.9		
11		2	초고속 개수				
12	665-JC	큐브몬 C타입	차량용	60명	4.8	23,600	2019-03-01
13	501-QC	대쉬크랩	차량용	1,415명	4.3	19,800	2017-08-09
14	301-VR	주파집 CAR3	차량용	59명	4.6	13,800	2018-11-26
15			차량용 최대값		4.8		
16		3	차량용 개수				
17			전체 최대값		4.9		
18		8	전체 개수				
19							

☞ **"제1작업" 시트를 이용하여 조건에 따라 ≪출력형태≫와 같이 작업하시오.**

≪조건≫

(1) 차트 종류 ⇒ 〈묶은 세로 막대형〉으로 작업하시오.

(2) 데이터 범위 ⇒ "제1작업" 시트의 내용을 이용하여 작업하시오.

(3) 위치 ⇒ "새 시트"로 이동하고, "제4작업"으로 시트 이름을 바꾸시오.

(4) 차트 디자인 도구 ⇒ 레이아웃 3, 스타일 1을 선택하여 ≪출력형태≫에 맞게 작업하시오.

(5) 영역 서식 ⇒ 차트 : 글꼴(굴림, 11pt), 채우기 효과(질감−분홍 박엽지)

　　　　　　　 그림 : 채우기(흰색, 배경 1)

(6) 제목 서식 ⇒ 차트 제목 : 글꼴(굴림, 굵게, 20pt), 채우기(흰색, 배경 1), 테두리

(7) 서식 ⇒ 리뷰 계열의 차트 종류를 〈표식이 있는 꺾은선형〉으로 변경한 후 보조 축으로 지정하시오.

　　　　 계열 : ≪출력형태≫를 참조하여 표식(다이아몬드, 크기 13)과 레이블 값을 표시하시오.

　　　　 눈금선 : 선 스타일−파선

　　　　 축 : ≪출력형태≫를 참조하시오.

(8) 범례 ⇒ 범례명을 변경하고 ≪출력형태≫를 참조하시오.

(9) 도형 ⇒ '모서리가 둥근 사각형 설명선'을 삽입하고 ≪출력형태≫와 같이 내용을 입력하시오.

(10) 나머지 사항은 ≪출력형태≫에 맞게 작성하시오.

≪출력형태≫

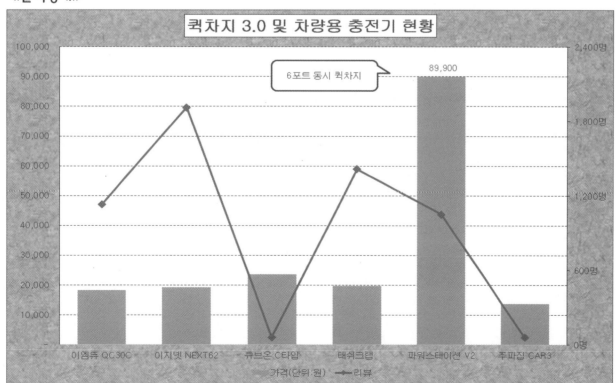

주의 ☞ 시트명 순서가 차례대로 "제1작업", "제2작업", "제3작업", "제4작업"이 되도록 할 것.

제9회 정보기술자격(ITQ) 시험

과 목	코 드	문제유형	시험시간	수험번호	성 명
한글엑셀	1122	A	60분		

수험자 유의사항

- 수험자는 문제지를 받는 즉시 문제지와 **수험표상의 시험과목(프로그램)이 동일한지 반드시 확인**하여야 합니다.

- 파일명은 본인의 "수험번호–성명"으로 입력하여 답안폴더(내 PC\문서\ITQ)에 하나의 파일로 저장해야 하며, 답안문서 파일명이 "수험번호–성명"과 일치하지 않거나, 답안파일을 전송하지 않아 미제출로 처리될 경우 실격 처리합니다 (예:12345678–홍길동.xlsx).

- 답안 작성을 마치면 파일을 저장하고, '답안 전송' 버튼을 선택하여 감독위원 PC로 답안을 전송하십시오. 수험생 정보와 저장한 파일명이 다를 경우 전송되지 않으므로 주의하시기 바랍니다.

- 답안 작성 중에도 **주기적으로 저장하고, '답안 전송'**하여야 문제 발생을 줄일 수 있습니다. 작업한 내용을 저장하지 않고 전송할 경우 이전에 저장된 내용이 전송되오니 이점 유의하시기 바랍니다.

- 답안문서는 지정된 경로 외의 다른 보조기억장치에 저장하는 경우, 지정된 시험 시간 외에 작성된 파일을 활용할 경우, 기타 통신수단(이메일, 메신저, 네트워크 등)을 이용하여 타인에게 전달 또는 외부 반출하는 경우는 부정 처리합니다.

- 시험 중 부주의 또는 고의로 시스템을 파손한 경우는 수험자가 변상해야 하며, 〈수험자 유의사항〉에 기재된 방법대로 이행하지 않아 생기는 불이익은 수험생 당사자의 책임임을 알려 드립니다.

- 문제의 조건은 MS오피스 2016 버전으로 설정되어 있으니 유의하시기 바랍니다.

- 시험을 완료한 수험자는 답안파일이 전송되었는지 확인한 후 감독위원의 지시에 따라 문제지를 제출하고 퇴실합니다.

답안 작성요령

- 온라인 답안 작성 절차

  수험자 등록 ⇒ 시험 시작 ⇒ 답안파일 저장 ⇒ 답안 전송 ⇒ 시험 종료

- 문제는 총 4단계, 즉 제1작업부터 제4작업까지 구성되어 있으며 반드시 제1작업부터 순서대로 작성하고 조건대로 작업하시오.

- 모든 작업시트의 A열은 열 너비 '1'로, 나머지 열은 적당하게 조절하시오.

- 모든 작업시트의 테두리는 ≪출력형태≫와 같이 작업하시오.

- 해당 작업란에서는 각각 제시된 조건에 따라 ≪출력형태≫와 같이 작업하시오.

- 답안 시트 이름은 "제1작업", "제2작업", "제3작업", "제4작업"이어야 하며 답안 시트 이외의 것은 감점 처리됩니다.

- 시트를 파일로 나누어 작업해서 저장할 경우 실격 처리됩니다.

The Insight KPC
kpc 한국생산성본부

☞ 다음은 '2019년 온라인 카페 현황'에 대한 자료이다. 자료를 입력하고 조건에 맞도록 작업하시오.

≪출력형태≫

	담당	대리	과장
결재			

2019년 온라인 카페 현황

카페명	분류	개설일	회원 수	게시글 수	게시판 구독 수	하반기 조회 건수	포털 순위	개설연수
바이트레인	여행	2016-07-06	370,240	550,012	1,232	6,766	(1)	(2)
스윙댄스	취미	2018-09-17	529,588	549,385	3,090	5,813	(1)	(2)
카이트	취미	2016-12-11	164,056	410,904	17,817	6,315	(1)	(2)
유랑	여행	2018-08-04	265,265	147,056	3,930	6,537	(1)	(2)
요리쿡	요리	2016-12-12	807,475	902,103	55,830	5,491	(1)	(2)
여행홀릭	여행	2017-04-15	405,395	785,678	34,130	8,739	(1)	(2)
오늘요리	요리	2018-05-14	220,186	268,612	9,654	7,719	(1)	(2)
우드워커	취미	2017-12-02	368,271	755,304	23,037	6,933	(1)	(2)
여행 분야 중 최고 회원 수			(3)			여행 분야 평균 게시글 수		(5)
분류가 요리인 카페 수			(4)			카페명	바이트레인	회원 수	(6)

≪조건≫

○ 모든 데이터의 서식에는 글꼴(굴림, 11pt), 정렬은 숫자 및 회계 서식은 오른쪽 정렬, 나머지 서식은 가운데 정렬로 작성하며 예외적인 것은 ≪출력형태≫를 참조하시오.

○ 제 목 ⇒ 육각형 도형과 바깥쪽 그림자(오프셋 아래쪽)를 이용하여 작성하고 "2019년 온라인 카페 현황"을 입력한 후 다음 서식을 적용하시오(글꼴-굴림, 24pt, 검정, 굵게, 채우기-노랑).

○ 임의의 셀에 결재란을 작성하여 그림으로 복사 기능을 이용하여 붙이기 하시오(단, 원본 삭제).

○ 「B4:J4, G14, I14」영역은 '주황'으로 채우기 하시오.

○ 유효성 검사를 이용하여 「H14」 셀에 카페명(「B5:B12」 영역)이 선택 표시되도록 하시오.

○ 셀 서식 ⇒ 「E5:E12」 영역에 셀 서식을 이용하여 숫자 뒤에 '명'을 표시하시오(예 : 370,240명).

○ 「C5:C12」 영역에 대해 '분류'로 이름정의를 하시오.

⊙ (1)~(6) 셀은 반드시 **주어진 함수를 이용**하여 값을 구하시오(결과값을 직접 입력하면 해당 셀은 0점 처리됨).

(1) 포털 순위 ⇒ 하반기 조회 건수의 내림차순 순위를 '1~4'만 표시하고 그 외에는 공백으로 구하시오 (IF, RANK.EQ 함수).

(2) 개설연수 ⇒ 「2019-개설일의 연도」로 구한 결과값에 '년'을 붙이시오(YEAR 함수, & 연산자)(예 : 1년).

(3) 여행 분야 중 최고 회원 수 ⇒ 조건은 입력데이터를 이용하여 구하시오(DMAX 함수).

(4) 분류가 요리인 카페 수 ⇒ 정의된 이름(분류)을 이용하여 구하시오(COUNTIF 함수).

(5) 여행 분야 평균 게시글 수 ⇒ 조건은 입력데이터를 이용하고, 반올림하여 정수로 구하시오 (ROUND, DAVERAGE 함수)(예 : 156,251.6 → 156,252).

(6) 회원 수 ⇒ 「H14」 셀에서 선택한 카페명에 대한 회원 수를 구하시오(VLOOKUP 함수).

(7) 조건부 서식을 이용하여 회원 수 셀에 데이터 막대 스타일(녹색)을 최소값 및 최대값으로 적용하시오.

☞ **"제1작업" 시트의 「B4:H12」 영역을 복사하여 "제2작업" 시트의 「B2」 셀부터 모두 붙여넣기를 한 후 다음의 조건과 같이 작업하시오.**

≪조건≫

(1) 고급필터 – 분류가 '요리'이거나 회원 수가 '300,000' 이하인 자료의 데이터만 추출하시오.

　　　　 – 조건 범위 : 「B13」 셀부터 입력하시오.

　　　　 – 복사 위치 : 「B18」 셀부터 나타나도록 하시오.

(2) 표 서식 – 고급필터의 결과셀을 채우기 없음으로 설정한 후 '표 스타일 보통 2'의 서식을 적용하시오.

　　　　 – 머리글 행, 줄무늬 행을 적용하시오.

☞ **"제1작업" 시트의 「B4:H12」 영역을 복사하여 "제3작업" 시트의 「B2」 셀부터 모두 붙여넣기를 한 후 다음의 조건과 같이 작업하시오.**

≪조건≫

(1) 부분합 – ≪출력형태≫처럼 정렬하고, 카페명의 개수와 게시글 수의 최대값을 구하시오.

(2) 윤 곽 – 지우시오.

(3) 나머지 사항은 ≪출력형태≫에 맞게 작성하시오.

≪출력형태≫

A	B	C	D	E	F	G	H
1							
2	카페명	분류	개설일	회원 수	게시글 수	게시판 구독 수	하반기 조회 건수
3	스윙댄스	취미	2018-09-17	529,588명	549,385	3,090	5,813
4	카이트	취미	2016-12-11	164,056명	410,904	17,817	6,315
5	우드워커	취미	2017-12-02	868,271명	755,304	23,037	6,933
6		취미 최대값				755,304	
7	3	취미 개수					
8	요리쿡	요리	2016-12-12	807,475명	902,103	55,830	5,491
9	오늘요리	요리	2018-05-14	220,186명	268,612	9,654	7,719
10		요리 최대값				902,103	
11	2	요리 개수					
12	바이트레인	여행	2016-07-06	370,240명	550,012	1,232	6,766
13	유랑	여행	2018-08-04	265,265명	147,056	3,930	6,537
14	여행홀릭	여행	2017-04-15	405,395명	785,678	34,130	8,739
15		여행 최대값				785,678	
16	3	여행 개수					
17		전체 최대값				902,103	
18	8	전체 개수					

☞ **"제1작업" 시트를 이용하여 조건에 따라 ≪출력형태≫와 같이 작업하시오.**

≪조건≫

⑴ 차트 종류 ⇒ 〈묶은 세로 막대형〉으로 작업하시오.

⑵ 데이터 범위 ⇒ "제1작업" 시트의 내용을 이용하여 작업하시오.

⑶ 위치 ⇒ "새 시트"로 이동하고, "제4작업"으로 시트 이름을 바꾸시오.

⑷ 차트 디자인 도구 ⇒ 레이아웃 3, 스타일 1을 선택하여 ≪출력형태≫에 맞게 작업하시오.

⑸ 영역 서식 ⇒ 차트 : 글꼴(굴림, 11pt), 채우기 효과(질감-신문 용지)

　　　　　　　　 그림 : 채우기(흰색, 배경 1)

⑹ 제목 서식 ⇒ 차트 제목 : 글꼴(굴림, 굵게, 20pt), 채우기(흰색, 배경 1), 테두리

⑺ 서식 ⇒ 회원 수 계열의 차트 종류를 〈표식이 있는 꺾은선형〉으로 변경한 후 보조 축으로 지정하시오.

　　　　　계열 : ≪출력형태≫를 참조하여 표식(다이아몬드, 크기 10)과 레이블 값을 표시하시오.

　　　　　눈금선 : 선 스타일-파선

　　　　　축 : ≪출력형태≫를 참조하시오.

⑻ 범례 ⇒ 범례명을 변경하고 ≪출력형태≫를 참조하시오.

⑼ 도형 ⇒ '모서리가 둥근 사각형 설명선'을 삽입하고 ≪출력형태≫와 같이 내용을 입력하시오.

⑽ 나머지 사항은 ≪출력형태≫에 맞게 작성하시오.

≪출력형태≫

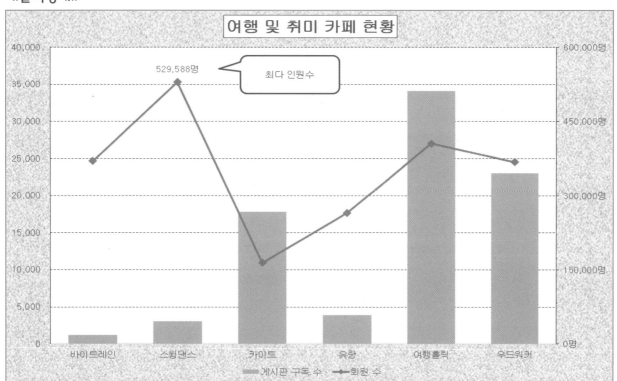

주의 ☞ 시트명 순서가 차례대로 "제1작업", "제2작업", "제3작업", "제4작업"이 되도록 할 것.

제10회 정보기술자격(ITQ) 시험

과 목	코 드	문제유형	시험시간	수험번호	성 명
한글엑셀	1122	A	60분		

수험자 유의사항

- 수험자는 문제지를 받는 즉시 문제지와 **수험표상의 시험과목(프로그램)이 동일한지 반드시 확인**하여야 합니다.

- 파일명은 본인의 "수험번호-성명"으로 입력하여 답안폴더(내 PC\문서\ITQ)에 하나의 파일로 저장해야하며, 답안문서 파일명이 "수험번호-성명"과 일치하지 않거나, 답안파일을 전송하지 않아 미제출로 처리될 경우 실격 처리합니다 (예:12345678-홍길동.xlsx).

- 답안 작성을 마치면 파일을 저장하고, '답안 전송' 버튼을 선택하여 감독위원 PC로 답안을 전송하십시오. 수험생 정보와 저장한 파일명이 다를 경우 전송되지 않으므로 주의하시기 바랍니다.

- 답안 작성 중에도 **주기적으로 저장하고, '답안 전송'**하여야 문제 발생을 줄일 수 있습니다. 작업한 내용을 저장하지 않고 전송할 경우 이전에 저장된 내용이 전송되오니 이점 유의하시기 바랍니다.

- 답안문서는 지정된 경로 외의 다른 보조기억장치에 저장하는 경우, 지정된 시험 시간 외에 작성된 파일을 활용할 경우, 기타 통신수단(이메일, 메신저, 네트워크 등)을 이용하여 타인에게 전달 또는 외부 반출하는 경우는 부정 처리합니다.

- 시험 중 부주의 또는 고의로 시스템을 파손한 경우는 수험자가 변상해야 하며, 〈수험자 유의사항〉에 기재된 방법대로 이행하지 않아 생기는 불이익은 수험생 당사자의 책임임을 알려 드립니다.

- 문제의 조건은 MS오피스 2016 버전으로 설정되어 있으니 유의하시기 바랍니다.

- 시험을 완료한 수험자는 답안파일이 전송되었는지 확인한 후 감독위원의 지시에 따라 문제지를 제출하고 퇴실합니다.

답안 작성요령

- 온라인 답안 작성 절차

  수험자 등록 ⇒ 시험 시작 ⇒ 답안파일 저장 ⇒ 답안 전송 ⇒ 시험 종료

- 문제는 총 4단계, 즉 제1작업부터 제4작업까지 구성되어 있으며 반드시 제1작업부터 순서대로 작성하고 조건대로 작업하시오.

- 모든 작업시트의 A열은 열 너비 '1'로, 나머지 열은 적당하게 조절하시오.

- 모든 작업시트의 테두리는 ≪출력형태≫와 같이 작업하시오.

- 해당 작업란에서는 각각 제시된 조건에 따라 ≪출력형태≫와 같이 작업하시오.

- 답안 시트 이름은 "제1작업", "제2작업", "제3작업", "제4작업"이어야 하며 답안 시트 이외의 것은 감점 처리됩니다.

- 시트를 파일로 나누어 작업해서 저장할 경우 실격 처리됩니다.

The Insight KPC
kpc 한국생산성본부

☞ **다음은 '제주도 객실 요금 및 예약 현황'에 대한 자료이다. 자료를 입력하고 조건에 맞도록 작업하시오.**

≪출력형태≫

관리코드	장소	객실수	성수기 요금	비수기 요금	9월 예약인원	10월 예약인원	순위	구분
				제주도 객실 요금 및 예약 현황		결재	담당	대리	과장
BE-001	서귀포	24	200,000	120,000	975	300	(1)	(2)
FE-002	중문	281	375,000	230,000	7,332	3,384	(1)	(2)
SC-002	서귀포	49	375,000	220,000	1,378	636	(1)	(2)
GW-001	중문	500	480,000	320,000	13,000	6,035	(1)	(2)
SE-002	서귀포	16	154,000	89,000	469	288	(1)	(2)
XG-001	성산	95	165,000	140,000	2,548	1,176	(1)	(2)
XY-003	성산	15	147,000	90,000	390	180	(1)	(2)
ST-003	서귀포	429	295,000	200,000	11,154	5,148	(1)	(2)
성산을 제외한 지역의 9월 예약인원 평균			(3)		최고 성수기 요금			(5)
서귀포지역의 10월 예약인원 평균			(4)		관리코드	BE-001	성수기 요금	(6)

≪조건≫

○ 모든 데이터의 서식에는 글꼴(굴림, 11pt), 정렬은 숫자 및 회계 서식은 오른쪽 정렬, 나머지 서식은 가운데 정렬로 작성하며 예외적인 것은 ≪출력형태≫를 참조하시오.

○ 제 목 ⇒ 양쪽 모서리가 둥근 사각형과 바깥쪽 그림자(오프셋 오른쪽)를 이용하여 작성하고 "제주도 객실 요금 및 예약 현황"을 입력한 후 다음 서식을 적용하시오 (글꼴-굴림, 24pt, 검정, 굵게, 채우기-노랑).

○ 임의의 셀에 결재란을 작성하여 그림으로 복사 기능을 이용하여 붙이기 하시오(단, 원본 삭제).

○ 「B4:J4, G14, I14」영역은 '주황'으로 채우기 하시오.

○ 유효성 검사를 이용하여 「H14」 셀에 관리코드(「B5:B12」 영역)가 선택 표시되도록 하시오.

○ 셀 서식 ⇒ 「E5:F12」 영역에 셀 서식을 이용하여 숫자 뒤에 '원'을 표시하시오(예 : 200,000원).

○ 「E5:E12」 영역에 대해 '성수기요금'으로 이름정의를 하시오.

⊙ (1)~(6) 셀은 반드시 **주어진 함수를 이용**하여 값을 구하시오(결과값을 직접 입력하면 해당 셀은 0점 처리됨).

⑴ 순위 ⇒ 10월 예약인원의 내림차순 순위를 구한 결과값에 '위'를 붙이시오 (RANK.EQ 함수, & 연산자)(예 : 1위).

⑵ 구분 ⇒ 관리코드의 마지막 글자가 1이면 '호텔', 2이면 '리조트', 3이면 '펜션'으로 구하시오 (CHOOSE, RIGHT 함수).

⑶ 성산을 제외한 지역의 9월 예약인원 평균 ⇒ (SUMIF, COUNTIF 함수)

⑷ 서귀포지역의 10월 예약인원 평균 ⇒ 조건은 입력데이터를 이용하시오(DAVERAGE 함수).

⑸ 최고 성수기 요금 ⇒ 정의된 이름(성수기요금)을 이용하여 구하시오(MAX 함수).

⑹ 성수기 요금 ⇒ 「H14」 셀에서 선택한 관리코드에 대한 성수기 요금을 구하시오(VLOOKUP 함수).

⑺ 조건부 서식의 수식을 이용하여 10월 예약인원이 '5,000' 이상인 행 전체에 다음의 서식을 적용하시오 (글꼴 : 파랑, 굵게).

☞ **"제1작업" 시트의 「B4:H12」 영역을 복사하여 "제2작업" 시트의 「B2」 셀부터 모두 붙여넣기를 한 후 다음의 조건과 같이 작업하시오.**

≪조건≫

(1) 목표값 찾기 – 「B11:G11」 셀을 병합하여 "서귀포의 10월 예약인원의 평균"을 입력한 후 「H11」 셀에 서귀포의 10월 예약인원의 평균을 구하시오. 단, 조건은 입력데이터를 이용하시오.
　　　　　　　(DAVERAGE 함수, 테두리, 가운데 맞춤)
　　　　　　– '서귀포의 10월 예약인원의 평균'이 '2,500'이 BE-001의 10월 예약인원이 얼마가 되어야 하는지 목표값을 구하시오.

(2) 고급필터 – 장소가 '성산'이거나 비수기 요금이 '300,000' 이상인 자료의 관리코드, 장소, 9월 예약인원, 10월 예약인원 데이터만 추출하시오.
　　　　　– 조건 범위 : 「B14」 셀부터 입력하시오.
　　　　　– 복사 위치 : 「B18」 셀부터 나타나도록 하시오.

☞ **"제1작업" 시트의 「B4:H12」 영역을 복사하여 "제3작업" 시트의 「B2」 셀부터 모두 붙여넣기를 한 후 다음의 조건과 같이 작업하시오.**

≪조건≫

(1) 부분합 – ≪출력형태≫처럼 정렬하고, 관리코드의 개수와 10월 예약인원의 최대값을 구하시오.
(2) 윤 곽 – 지우시오.
(3) 나머지 사항은 ≪출력형태≫에 맞게 작성하시오.

≪출력형태≫

A	B	C	D	E	F	G	H
1							
2	관리코드	장소	객실수	성수기 요금	비수기 요금	9월 예약인원	10월 예약인원
3	FE-002	중문	281	375,000원	230,000원	7,332	3,384
4	GW-001	중문	500	480,000원	320,000원	13,000	6,035
5		중문 최대값					6,035
6	2	중문 개수					
7	XG-001	성산	95	165,000원	140,000원	2,548	1,176
8	XY-003	성산	15	147,000원	90,000원	390	180
9		성산 최대값					1,176
10	2	성산 개수					
11	BE-001	서귀포	24	200,000원	120,000원	975	300
12	SC-002	서귀포	49	375,000원	220,000원	1,378	636
13	SE-002	서귀포	16	154,000원	89,000원	469	288
14	ST-003	서귀포	429	295,000원	200,000원	11,154	5,148
15		서귀포 최대값					5,148
16	4	서귀포 개수					
17		전체 최대값					6,035
18	8	전체 개수					
19							

☞ **"제1작업" 시트를 이용하여 조건에 따라 ≪출력형태≫와 같이 작업하시오.**

≪조건≫

(1) 차트 종류 ⇒ 〈묶은 세로 막대형〉으로 작업하시오.

(2) 데이터 범위 ⇒ "제1작업" 시트의 내용을 이용하여 작업하시오.

(3) 위치 ⇒ "새 시트"로 이동하고, "제4작업"으로 시트 이름을 바꾸시오.

(4) 차트 디자인 도구 ⇒ 레이아웃 3, 스타일 3을 선택하여 ≪출력형태≫에 맞게 작업하시오.

(5) 영역 서식 ⇒ 차트 : 글꼴(굴림, 11pt), 채우기 효과(질감-재생지)

　　　　　　　　그림 : 채우기(흰색, 배경 1)

(6) 제목 서식 ⇒ 차트 제목 : 글꼴(굴림, 굵게, 20pt), 채우기(흰색, 배경 1), 테두리

(7) 서식 ⇒ 비수기 요금 계열의 차트 종류를 〈표식이 있는 꺾은선형〉으로 변경한 후 보조 축으로 지정하시오.

　　　　계열 : ≪출력형태≫를 참조하여 표식(네모, 크기 10)과 레이블 값을 표시하시오.

　　　　눈금선 : 선 스타일-파선

　　　　축 : ≪출력형태≫를 참조하시오.

(8) 범례 ⇒ 범례명을 변경하고 ≪출력형태≫를 참조하시오.

(9) 도형 ⇒ '모서리가 둥근 사각형 설명선"을 삽입하고 ≪출력형태≫와 같이 내용을 입력하시오.

(10) 나머지 사항은 ≪출력형태≫에 맞게 작성하시오.

≪출력형태≫

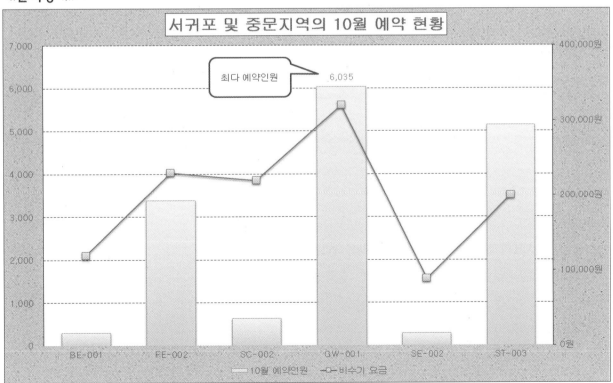

주의 ☞ 시트명 순서가 차례대로 "제1작업", "제2작업", "제3작업", "제4작업"이 되도록 할 것.

제11회 정보기술자격(ITQ) 시험

과 목	코 드	문제유형	시험시간	수험번호	성 명
한글엑셀	1122	A	60분		

수험자 유의사항

- 수험자는 문제지를 받는 즉시 문제지와 **수험표상의 시험과목(프로그램)이 동일한지 반드시 확인**하여야 합니다.

- 파일명은 본인의 "수험번호−성명"으로 입력하여 답안폴더(내 PC\문서\ITQ)에 하나의 파일로 저장해야하며, 답안문서 파일명이 "수험번호−성명"과 일치하지 않거나, 답안파일을 전송하지 않아 미제출로 처리될 경우 실격 처리합니다(예:12345678−홍길동.xlsx).

- 답안 작성을 마치면 파일을 저장하고, '답안 전송' 버튼을 선택하여 감독위원 PC로 답안을 전송하십시오. 수험생 정보와 저장한 파일명이 다를 경우 전송되지 않으므로 주의하시기 바랍니다.

- 답안 작성 중에도 **주기적으로 저장하고, '답안 전송'**하여야 문제 발생을 줄일 수 있습니다. 작업한 내용을 저장하지 않고 전송할 경우 이전에 저장된 내용이 전송되오니 이점 유의하시기 바랍니다.

- 답안문서는 지정된 경로 외의 다른 보조기억장치에 저장하는 경우, 지정된 시험 시간 외에 작성된 파일을 활용할 경우, 기타 통신수단(이메일, 메신저, 네트워크 등)을 이용하여 타인에게 전달 또는 외부 반출하는 경우는 부정 처리합니다.

- 시험 중 부주의 또는 고의로 시스템을 파손한 경우는 수험자가 변상해야 하며, 〈수험자 유의사항〉에 기재된 방법대로 이행하지 않아 생기는 불이익은 수험생 당사자의 책임임을 알려 드립니다.

- 문제의 조건은 MS오피스 2016 버전으로 설정되어 있으니 유의하시기 바랍니다.

- 시험을 완료한 수험자는 답안파일이 전송되었는지 확인한 후 감독위원의 지시에 따라 문제지를 제출하고 퇴실합니다.

답안 작성요령

- 온라인 답안 작성 절차

  수험자 등록 ⇒ 시험 시작 ⇒ 답안파일 저장 ⇒ 답안 전송 ⇒ 시험 종료

- 문제는 총 4단계, 즉 제1작업부터 제4작업까지 구성되어 있으며 반드시 제1작업부터 순서대로 작성하고 조건대로 작업하시오.

- 모든 작업시트의 A열은 열 너비 '1'로, 나머지 열은 적당하게 조절하시오.

- 모든 작업시트의 테두리는 《출력형태》와 같이 작업하시오.

- 해당 작업란에서는 각각 제시된 조건에 따라 《출력형태》와 같이 작업하시오.

- 답안 시트 이름은 "제1작업", "제2작업", "제3작업", "제4작업"이어야 하며 답안 시트 이외의 것은 감점 처리됩니다.

- 시트를 파일로 나누어 작업해서 저장할 경우 실격 처리됩니다.

The Insight KPC
kpc 한국생산성본부

☞ **다음은 '2019년 연구사업 진행 현황'에 대한 자료이다. 자료를 입력하고 조건에 맞도록 작업하시오.**

≪출력형태≫

관리코드	사업명	관리팀	진행 인원수	시작일	기본예산 (단위:원)	사업구분	진행기간	예산순위
						담당	팀장	본부장
					결재			
TE1-12	홈네트워크	개발2팀	12	2019-06-20	185,000,000	교육/기술	(1)	(2)
SA4-06	이러닝	교육관리	7	2019-07-10	45,800,000	영업/교육	(1)	(2)
SA2-05	VR개발	개발2팀	7	2019-08-10	34,500,000	교육/기술	(1)	(2)
TE3-05	환경개선	개발2팀	7	2019-09-01	105,000,000	생산/기술	(1)	(2)
TE3-07	AR개발	개발1팀	11	2019-07-01	85,600,000	교육/기술	(1)	(2)
SA4-04	연수원관리	교육관리	6	2019-09-20	28,000,000	영업/교육	(1)	(2)
SA2-03	마케팅	개발1팀	4	2019-10-05	22,500,000	영업/교육	(1)	(2)
TE1-10	네트워크보안	개발1팀	10	2019-06-01	155,000,000	생산/기술	(1)	(2)
개발1팀 기본예산(단위:원) 평균			(3)		교육/기술 사업의 총 기본예산(단위:원)			(5)
최저 진행인원수			(4)		사업명	홈네트워크	기본예산(원)	(6)

≪조건≫

○ 모든 데이터의 서식에는 글꼴(굴림, 11pt), 정렬은 숫자 및 회계 서식은 오른쪽 정렬, 나머지 서식은 가운데 정렬로 작성하며 예외적인 것은 ≪출력형태≫를 참조하시오.

○ 제 목 ⇒ 순서도: 문서 도형과 바깥쪽 그림자(오프셋 오른쪽)를 이용하여 작성하고 "2019년 연구 사업 진행 현황"을 입력한 후 다음 서식을 적용하시오(글꼴-굴림, 24pt, 검정, 굵게, 채우기-노랑).

○ 임의의 셀에 결재란을 작성하여 그림으로 복사 기능을 이용하여 붙이기 하시오(단, 원본 삭제).

○ 「B4:J4, G14, I14」 영역은 '주황'으로 채우기 하시오.

○ 유효성 검사를 이용하여 「H14」 셀에 사업명(「C5:C12」 영역)이 선택 표시되도록 하시오.

○ 셀 서식 ⇒ 「E5:E12」 영역에 셀 서식을 이용하여 숫자 뒤에 '명'을 표시하시오(예 : 12명).

○ 「E5:E12」 영역에 대해 '진행인원수'로 이름정의를 하시오.

⊙ (1)~(6) 셀은 반드시 **주어진 함수를 이용**하여 값을 구하시오(결과값을 직접 입력하면 해당 셀은 0점 처리됨).

(1) 진행기간 ⇒ '12-시작일의 월'을 구한 값에 '개월'을 붙이시오(MONTH 함수, & 연산자)(예 : 1개월).

(2) 예산순위 ⇒ 기본예산(단위:원)의 내림차순 순위를 '1~3'만 표시하고 그 외에는 공백으로 구하시오 (IF, RANK.EQ 함수).

(3) 개발1팀 기본예산(단위:원) 평균 ⇒ 개발1팀의 기본예산(단위:원) 평균을 구하시오 (SUMIF, COUNTIF 함수).

(4) 최저 진행인원수 ⇒ 정의된 이름(진행인원수)을 이용하여 구하시오(MIN 함수).

(5) 교육/기술 사업의 총 기본예산(단위:원) ⇒ 조건은 입력데이터를 이용하여 구하시오(DSUM 함수).

(6) 기본예산(원) ⇒ 「H14」 셀에서 선택한 사업명의 기본예산(단위:원)을 구하시오(VLOOKUP 함수).

(7) 조건부 서식을 이용하여 진행 인원수 셀에 데이터 막대 스타일(녹색)을 최소값 및 최대값으로 적용하시오.

☞ **"제1작업" 시트의 「B4:H12」 영역을 복사하여 "제2작업" 시트의 「B2」 셀부터 모두 붙여넣기를 한 후 다음의 조건과 같이 작업하시오.**

≪조건≫

(1) 고급필터 – 관리팀이 '교육관리'이거나 기본예산(단위:원)이 '100,000,000' 이상인 자료의 데이터만 추출 하시오.

     – 조건 범위 : 「B13」 셀부터 입력하시오.

     – 복사 위치 : 「B18」 셀부터 나타나도록 하시오.

(2) 표 서식 – 고급필터의 결과셀을 채우기 없음으로 설정한 후 '표 스타일 보통 2'의 서식을 적용하시오.

     – 머리글 행, 줄무늬 행을 적용하시오.

☞ **"제1작업" 시트의 「B4:H12」 영역을 복사하여 "제3작업" 시트의 「B2」 셀부터 모두 붙여넣기를 한 후 다음의 조건과 같이 작업하시오.**

≪조건≫

(1) 부분합 – ≪출력형태≫처럼 정렬하고, 사업명의 개수와 기본예산(단위:원)의 최대값을 구하시오.

(2) 윤 곽 – 지우시오.

(3) 나머지 사항은 ≪출력형태≫에 맞게 작성하시오.

≪출력형태≫

	A	B	C	D	E	F	G	H
1								
2		관리코드	사업명	관리팀	진행 인원수	시작일	기본예산 (단위:원)	사업구분
3		SA4-06	이러닝	교육관리	7명	2019-07-10	45,800,000	영업/교육
4		SA4-04	연수원관리	교육관리	6명	2019-09-20	28,000,000	영업/교육
5				교육관리 최대값			45,800,000	
6			2	교육관리 개수				
7		TE1-12	홈네트워크	개발2팀	12명	2019-06-20	185,000,000	교육/기술
8		SA2-05	VR개발	개발2팀	7명	2019-08-10	34,500,000	교육/기술
9		TE3-05	환경개선	개발2팀	7명	2019-09-01	105,000,000	생산/기술
10				개발2팀 최대값			185,000,000	
11			3	개발2팀 개수				
12		TE3-07	AR개발	개발1팀	11명	2019-07-01	85,600,000	교육/기술
13		SA2-03	마케팅	개발1팀	4명	2019-10-05	22,500,000	영업/교육
14		TE1-10	네트워크보안	개발1팀	10명	2019-06-01	155,000,000	생산/기술
15				개발1팀 최대값			155,000,000	
16			3	개발1팀 개수				
17				전체 최대값			185,000,000	
18			8	전체 개수				
19								

☞ **"제1작업" 시트를 이용하여 조건에 따라 ≪출력형태≫와 같이 작업하시오.**

　≪조건≫

(1) 차트 종류 ⇒ 〈묶은 세로 막대형〉으로 작업하시오.

(2) 데이터 범위 ⇒ "제1작업" 시트의 내용을 이용하여 작업하시오.

(3) 위치 ⇒ "새 시트"로 이동하고, "제4작업"으로 시트 이름을 바꾸시오.

(4) 차트 디자인 도구 ⇒ 레이아웃 3, 스타일 1을 선택하여 ≪출력형태≫에 맞게 작업하시오.

(5) 영역 서식 ⇒ 차트 : 글꼴(굴림, 11pt), 채우기 효과(질감-캔버스)

　　　　　　　　그림 : 채우기(흰색, 배경 1)

(6) 제목 서식 ⇒ 차트 제목 : 글꼴(굴림, 굵게, 20pt), 채우기(흰색, 배경 1), 테두리

(7) 서식 ⇒ 기본예산(단위:원) 계열의 차트 종류를 〈표식이 있는 꺾은선형〉으로 변경한 후 보조 축으로 지정하시오.

　　　　　계열 : ≪출력형태≫를 참조하여 표식(네모, 크기 10)과 레이블 값을 표시하시오.

　　　　　눈금선 : 선 스타일-파선

　　　　　축 : ≪출력형태≫를 참조하시오.

(8) 범례 ⇒ 범례명을 변경하고 ≪출력형태≫를 참조하시오.

(9) 도형 ⇒ '모서리가 둥근 사각형 설명선'을 삽입하고 ≪출력형태≫와 같이 내용을 입력하시오.

(10) 나머지 사항은 ≪출력형태≫에 맞게 작성하시오.

　≪출력형태≫

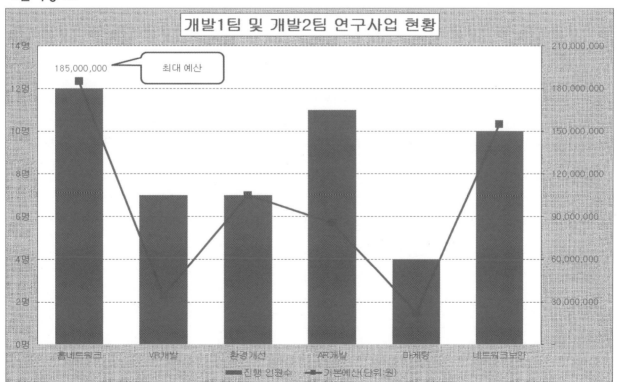

주의 ☞ 시트명 순서가 차례대로 "제1작업", "제2작업", "제3작업", "제4작업"이 되도록 할 것.

제12회 정보기술자격(ITQ) 시험

과 목	코 드	문제유형	시험시간	수험번호	성 명
한글엑셀	1122	A	60분		

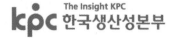

The Insight KPC
kpc 한국생산성본부

☞ **다음은 '두리여행 마일리지 투어 상품'에 대한 자료이다. 자료를 입력하고 조건에 맞도록 작업하시오.**

≪출력형태≫

상품코드	지역	여행지	항공사	일정(일)	출발인원	공제마일리지	순위	비고
K-85074	유럽	이탈리아	하나항공	7	17	169,000	(1)	(2)
H-35035	동남아	보라카이	블루항공	5	26	80,000	(1)	(2)
F-51166	미주	뉴욕	하나항공	8	32	155,000	(1)	(2)
H-34122	동남아	방콕	그린항공	6	12	70,000	(1)	(2)
P-76117	동남아	보홀	하나항공	4	9	115,000	(1)	(2)
F-06048	미주	보스턴	그린항공	5	27	125,000	(1)	(2)
H-94122	유럽	파리	블루항공	7	10	190,000	(1)	(2)
L-62021	동남아	빈탄	블루항공	3	21	90,000	(1)	(2)
그린항공의 공제 마일리지 합계			(3)		최대 공제 마일리지			(5)
유럽 지역의 출발인원 평균			(4)		여행지	이탈리아	출발인원	(6)

확인: 사원, 팀장, 센터장

≪조건≫

○ 모든 데이터의 서식에는 글꼴(굴림, 11pt), 정렬은 숫자 및 회계 서식은 오른쪽 정렬, 나머지 서식은 가운데 정렬로 작성하며 예외적인 것은 ≪출력형태≫를 참조하시오.

○ 제 목 ⇒ 한쪽 모서리가 잘린 사각형 도형과 바깥쪽 그림자(오프셋 오른쪽)를 이용하여 작성하고 "두리여행 마일리지 투어 상품"을 입력한 후 다음 서식을 적용하시오 (글꼴-굴림, 24pt, 검정, 굵게, 채우기-노랑).

○ 임의의 셀에 결재란을 작성하여 그림으로 복사 기능을 이용하여 붙이기 하시오(단, 원본 삭제).

○ 「B4:J4, G14, I14」 영역은 '주황'으로 채우기 하시오.

○ 유효성 검사를 이용하여 「H14」 셀에 여행지(「D5:D12」 영역)가 선택 표시되도록 하시오.

○ 셀 서식 ⇒ 「G5:G12」 영역에 셀 서식을 이용하여 숫자 뒤에 '명'을 표시하시오(예 : 17명).

○ 「E5:E12」 영역에 대해 '항공사'로 이름정의를 하시오.

⊙ (1)~(6) 셀은 반드시 **주어진 함수를 이용**하여 값을 구하시오(결과값을 직접 입력하면 해당 셀은 0점 처리됨).

(1) 순위 ⇒ 출발인원의 내림차순 순위를 구한 결과값에 '위'를 붙이시오(RANK.EQ 함수, & 연산자)(예 : 1위).

(2) 비고 ⇒ 상품코드의 첫 글자가 F이면 '자유여행', 그 외에는 공백으로 구하시오(IF, LEFT 함수).

(3) 그린항공의 공제 마일리지 합계 ⇒ 정의된 이름(항공사)을 이용하여 그린항공의 공제 마일리지 합계를 구하시오(SUMIF 함수).

(4) 유럽 지역의 출발인원 평균 ⇒ 반올림하여 정수로 구하시오. 단, 조건은 입력데이터를 이용하시오 (ROUND, DAVERAGE 함수)(예 : 24.3 → 24).

(5) 최대 공제 마일리지 ⇒ (MAX 함수)

(6) 출발인원 ⇒ 「H14」 셀에서 선택한 여행지에 대한 출발인원을 표시하시오(VLOOKUP 함수).

(7) 조건부 서식의 수식을 이용하여 출발인원이 '25' 이상인 행 전체에 다음의 서식을 적용하시오 (글꼴 : 파랑, 굵게).

☞ "제1작업" 시트의 「B4:H12」 영역을 복사하여 "제2작업" 시트의 「B2」 셀부터 모두 붙여넣기를 한 후 다음의 조건과 같이 작업하시오.

≪조건≫

(1) 목표값 찾기 – 「B11:G11」 셀을 병합하여 "하나항공의 공제 마일리지의 평균"을 입력한 후 「H11」 셀에 하나항공의 공제 마일리지의 평균을 구하시오. 단, 조건은 입력데이터를 이용하시오.
(DAVERAGE 함수, 테두리, 가운데 맞춤)

　　　– '하나항공의 공제 마일리지의 평균'이 '160,000'이 되려면 이탈리아의 공제 마일리지가 얼마가 되어야 하는지 목표값을 구하시오.

(2) 고급필터 – 일정(일)이 '4' 이하이거나, 출발인원이 '30' 이상인 자료의 여행지, 항공사, 일정(일), 출발인원 데이터만 추출하시오.

　　　– 조건 범위 : 「B14」 셀부터 입력하시오.

　　　– 복사 위치 : 「B18」 셀부터 나타나도록 하시오.

☞ "제1작업" 시트의 「B4:H12」 영역을 복사하여 "제3작업" 시트의 「B2」 셀부터 모두 붙여넣기를 한 후 다음의 조건과 같이 작업하시오.

≪조건≫

(1) 부분합 – ≪출력형태≫처럼 정렬하고, 여행지의 개수와 공제 마일리지의 평균을 구하시오.

(2) 윤 곽 – 지우시오.

(3) 나머지 사항은 ≪출력형태≫에 맞게 작성하시오.

≪출력형태≫

A	B	C	D	E	F	G	H
1							
2	상품코드	지역	여행지	항공사	일정(일)	출발인원	공제 마일리지
3	K-85074	유럽	이탈리아	하나항공	7	17명	169,000
4	F-51166	미주	뉴욕	하나항공	8	32명	155,000
5	P-76117	동남아	보홀	하나항공	4	9명	115,000
6				하나항공 평균			146,333
7			3	하나항공 개수			
8	H-35035	동남아	보라카이	블루항공	5	26명	80,000
9	H-94122	유럽	파리	블루항공	7	10명	190,000
10	L-62021	동남아	빈탄	블루항공	3	21명	90,000
11				블루항공 평균			120,000
12			3	블루항공 개수			
13	H-34122	동남아	방콕	그린항공	6	12명	70,000
14	F-06048	미주	보스턴	그린항공	5	27명	125,000
15				그린항공 평균			97,500
16			2	그린항공 개수			
17				전체 평균			124,250
18			8	전체 개수			

☞ **"제1작업" 시트를 이용하여 조건에 따라 ≪출력형태≫와 같이 작업하시오.**

≪조건≫

(1) 차트 종류 ⇒ 〈묶은 세로 막대형〉으로 작업하시오.

(2) 데이터 범위 ⇒ "제1작업" 시트의 내용을 이용하여 작업하시오.

(3) 위치 ⇒ "새 시트"로 이동하고, "제4작업"으로 시트 이름을 바꾸시오.

(4) 차트 디자인 도구 ⇒ 레이아웃 3, 스타일 1을 선택하여 ≪출력형태≫에 맞게 작업하시오.

(5) 영역 서식 ⇒ 차트 : 글꼴(굴림, 11pt), 채우기 효과(질감−파랑 박엽지)

　　　　　　　　　그림 : 채우기(흰색, 배경 1)

(6) 제목 서식 ⇒ 차트 제목 : 글꼴(굴림, 굵게, 20pt), 채우기(흰색, 배경 1), 테두리

(7) 서식 ⇒ 출발인원 계열의 차트 종류를 〈표식이 있는 꺾은선형〉으로 변경한 후 보조 축으로 지정하시오.

　　　　계열 : ≪출력형태≫를 참조하여 표식(세모, 크기 10)과 레이블 값을 표시하시오.

　　　　눈금선 : 선 스타일−파선

　　　　축 : ≪출력형태≫를 참조하시오.

(8) 범례 ⇒ 범례명을 변경하고 ≪출력형태≫를 참조하시오.

(9) 도형 ⇒ '모서리가 둥근 사각형 설명선'을 삽입하고 ≪출력형태≫와 같이 내용을 입력하시오.

(10) 나머지 사항은 ≪출력형태≫에 맞게 작성하시오.

≪출력형태≫

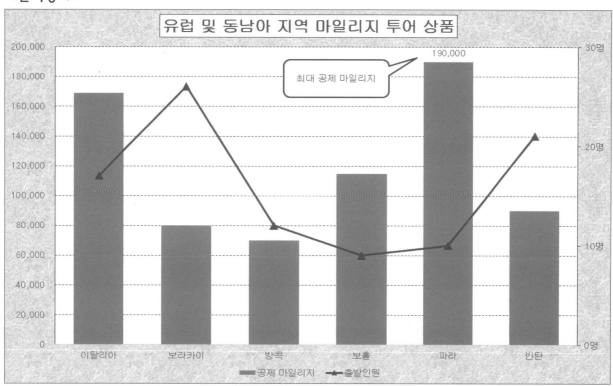

주의 ☞ 시트명 순서가 차례대로 "제1작업", "제2작업", "제3작업", "제4작업"이 되도록 할 것.

제13회 정보기술자격(ITQ) 시험

과 목	코 드	문제유형	시험시간	수험번호	성 명
한글엑셀	1122	A	60분		

The Insight KPC
kpc 한국생산성본부

☞ 다음은 '트로트드림 오디션 현황'에 대한 자료이다. 자료를 입력하고 조건에 맞도록 작업하시오.

≪출력형태≫

참가번호	성명	구분	참가지역	인터넷 선호도	ARS 투표수	심사위원 점수	순위	성별
D-25712	허민지	대학생	부산	7.6%	5,128,602	314	(1)	(2)
P-24531	최용철	일반	서울	9.4%	4,370,520	246	(1)	(2)
G-01401	김진성	청소년	부산	11.5%	4,875,340	267	(1)	(2)
Z-15702	허서영	일반	광주	19.4%	5,294,678	325	(1)	(2)
S-45342	양서연	일반	서울	18.7%	4,680,251	231	(1)	(2)
S-72811	문현진	대학생	인천	16.7%	4,858,793	297	(1)	(2)
S-82471	김승모	청소년	인천	16.8%	3,278,457	215	(1)	(2)
T-20252	이다경	대학생	천안	9.3%	3,029,752	198	(1)	(2)
대학생 부문 ARS 투표수 평균			(3)		허서영 인기차트			(5)
심사위원 점수 최대값			(4)		성명	허민지	ARS 투표수	(6)

확인 담당 대리 과장

트로트드림 오디션 현황

≪조건≫

○ 모든 데이터의 서식에는 글꼴(굴림, 11pt), 정렬은 숫자 및 회계 서식은 오른쪽 정렬, 나머지 서식은 가운데 정렬로 작성하며 예외적인 것은 ≪출력형태≫를 참조하시오.

○ 제 목 ⇒ 대각선 방향의 모서리가 잘린 사각형 도형과 바깥쪽 그림자(오프셋 오른쪽)를 이용하여 작성하고 "트로트드림 오디션 현황"을 입력한 후 다음 서식을 적용하시오
(글꼴-굴림, 24pt, 검정, 굵게, 채우기-노랑).

○ 임의의 셀에 결재란을 작성하여 그림으로 복사 기능을 이용하여 붙이기 하시오(단, 원본 삭제).

○ 「B4:J4, G14, I14」 영역은 '주황'으로 채우기 하시오.

○ 유효성 검사를 이용하여 「H14」 셀에 성명(「C5:C12」 영역)이 선택 표시되도록 하시오.

○ 셀 서식 ⇒ 「H5:H12」 영역에 셀 서식을 이용하여 숫자 뒤에 '점'을 표시하시오(예 : 314점).

○ 「H5:H12」 영역에 대해 '심사위원점수'로 이름정의를 하시오.

⊙ (1)~(6) 셀은 반드시 **주어진 함수를 이용**하여 값을 구하시오(결과값을 직접 입력하면 해당 셀은 0점 처리됨).

(1) 순위 ⇒ ARS 투표수의 내림차순 순위를 구한 결과값에 '위'를 붙이시오
(RANK.EQ 함수, & 연산자)(예 : 1위).

(2) 성별 ⇒ 참가번호의 마지막 글자가 1이면 '남성', 그 외에는 여성으로 구하시오(IF, RIGHT 함수).

(3) 대학생 부문 ARS 투표수 평균 ⇒ (SUMIF, COUNTIF 함수)

(4) 심사위원 점수 최대값 ⇒ 정의된 이름(심사위원점수)을 이용하여 구하시오(MAX 함수).

(5) 허서영 인기차트 ⇒ (「G8」 셀÷1,000,000)으로 구한 값만큼 '★' 문자를 반복하여 표시하시오(REPT 함수)
(예 : 2 → ★★).

(6) ARS 투표수 ⇒ 「H14」 셀에서 선택한 성명에 대한 ARS 투표수를 표시하시오(VLOOKUP 함수).

(7) 조건부 서식의 수식을 이용하여 심사위원 점수가 '300' 이상인 행 전체에 다음의 서식을 적용하시오
(글꼴 : 파랑, 굵게).

☞ **"제1작업"** 시트의 「B4:H12」 영역을 복사하여 **"제2작업"** 시트의 「B2」 셀부터 모두 붙여넣기를 한 후 다음의 조건과 같이 작업하시오.

≪조건≫

(1) 목표값 찾기 – 「B11:G11」 셀을 병합하여 "대학생의 심사위원 점수의 평균"을 입력한 후 「H11」 셀에 대학생의 심사위원 점수의 평균을 구하시오. 단, 조건은 입력데이터를 이용하시오.
  (DAVERAGE 함수, 테두리, 가운데 맞춤)
  – '대학생의 심사위원 점수의 평균'이 '300'이 되려면 허민지의 심사위원 점수가 얼마가 되어야 하는지 목표값을 구하시오.

(2) 고급필터 – 참가지역이 '서울' 이거나, ARS 투표수가 '4,000,000' 이하인 자료의 성명, 인터넷 선호도, ARS 투표수, 심사위원 점수 데이터만 추출하시오.
  – 조건 범위 : 「B14」 셀부터 입력하시오.
  – 복사 위치 : 「B18」 셀부터 나타나도록 하시오.

제 3 작업 정렬 및 부분합   80점

☞ **"제1작업"** 시트의 「B4:H12」 영역을 복사하여 **"제3작업"** 시트의 「B2」 셀부터 모두 붙여넣기를 한 후 다음의 조건과 같이 작업하시오.

≪조건≫

(1) 부분합 – ≪출력형태≫처럼 정렬하고, 성명의 개수와 ARS 투표수의 평균을 구하시오.
(2) 윤 곽 – 지우시오.
(3) 나머지 사항은 ≪출력형태≫에 맞게 작성하시오.

≪출력형태≫

A	B	C	D	E	F	G	H
1							
2	참가번호	성명	구분	참가지역	인터넷 선호도	ARS 투표수	심사위원 점수
3	G-01401	김진성	청소년	부산	11.5%	4,875,340	267점
4	S-82471	김승모	청소년	인천	16.8%	3,278,457	215점
5			청소년 평균			4,076,899	
6		2	청소년 개수				
7	P-24531	최용철	일반	서울	9.4%	4,370,520	246점
8	Z-15702	허서영	일반	광주	19.4%	5,294,678	325점
9	S-45342	양서연	일반	서울	18.7%	4,680,251	231점
10			일반 평균			4,781,816	
11		3	일반 개수				
12	D-25712	허민지	대학생	부산	7.6%	5,128,602	314점
13	S-72811	문현진	대학생	인천	16.7%	4,858,793	297점
14	T-20252	이다경	대학생	천안	9.3%	3,029,752	198점
15			대학생 평균			4,339,049	
16		3	대학생 개수				
17			전체 평균			4,439,549	
18		8	전체 개수				

☞ **"제1작업"** 시트를 이용하여 조건에 따라 ≪출력형태≫와 같이 작업하시오.

　　≪조건≫

(1) 차트 종류 ⇒ 〈묶은 세로 막대형〉으로 작업하시오.

(2) 데이터 범위 ⇒ "제1작업" 시트의 내용을 이용하여 작업하시오.

(3) 위치 ⇒ "새 시트"로 이동하고, "제4작업"으로 시트 이름을 바꾸시오.

(4) 차트 디자인 도구 ⇒ 레이아웃 3, 스타일 8을 선택하여 ≪출력형태≫에 맞게 작업하시오.

(5) 영역 서식 ⇒ 차트 : 글꼴(굴림, 11pt), 채우기 효과(질감-파랑 박엽지)

　　　　　　　　　그림 : 채우기(흰색, 배경 1)

(6) 제목 서식 ⇒ 차트 제목 : 글꼴(굴림, 굵게, 20pt), 채우기(흰색, 배경 1), 테두리

(7) 서식 ⇒ ARS 투표수 계열의 차트 종류를 〈표식이 있는 꺾은선형〉으로 변경한 후 보조 축으로 지정하시오.

　　　　계열 : ≪출력형태≫를 참조하여 표식(네모, 크기 10)과 레이블 값을 표시하시오.

　　　　눈금선 : 선 스타일-파선

　　　　축 : ≪출력형태≫를 참조하시오.

(8) 범례 ⇒ 범례명을 변경하고 ≪출력형태≫를 참조하시오.

(9) 도형 ⇒ '모서리가 둥근 사각형 설명선'을 삽입하고 ≪출력형태≫와 같이 내용을 입력하시오.

(10) 나머지 사항은 ≪출력형태≫에 맞게 작성하시오.

　　≪출력형태≫

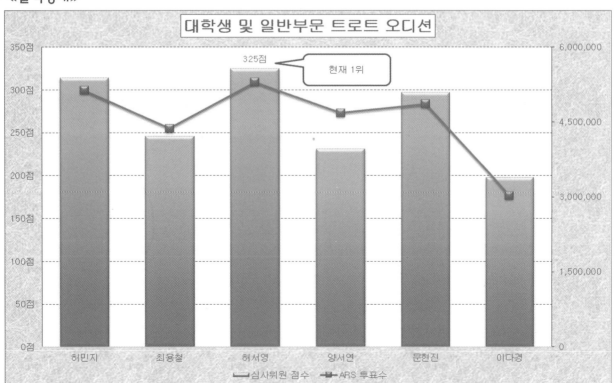

주의 ☞ 시트명 순서가 차례대로 "제1작업", "제2작업", "제3작업", "제4작업"이 되도록 할 것.

제14회 정보기술자격(ITQ) 시험

과 목	코 드	문제유형	시험시간	수험번호	성 명
한글엑셀	1122	A	60분		

The Insight KPC
kpc 한국생산성본부

☞ **다음은 '초등학교 9월 체험 일정'에 대한 자료이다. 자료를 입력하고 조건에 맞도록 작업하시오.**

≪출력형태≫

문서번호	학교명	장소	지역	체험일	인솔자 수 (명)	체험 학생 수	체험요일	순위
GA-121	신창초	국립전북기상과학관	정읍	2019-09-02	11	228	(1)	(2)
ZA-222	경양초	호남기후변화체험관	담양	2019-09-16	17	350	(1)	(2)
VC-131	대자초	호남기후변화체험관	담양	2019-09-10	20	427	(1)	(2)
NA-232	계림초	영산강유역환경청	광주	2019-09-07	16	334	(1)	(2)
AB-123	중앙초	국립전북기상과학관	정읍	2019-09-24	15	300	(1)	(2)
HC-522	수창초	국립전북기상과학관	정읍	2019-09-02	23	476	(1)	(2)
EA-421	동문초	영산강유역환경청	광주	2019-09-12	14	297	(1)	(2)
BF-271	동림초	호남기후변화체험관	담양	2019-09-10	9	178	(1)	(2)
담양을 제외한 지역의 체험 학생 수 평균			(3)		두 번째로 적은 체험 학생 수			(5)
국립전북기상과학관 체험 학생 수 합계			(4)		학교명	신창초	체험일	(6)

※ 결재란: 담당 / 팀장 / 본부장

≪조건≫

○ 모든 데이터의 서식에는 글꼴(굴림, 11pt), 정렬은 숫자 및 회계 서식은 오른쪽 정렬, 나머지 서식은 가운데 정렬로 작성하며 예외적인 것은 ≪출력형태≫를 참조하시오.

○ 제 목 ⇒ 대각선 방향의 모서리가 잘린 사각형과 바깥쪽 그림자(오프셋 오른쪽)를 이용하여 작성하고 "초등학교 9월 체험 일정"을 입력한 후 다음 서식을 적용하시오
(글꼴-굴림, 24pt, 검정, 굵게, 채우기-노랑).

○ 임의의 셀에 결재란을 작성하여 그림으로 복사 기능을 이용하여 붙이기 하시오(단, 원본 삭제).

○ 「B4:J4, G14, I14」 영역은 '주황'으로 채우기 하시오.

○ 유효성 검사를 이용하여 「H14」 셀에 학교명(「C5:C12」 영역)이 선택 표시되도록 하시오.

○ 셀 서식 ⇒ 「H5:H12」 영역에 셀 서식을 이용하여 숫자 뒤에 '명'을 표시하시오(예 : 228명).

○ 「E5:E12」 영역에 대해 '지역'으로 이름정의를 하시오.

⊙ (1)~(6) 셀은 반드시 **주어진 함수를 이용**하여 값을 구하시오(결과값을 직접 입력하면 해당 셀은 0점 처리됨).

(1) 체험요일 ⇒ 체험일의 요일을 예와 같이 구하시오(CHOOSE, WEEKDAY 함수)(예 : 월요일).

(2) 순위 ⇒ 체험 학생 수의 내림차순 순위를 구한 결과값에 '위'를 붙이시오
(RANK.EQ 함수, & 연산자)(예 : 1위).

(3) 담양을 제외한 지역의 체험 학생 수 평균 ⇒ 정의된 이름(지역)을 이용하여 구하시오
(SUMIF, COUNTIF 함수).

(4) 국립전북기상과학관 체험 학생 수 합계 ⇒ 조건은 입력데이터를 이용하시오(DSUM 함수).

(5) 두 번째로 적은 체험 학생 수 ⇒ (SMALL 함수)

(6) 체험일 ⇒ 「H14」 셀에서 선택한 학교명에 대한 체험일을 구하시오(VLOOKUP 함수)(예 : 2019-09-02).

(7) 조건부 서식의 수식을 이용하여 체험 학생 수가 '400' 이상인 행 전체에 다음의 서식을 적용하시오
(글꼴 : 파랑, 굵게).

☞ **"제1작업" 시트의 「B4:H12」 영역을 복사하여 "제2작업" 시트의 「B2」 셀부터 모두 붙여넣기를 한 후 다음의 조건과 같이 작업하시오.**

≪조건≫

(1) 목표값 찾기 – 「B11:G11」 셀을 병합하여 "국립전북기상과학관의 체험 학생 수의 평균"을 입력한 후 「H11」 셀에 국립전북기상과학관의 평균을 구하시오. 단, 조건은 입력데이터를 이용하시오. (DAVERAGE 함수, 테두리, 가운데 맞춤)
  – '국립전북기상과학관의 체험 학생 수의 평균'이 '400'이 되려면 신창초의 체험 학생 수가 얼마가 되어야 하는지 목표값을 구하시오.

(2) 고급필터 – 지역이 '광주'이거나 인솔자 수(명)가 '20' 이상인 자료의 학교명, 체험일, 인솔자 수(명),체험 학생수 데이터만 추출하시오.
  – 조건 범위 : 「B14」 셀부터 입력하시오.
  – 복사 위치 : 「B18」 셀부터 나타나도록 하시오.

☞ **"제1작업" 시트의 「B4:H12」 영역을 복사하여 "제3작업" 시트의 「B2」 셀부터 모두 붙여넣기를 한 후 다음의 조건과 같이 작업하시오.**

≪조건≫

(1) 부분합 – ≪출력형태≫처럼 정렬하고, 학교명의 개수와 체험 학생 수의 최대값을 구하시오.
(2) 윤 곽 – 지우시오.
(3) 나머지 사항은 ≪출력형태≫에 맞게 작성하시오.

≪출력형태≫

A	B	C	D	E	F	G	H
1							
2	문서번호	학교명	장소	지역	체험일	인솔자 수 (명)	체험 학생 수
3	GA-121	신창초	국립전북기상과학관	정읍	2019-09-02	11	228명
4	AB-123	중앙초	국립전북기상과학관	정읍	2019-09-24	15	300명
5	HC-522	수창초	국립전북기상과학관	정읍	2019-09-02	23	476명
6				정읍 최대값			476명
7		3		정읍 개수			
8	ZA-222	경양초	호남기후변화체험관	담양	2019-09-16	17	350명
9	VC-131	대자초	호남기후변화체험관	담양	2019-09-10	20	427명
10	BF-271	동림초	호남기후변화체험관	담양	2019-09-10	9	178명
11				담양 최대값			427명
12		3		담양 개수			
13	NA-232	계림초	영산강유역환경청	광주	2019-09-07	16	334명
14	EA-421	동문초	영산강유역환경청	광주	2019-09-12	14	297명
15				광주 최대값			334명
16		2		광주 개수			
17				전체 최대값			476명
18		8		전체 개수			
19							

☞ **"제1작업"** 시트를 이용하여 조건에 따라 ≪출력형태≫와 같이 작업하시오.

≪조건≫

(1) 차트 종류 ⇒ 〈묶은 세로 막대형〉으로 작업하시오.

(2) 데이터 범위 ⇒ "제1작업" 시트의 내용을 이용하여 작업하시오.

(3) 위치 ⇒ "새 시트"로 이동하고, "제4작업"으로 시트 이름을 바꾸시오.

(4) 차트 디자인 도구 ⇒ 레이아웃 3, 스타일 4를 선택하여 ≪출력형태≫에 맞게 작업하시오.

(5) 영역 서식 ⇒ 차트 : 글꼴(굴림, 11pt), 채우기 효과(질감–분홍 박엽지)

　　　　　　　그림 : 채우기(흰색, 배경 1)

(6) 제목 서식 ⇒ 차트 제목 : 글꼴(굴림, 굵게, 20pt), 채우기(흰색, 배경 1), 테두리

(7) 서식 ⇒ 인솔자 수(명)의 차트 종류를 〈표식이 있는 꺾은선형〉으로 변경한 후 보조 축으로 지정하시오.

　　　　계열 : ≪출력형태≫를 참조하여 표식(다이아몬드, 크기 10)과 레이블 값을 표시하시오.

　　　　눈금선 : 선 스타일–파선

　　　　축 : ≪출력형태≫를 참조하시오.

(8) 범례 ⇒ 범례명을 변경하고 ≪출력형태≫를 참조하시오.

(9) 도형 ⇒ '모서리가 둥근 사각형 설명선'을 삽입하고 ≪출력형태≫와 같이 내용을 입력하시오.

(10) 나머지 사항은 ≪출력형태≫에 맞게 작성하시오.

≪출력형태≫

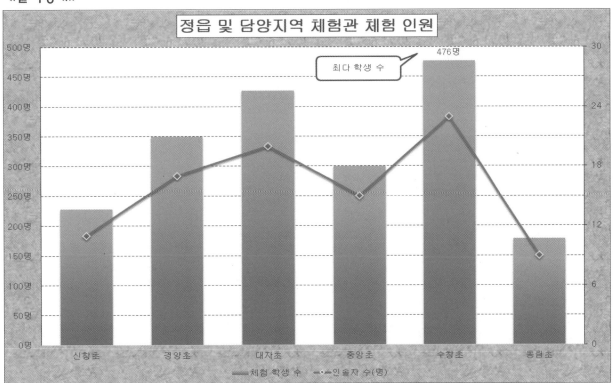

주의 ☞ 시트명 순서가 차례대로 "제1작업", "제2작업", "제3작업", "제4작업"이 되도록 할 것.

제15회 정보기술자격(ITQ) 시험

과 목	코 드	문제유형	시험시간	수험번호	성 명
한글엑셀	1122	A	60분		

수험자 유의사항

● 수험자는 문제지를 받는 즉시 문제지와 **수험표상의 시험과목(프로그램)이 동일한지 반드시 확인**하여야 합니다.

● 파일명은 본인의 "수험번호−성명"으로 입력하여 답안폴더(내 PC\문서\ITQ)에 하나의 파일로 저장해야하며, 답안문서 파일명이 "수험번호−성명"과 일치하지 않거나, 답안파일을 전송하지 않아 미제출로 처리될 경우 실격 처리합니다 (예:12345678−홍길동.xlsx).

● 답안 작성을 마치면 파일을 저장하고, '답안 전송' 버튼을 선택하여 감독위원 PC로 답안을 전송하십시오. 수험생 정보와 저장한 파일명이 다를 경우 전송되지 않으므로 주의하시기 바랍니다.

● 답안 작성 중에도 **주기적으로 저장하고, '답안 전송'**하여야 문제 발생을 줄일 수 있습니다. 작업한 내용을 저장하지 않고 전송할 경우 이전에 저장된 내용이 전송되오니 이점 유의하시기 바랍니다.

● 답안문서는 지정된 경로 외의 다른 보조기억장치에 저장하는 경우, 지정된 시험 시간 외에 작성된 파일을 활용할 경우, 기타 통신수단(이메일, 메신저, 네트워크 등)을 이용하여 타인에게 전달 또는 외부 반출하는 경우는 부정 처리합니다.

● 시험 중 부주의 또는 고의로 시스템을 파손한 경우는 수험자가 변상해야 하며, 〈수험자 유의사항〉에 기재된 방법대로 이행하지 않아 생기는 불이익은 수험생 당사자의 책임임을 알려 드립니다.

● 문제의 조건은 MS오피스 2016 버전으로 설정되어 있으니 유의하시기 바랍니다.

● 시험을 완료한 수험자는 답안파일이 전송되었는지 확인한 후 감독위원의 지시에 따라 문제지를 제출하고 퇴실합니다.

답안 작성요령

● 온라인 답안 작성 절차

　수험자 등록 ⇒ 시험 시작 ⇒ 답안파일 저장 ⇒ 답안 전송 ⇒ 시험 종료

● 문제는 총 4단계, 즉 제1작업부터 제4작업까지 구성되어 있으며 반드시 제1작업부터 순서대로 작성하고 조건대로 작업하시오.

● 모든 작업시트의 A열은 열 너비 '1'로, 나머지 열은 적당하게 조절하시오.

● 모든 작업시트의 테두리는 ≪출력형태≫와 같이 작업하시오.

● 해당 작업란에서는 각각 제시된 조건에 따라 ≪출력형태≫와 같이 작업하시오.

● 답안 시트 이름은 "제1작업", "제2작업", "제3작업", "제4작업"이어야 하며 답안 시트 이외의 것은 감점 처리됩니다.

● 시트를 파일로 나누어 작업해서 저장할 경우 실격 처리됩니다.

The Insight KPC
kpc 한국생산성본부

☞ 다음은 '장난감 대여 관리 현황'에 대한 자료이다. 자료를 입력하고 조건에 맞도록 작업하시오.

≪출력형태≫

대여코드	제품명	분류	대여기간	판매가격 (단위:원)	4주 대여가격 (단위:원)	대여수량	배송지	비고
GW-03	페달트랙터	자동차	15	125,000	33,000	17	(1)	(2)
CE-13	레이싱카	자동차	5	65,000	28,000	19	(1)	(2)
DC-12	워크어라운드	쏘서	6	95,000	33,000	6	(1)	(2)
PK-01	물놀이세트	놀이세트	12	17,000	33,000	15	(1)	(2)
DW-01	디보쏘서	쏘서	10	105,000	26,000	12	(1)	(2)
CQ-02	미니카	자동차	6	78,000	28,000	20	(1)	(2)
WB-12	구름빵 놀이터	놀이세트	8	42,000	23,000	14	(1)	(2)
PX-02	스포츠센터	놀이세트	10	56,000	30,000	7	(1)	(2)
놀이세트 제품 대여수량 합계			(3)		4주 대여가격(단위:원)의 최저값			(5)
자동차 제품 평균 대여기간			(4)		제품명	페달트랙터	대여수량	(6)

결재 / 담당 / 대리 / 과장

장난감 대여 관리 현황

≪조건≫

○ 모든 데이터의 서식에는 글꼴(굴림, 11pt), 정렬은 숫자 및 회계 서식은 오른쪽 정렬, 나머지 서식은 가운데 정렬로 작성하며 예외적인 것은 ≪출력형태≫를 참조하시오.

○ 제 목 ⇒ 육각형 도형과 바깥쪽 그림자(오프셋 오른쪽)를 이용하여 작성하고 "장난감 대여 관리 현황"을 입력한 후 다음 서식을 적용하시오(글꼴-굴림, 24pt, 검정, 굵게, 채우기-노랑).

○ 임의의 셀에 결재란을 작성하여 그림으로 복사 기능을 이용하여 붙이기 하시오(단, 원본 삭제).

○ 「B4:J4, G14, I14」 영역은 '주황'으로 채우기 하시오.

○ 유효성 검사를 이용하여 「H14」 셀에 제품명(「C5:C12」 영역)이 선택 표시되도록 하시오.

○ 셀 서식 ⇒ 「E5:E12」 영역에 셀 서식을 이용하여 숫자 뒤에 '주'를 표시하시오(예 : 15주).

○ 「G5:G12」 영역에 대해 '대여가격'으로 이름정의를 하시오.

◉ (1)~(6) 셀은 반드시 **주어진 함수를 이용**하여 값을 구하시오(결과값을 직접 입력하면 해당 셀은 0점 처리됨).

(1) 직배송지 ⇒ 대여코드의 마지막 글자가 1이면 '경기', 2이면 '인천', 3이면 '서울'로 구하시오 (CHOOSE, RIGHT 함수).

(2) 비고 ⇒ 대여수량이 15 이상이면 '★', 그 외에는 공백으로 구하시오(IF 함수).

(3) 놀이세트 제품 대여수량 합계 ⇒ 결과값에 '개'를 붙이시오(SUMIF 함수, & 연산자)(예 : 10개).

(4) 자동차 제품 평균 대여기간 ⇒ 올림하여 정수로 구하시오. 단, 조건은 입력데이터를 이용하시오 (ROUNDUP, DAVERAGE 함수)(예 : 12.3 → 13).

(5) 4주 대여가격(단위:원)의 최저값 ⇒ 정의된 이름(대여가격)을 이용하여 구하시오(MIN 함수).

(6) 대여수량 ⇒ 「H14」 셀에서 선택한 제품명에 대한 대여수량을 구하시오(VLOOKUP 함수).

(7) 조건부 서식을 이용하여 대여수량 셀에 데이터 막대 스타일(녹색)을 최소값 및 최대값으로 적용하시오.

☞ **"제1작업" 시트의 「B4:H12」 영역을 복사하여 "제2작업" 시트의 「B2」 셀부터 모두 붙여넣기를 한 후 다음의 조건과 같이 작업하시오.**

≪조건≫

(1) 고급필터 – 분류가 '자동차'이거나, 판매가격(단위:원)이 '100,000' 이상인 자료의 데이터만 추출하시오.
　　　　　 – 조건 범위 : 「B13」 셀부터 입력하시오.
　　　　　 – 복사 위치 : 「B18」 셀부터 나타나도록 하시오.

(2) 표 서식 – 고급필터의 결과셀을 채우기 없음으로 설정한 후 '표 스타일 보통 4'의 서식을 적용하시오.
　　　　　 – 머리글 행, 줄무늬 행을 적용하시오.

☞ **"제1작업" 시트를 이용하여 "제3작업" 시트의 조건에 따라 ≪출력형태≫와 같이 작업하시오.**

≪조건≫

(1) 판매가격(단위:원) 및 분류별 제품명의 개수와 4주 대여가격(단위:원)의 평균을 구하시오.
(2) 판매가격(단위:원)을 그룹화하고, 분류를 ≪출력형태≫와 같이 정렬하시오.
(3) 레이블이 있는 셀 병합 및 가운데 맞춤 적용 및 빈 셀은 '***'로 표시하시오.
(4) 행의 총합계는 지우고, 나머지 사항은 ≪출력형태≫에 맞게 작성하시오.

≪출력형태≫

	분류 ↓						
		자동차		쏘서		놀이세트	
판매가격(단위:원) ▼	개수 : 제품명	평균 : 4주 대여가격(단위:원)	개수 : 제품명	평균 : 4주 대여가격(단위:원)	개수 : 제품명	평균 : 4주 대여가격(단위:원)
1-50000	***	***	***	***	2	28,000
50001-100000	2	28,000	1	33,000	1	30,000
100001-150000	1	33,000	1	26,000	***	***
총합계	3	29,667	2	29,500	3	28,667

☞ **"제1작업" 시트를 이용하여 조건에 따라 ≪출력형태≫와 같이 작업하시오.**

　　≪조건≫

⑴ 차트 종류 ⇒ 〈묶은 세로 막대형〉으로 작업하시오.

⑵ 데이터 범위 ⇒ "제1작업" 시트의 내용을 이용하여 작업하시오.

⑶ 위치 ⇒ "새 시트"로 이동하고, "제4작업"으로 시트 이름을 바꾸시오.

⑷ 차트 디자인 도구 ⇒ 레이아웃 3, 스타일 5를 선택하여 ≪출력형태≫에 맞게 작업하시오.

⑸ 영역 서식 ⇒ 차트 : 글꼴(굴림, 11pt), 채우기 효과(질감－양피지)

　　　　　　　　　그림 : 채우기(흰색, 배경 1)

⑹ 제목 서식 ⇒ 차트 제목 : 글꼴(굴림, 굵게, 20pt), 채우기(흰색, 배경 1), 테두리

⑺ 서식 ⇒ 대여기간 계열의 차트 종류를 〈표식이 있는 꺾은선형〉으로 변경한 후 보조 축으로 지정하시오.

　　　　계열 : ≪출력형태≫를 참조하여 표식(원형, 크기 10)과 레이블 값을 표시하시오.

　　　　눈금선 : 선 스타일－파선

　　　　축 : ≪출력형태≫를 참조하시오.

⑻ 범례 ⇒ 범례명을 변경하고 ≪출력형태≫를 참조하시오.

⑼ 도형 ⇒ '모서리가 둥근 사각형 설명선'을 삽입하고 ≪출력형태≫와 같이 내용을 입력하시오.

⑽ 나머지 사항은 ≪출력형태≫에 맞게 작성하시오.

　　≪출력형태≫

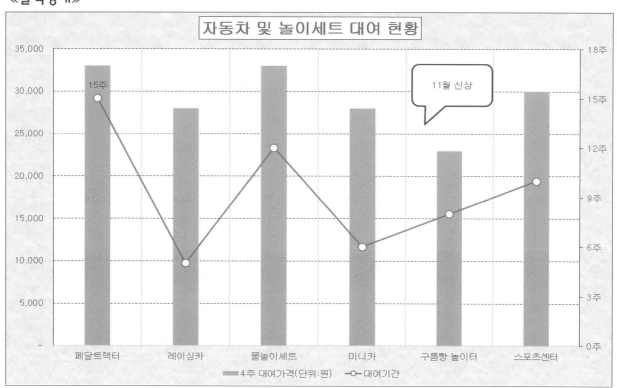

주의 ☞ 시트명 순서가 차례대로 "제1작업", "제2작업", "제3작업", "제4작업"이 되도록 할 것.

ITQ EXCEL 2016

2020년 6월 20일 초판 1쇄 발행
2021년 9월 10일 초판 3쇄 인쇄
2021년 9월 20일 초판 3쇄 발행

펴낸곳 ㅣ (주) 교학사

펴낸이 ㅣ 양진오

저자 ㅣ 장미희

기획 ㅣ 교학사 정보산업부

진행 · 디자인 ㅣ 이승하

주소 ㅣ (공장)서울특별시 금천구 가산디지털1로 42 (가산동)

　　　　　(사무소)서울특별시 마포구 마포대로14길 4 (공덕동)

전화 ㅣ 02-707-5314(편집), 707-5147(영업)

등록 ㅣ 1962년 6월 26일 〈18-7〉

교학사 홈페이지 http://www.kyohak.co.kr